Le Guide de la course du Coin des coureurs

par John Stanton

Maison d'édition: Running Room Publishing Inc.
9750 – 47 Ave.
Edmonton, AB T6E 5P3
Canada

Site Web: www.runningroom.com

Catalogage avant publication de Bibliothèque et Archives Canada

Stanton, John, 1948-
   Le guide de la course du Coin des coureurs / par John Stanton.

Traduction de: Running Room's book on running.
Comprend un index.
ISBN 0-9739379-5-5

   1. Course à pied. 2. Course à pied--Aspect psychologique.
3. Coureurs--Santé et hygiène. I. Running Room Canada Inc.
II. Titre.

GV1061.S653414 2006   796.42   C2006-900003-4

Révision: Quebecor World Montreal
Traduction initiale: Claude Thériault and Richard Demers
Conception graphique: Nancy Gillis
Couverture: Nancy Gillis

Table des matières

Préface

Le présent guide est destiné à tous ceux et celles qui désirent fortifier leur corps, calmer et stimuler leur esprit et apaiser leur âme. La course exerce en effet une influence positive au plan physique, mental et spirituel.

Mettre simplement un pied devant l'autre en courant peut vraiment contribuer à changer une vie. J'ai moi-même vécu un tel changement et je profite des avantages qui en découlent. Vous pouvez faire de même. Il suffit de faire les premiers pas et de se laisser ensuite entraîner vers une aventure exceptionnelle et unique.

La pratique de la course permet d'éliminer un surplus de poids, de réduire le stress, d'accroître l'estime de soi et d'améliorer le sommeil. Elle permet aussi d'augmenter l'énergie, l'endurance, la force et la vitesse, de bien sculpter les muscles, de réduire les risques de maladies du cœur, d'améliorer l'appareil cardiovasculaire et de favoriser la détente. Le coureur adopte une attitude positive; il se sent bien face à lui-même et envers les autres, il améliore la vitesse de son métabolisme, l'intensité de sa vie sexuelle, sa capacité de travail, ses heures de sommeil et jouit d'une meilleure qualité de vie. Pour une activité qui ne nécessite environ qu'une heure par jour, la course s'avère donc un exercice agréable et très bénéfique.

Certains effets de la course se manifesteront assez rapidement alors que d'autres exigeront temps, discipline et patience. Tous cependant seront positifs. La course ramène le coureur à l'essentiel puisque celui-ci maîtrise sa dépense énergétique et son comportement. Sa compagnie s'en trouve davantage appréciée par son entourage et ses collègues de travail.

Grâce au Guide de la course du Coin des coureurs, vous vous doterez d'un programme intelligent, qui sera à la fois modéré et progressif. Suffisamment modéré pour vous donner du plaisir et beaucoup de motivation, et assez progressif pour que les défis quotidiens à relever vous permettent d'améliorer votre condition physique. Au cours des 25 dernières années, j'ai constaté que la clé de la réussite pour le coureur réside dans l'établissement d'objectifs quotidiens et saisonniers différents et intéressants, qui seront à la fois stimulants et réalistes.

Les pages qui suivent vous fourniront la motivation, l'inspiration, de même que les horaires, programmes et techniques d'entraînement à la course qui vous permettront d'effectuer des parcours pour le simple plaisir ou de vous préparer à réaliser votre meilleur temps au cours d'un marathon. Vous apprendrez à courir, à vous fixer des objectifs et à améliorer nettement votre santé, et ce, tout en passant d'agréables moments en excellente compagnie. Il vous suffit de vous engager à devenir un coureur.

Comme la plupart du temps dans la vie, le travail d'équipe est la clé de la réussite. Au Coin des coureurs, le rêve et les objectifs d'une personne et d'une famille sont devenus ceux d'une équipe de plusieurs centaines de milliers de gens. Que vous soyez un ami, un entraîneur, un chef de groupe, un formateur, un mentor, un employé, un bénévole ou un parent, vous avez tous contribué au succès de plus de 600 000 coureurs. Par ses convictions, ses résultats et son enseignement, chacun de vous communique le plaisir de courir et la joie d'être un athlète. Grâce à vous, bon nombre de gens ont considérablement amélioré leur qualité de vie et je vous en remercie.

J'aimerais aussi remercier tout particulièrement Mike O'Dell, Nancy Gillis, Lee Craig, Mike Mendzat, John Reeves, Dana Lozinik, Christina Leung, Bob Britton, Jason Stanton, John Stanton Jr., Nina Budd, B.A., B.ED., Deni Lorieau, ainsi que les membres de nos familles.

J'aimerais également souligner la contribution des personnes suivantes pour leurs conseils médicaux et techniques: Dr. Harvey Stemberg, Dr. Richard Beauchamp, Dr. Julia Alleyne, BHSc (PT), Dr. Jeffery Robinson, Susan Glen, MSc Nutrition, et Hedi M Bates, Bsc, RD.

Je dédie le présent guide à tous les coureurs.

John Stanton

Introduction

Le sujet de la course, jadis, était le coureur solitaire de longue distance; aujourd'hui, le sujet est la course en groupe, avec des gens qui rient et qui ont du plaisir, tout en bénéficiant d'un mode de vie actif. Beaucoup d'entre vous entreprennent la course avec des objectifs très précis. Ces objectifs sont variés, comme perdre du poids, prendre contrôle de sa vie, courir une distance particulière, allant d'un 5km pour le plaisir au marathon. D'autres courent pour réduire leur stress et pour les sentiments positifs fournis par l'exercice, comme récompense pour leurs efforts. Notre attitude envers nos objectifs personnels, nos familles, nos carrières et notre collectivité s'améliore quand nous prenons contrôle de notre vie et devenons plus athlétiques. Nous apprenons que la vie est pleine de défis, mais avec un plan intelligent, un groupe avec qui nous pouvons partager le voyage et le triomphe de la ligne d'arrivée, nous aurons du succès autant en course, que dans la vie.

POURQUOI COURIR?

Une meilleure forme physique procure les avantages suivants:

- Perte de poids
- Maîtrise de sa propre vie
- Parcours de course selon des distances précises
- Élimination du stress
- Alimentation plus saine
- Attitude positive
- Plus grande estime de soi

Pour plusieurs d'entre vous, la course est une chose aussi naturelle que de vous brosser les dents ou de vous peigner les cheveux. La course n'est plus le seul domaine de ceux qui ont bien choisi leurs parents. La course est efficace pour presque tout le monde. Une visite au site web de la plupart des installations médicales, ainsi qu'une revue de leurs programmes et de leur matériel connexe, démontreront le point commun de certaines recommandations simples. Combiner un programme d'exercice vif avec une alimentation saine selon le Guide alimentaire canadien en est un exemple. À cet égard, la course est une activité toute désignée. Vous pouvez courir seul, en groupe, ainsi qu'à l'heure et à l'endroit qui vous conviennent.

Au cours des vingt dernières années, la course a évolué. De simple compétition, elle est devenue un moyen d'améliorer sa santé et sa forme physique par le biais d'exercices réguliers. La première étape consiste à subir un examen médical. Vous obtiendrez ainsi l'appui de votre médecin pour effectuer un changement de mode de vie.

Pour ceux d'entre vous qui disent «je ne suis pas un athlète, je ne pourrais jamais courir», je vous réponds «oui vous le pouvez, vous êtes un athlète et vous pouvez aussi courir et, avec une certaine conviction, vous pouvez réussir!» Vous vous adapterez bientôt à l'entraînement et en ressentirez les bienfaits, et apprendrez que plus on s'exerce, meilleurs sont nos choix nutritifs. Penser à effectuer une course en soirée vous rappelle de faire un choix plus intelligent pour le dîner. Le simple fait de penser à votre état de santé quand vous courez et à la façon dont votre choix d'aliments vous affecte fait de vous un athlète.

Ne croyez pas la personne qui vous dit que vous ne serez jamais un athlète, ni un coureur. J'ai trop vu de personnes prendre la décision de contrôler leur vie et avoir du succès. Il y a de merveilleux exemples de ces histoires de succès au fil des années, et nous les partageons avec vous dans le dernier chapitre. Prenez le temps de les lire. Elles vous inspireront. Ne laissez pas l'évaluation de votre image corporelle vous influencer. La course fournit un ajustement dans les attitudes. Amener une personne à prendre soi-même le contrôle est la raison pour laquelle plusieurs coureurs font de la course. Beaucoup de chefs de file mondiaux goûtent au plaisir de la clarté de pensées, aux effets calmants et à l'énergie donnée par le simple fait de poser un pied devant l'autre. Ils savent qu'ils seront plus efficaces pour ceux qu'ils dirigent, s'ils prennent soin de leur santé. Si vous avez soin des gens qui vous importent, vous devez tout d'abord veiller à votre propre santé pour mieux les aider.

Au fur et à mesure que nous devenons plus athlétiques, nous apprenons que la structure et la discipline assurent l'équilibre à nos entraînements, et empêchent les entraînements obsessionnels et compulsifs qui peuvent mener à l'épuisement professionnel ou aux blessures. Se maintenir très motivé et sans blessures donne la régularité de l'entraînement, la capacité de s'améliorer et mène au succès à long terme.

Après avoir enseigné aux coureurs pendant vingt ans, j'ai vu beaucoup d'athlètes se blesser en courant trop vite ou trop longtemps. Je n'ai jamais vu un athlète se blesser, par contre, en courant trop lentement. Le vieil adage, lentement et sûrement vous fait gagner la course, s'applique surtout quand vous entreprenez votre programme de course. Maintenez un programme modéré, tout en restant motivé et constant. Le plus gros défi est souvent de simplement réussir à se sortir de la maison, d'une façon régulière.

Le pouvoir de la course en groupe est étonnant. Depuis bien des années, nous encourageons les gens à se rencontrer le mercredi et le dimanche, pour une course de pratique, en groupe. La course soutenue devient un mode de vie. De plus, en faisant la découverte des nombreux bénéfices de la course, vous agrandissez votre réseau d'amis qui pratiquent la même activité que vous. Cette pression de conformité est une excellente source de motivation. Le rendez-vous deux fois par semaine stimule votre engagement et développe votre esprit de groupe. Durant les journées où il n'y a pas de pratique, simplement penser que vous allez tirer de l'arrière par rapport aux autres, vous donnera la motivation de courir.

Une question qui m'est souvent posée est «Quel est l'entraînement minimum nécessaire pour courir un 5 km, un 10 km, un demi-marathon ou un marathon?» La réponse: courir au moins trois fois par semaine. Tous les programmes d'entraînement sont basés sur l'endurance, la force et la vitesse. L'autre élément clé est le repos. Le repos fait partie de tout bon programme d'entraînement et est nécessaire pour la récupération, l'amélioration et l'augmentation de la force.

L'endurance provient de votre entraînement en courses longues et lentes. L'effet combiné de la course et de la marche vous fournit et le stress et le repos, vous permettant de reprendre vos séances de pratique avec un renouveau de vigueur. Pendant les courses longues et lentes, faites le «test de la conversation». Vous pouvez parler aisément à ce niveau. Par contre, si vous êtes essoufflé et avez de la difficulté à respirer, ralentissez votre cadence. Si vous portez un moniteur de fréquence cardiaque, vous devriez vous situer entre 60 et 70% de votre fréquence maximale.

Le prochain palier d'entraînement est l'entraînement de la force. Ceci s'accomplit soit au gymnase, soit par des courses en côtes ou des courses de seuil. Les courses de force exigent entre 70 et 85% de votre fréquence cardiaque maximale. Si vous ne portez pas de moniteur, courez à un rythme rendant la conversation laborieuse.

Le but de la vitesse est de maintenir votre forme et votre coordination sous le stress d'une intensité plus élevée. Ça semble assez simple, mais, à un niveau d'effort de 80%, ces séances doivent être faites en pointes de vitesse courtes, intercalées de périodes de repos et de récupération, entre chaque période d'intensité élevée.

La combinaison du stress, du repos, de la stimulation, de l'endurance, de la force et de la vitesse vous permettront de franchir toutes vos lignes d'arrivée debout et avec le sourire.

Quand vous faites vos débuts en course, vous apprenez qu'il y a un athlète qui sommeille en chacun de nous. Quand on vous donne la structure et la motivation, vous découvrez les bénéfices d'un programme d'exercice continu. Vous découvrez aussi le plaisir de courir!

Maintenir sa motivation peut être aussi simple que d'apprendre quelques phrases positives.

Voici des exemples de celles qui m'aident:

- Je contrôle ma propre vie.
- Je peux réaliser n'importe quel objectif intelligent que je me fixe.
- Je crois en moi et en les gens qui m'entourent.
- Je considère chaque journée comme un défi de m'améliorer.
- Je suis fort, en forme et un coureur puissant.

Dans les chapitres qui suivent, vous aurez beaucoup d'information, de motivation et d'inspiration. À vous de fournir la transpiration.

John Stanton

Chapitre 1
Lançons-nous

Parlons de l'élaboration d'un programme d'entraînement. Il faut se rappeler en premier lieu que chaque coureur est unique, donc votre programme d'entraînement devra tenir compte de vos exigences, de vos aptitudes et de votre engagement. Nous savons tous que nos empreintes digitales sont uniques, on peut en dire autant de votre programme d'entraînement, où plusieurs éléments peuvent donner un caractère unique à votre formation. Par exemple, nous avons tous des caractéristiques physiologiques différentes (gabarit, rythme cardiaque au repos, rythme cardiaque maximal, aptitude du corps à utiliser l'oxygène) et des objectifs personnels différents (ce que vous voulez réussir grâce à l'exercice); sans compter les diverses obligations qui vous incombent, qu'elles soient d'ordre familial, amical, communautaire ou professionnel.

Comment tout harmoniser?

Nous devons tous faire face au défi d'intégrer notre entraînement dans notre horaire quotidien déjà chargé. Nos amis, la famille et la collectivité grugent tous notre temps et, dans la conjoncture professionnelle actuelle, les exigences additionnelles se font de plus en plus pressantes au travail. Le temps qu'il reste à consacrer à notre vie privée devient de plus en plus précieux.

Alors comment réussit-on à s'en sortir? Pour commencer, réservez-vous une période de la journée consacrée à votre santé et au conditionnement physique. Ce n'est pas égoïste, c'est indispensable. Pour mieux prendre soin des autres, il faut d'abord commencer par soi-même. Si non, comment réussirez-vous à vous en sortir?

L'une des questions les plus fréquentes qu'on me pose est: «Quel est le meilleur moment de la journée pour courir?» Voici les réponses recueillies auprès de milliers de coureurs au cours des ans. Comme vous le verrez, il n'y a pas de «meilleur» moment. Il y a cependant un meilleur temps pour vous.

J'aime me lever du lit et courir pour commencer la journée.

Une course, tôt le matin, est idéale pour certaines personnes. Cela démarre leur journée sur le bon pied et aiguise leur acuité intellectuelle. Elles trouvent qu'elles mangent moins, sont plus productives tout au long de la journée et rentrent à la maison se détendre sans ressentir le stress d'avoir à courir quand elles sont déjà fatiguées. Elles me disent aussi qu'elles dorment bien la nuit.

J'aime courir à midi, c'est le meilleur moment pour moi.

Les coureurs qui courent à l'heure du lunch me disent que la course permet de casser la journée en deux, et leur donne un changement d'attitude pour l'après-midi et les oblige à manger un repas léger.

J'aime courir immédiatement après le travail mais avant le souper.

Ces coureurs disent qu'ils peuvent revenir à la maison épuisés mentalement mais, après une sortie, ils se sentent plein d'énergie. Ils soulignent que la course après le travail et avant le souper leur permet d'apprécier davantage la soirée et, pour plusieurs, la course est un coupe-faim.

J'aime courir avant de me coucher.

Certains coureurs me disent que les courses tard en soirée sont formidables. Elles permettent de se détendre pour la nuit, un temps idéal pour méditer sur les grands défis de la vie et trouver les solutions simples que seule la course permet de faire germer. Ils aiment bien se vanter que la course régénère leur métabolisme qui continue à brûler des calories pendant leur sommeil. Cela ressemble à une bonne affaire pour ceux d'entre nous qui recherchent ces avantages.

Alors, pour revenir à notre question «Quel est le meilleur temps de la journée pour courir?» N'oubliez pas que nous sommes tous uniques, donc différents, et que la course doit bonifier votre qualité de vie. Alors, tenez donc compte du moment du jour qui vous convient le mieux. (Pour moi, une course en soirée m'a transformé en fervent téléspectateur des émissions de fin de soirée – je reviens d'une course en soirée plein d'énergie renouvelée, éveillé et me retrouve le lendemain plus fatigué que la veille). Servez-vous de vos courses pour améliorer votre bien-être mental et physique. Gardez vos périodes de courses comme suppresseur de stress, la plupart d'entre nous en subissons suffisamment dans nos vies sans devoir en ajouter.

Cessez de vous trouver des excuses

- Planifiez et faites l'horaire de votre entraînement quotidien.

- Faites preuve de souplesse dans votre horaire. Engagez-vous au moins à effectuer l'entraînement.

- Soyez novateur dans la planification de votre entraînement. Profitez des temps morts ou des temps d'attente pour courir, faire des étirements ou de l'entraînement parallèle.

- Lisez, écoutez et regardez quelque chose de drôle. Une bonne blague réduit le stress. Le souvenir de mon bon ami Nick Lees courant le marathon en tutu réussit toujours à me faire sourire.

- Variez vos séances d'entraînement. Faire le même parcours et courir sur la même distance tous les jours peuvent devenir monotones. Un peu de rapidité et une colline redonneront un peu de mordant à vos séances.

- Courez avec un copain. Vous pouvez vous motiver l'un et l'autre.

- Imaginez-vous à la tête d'un peloton qui se trouve à 25 mètres derrière vous. Forcez juste un peu.

- Dans les endroits sécuritaires, portez des écouteurs et profitez d'une belle musique, une cassette sur la motivation ou un enregistrement d'humour.

- Apportez des changements. Changez l'heure à laquelle vous courez normalement, allez dans une autre direction, faites un nouvel entraînement ou lisez un bon livre sur la course.

- Mieux encore, courez devant un hôpital pour vous rappeler

combien vous avez de la chance d'être en bonne santé. La vie est un cadeau précieux qu'il faut traiter aux petits soins.

• Savourez chaque course parce qu'elle est belle à sa manière.

Fixer des objectifs

Pour retirer le plus possible de votre entraînement, vous devriez vous fixer un objectif à long terme, parsemé de petits objectifs qui vous y conduiront. Votre but ultime pourrait être une course particulière mais, avant d'y arriver, vous devez suivre un entraînement constant. Il pourrait être utile de vous fixer des défis de courte distance et ainsi vous mettre à l'épreuve en cours de route. (Il faut noter que plusieurs marathoniens vous diront que la vraie récompense provient de l'entraînement quotidien et non du marathon.)

Vos objectifs peuvent être qualitatifs ou quantitatifs; une course qualitative à long terme peut vouloir dire faire de vos entraînements une routine quotidienne comme se brosser les dents ou se peigner les cheveux; une course quantitative à long terme peut être le symbole d'un marathon particulier que vous comptez réussir lors du passage à une autre décennie.

Fixez-vous des objectifs à court terme qui vous permettent de récolter et de savourer les joies de votre entraînement. Votre premier but pourrait être de faire une course soutenue pendant 20 minutes. Un bon objectif de début de programme pourrait être de courir pendant

30 jours sans se blesser, ce qui vous oblige à vous mettre à l'écoute de votre corps.

Dans votre programme vous aurez cinq types d'objectifs:

1. Un but quotidien pour vous faire franchir la porte.

2. Un objectif d'acceptation de soi pour vous conditionner à la discipline du conditionnement physique comme partie de votre style de vie quotidien.

3. Un objectif de performance pour une saison – soit une distance à parcourir comme courir un 10km, soit un temps comme courir 10km en 45 minutes.

4. Un objectif en guise de commémoration ou un objectif particulier pour la saison – un incitatif qui vous motivera à maintenir votre entraînement toute l'année. Consacrez votre entraînement de l'année à la mémoire d'un être cher disparu ou pour prouver que vous pouvez réussir alors que tous vous croyaient perdant au départ.

5. Un rêve devenu réalité – une grande course ou une distance particulière qui paraît quelque peu hors d'atteinte, mais réalisable.

Si vos objectifs sont intelligents et réalistes, vous aurez plus de chance de réussir et de ne pas vous laisser décourager en cours d'entraînement. Il n'y a pas de formule particulière pour vous indiquer où commencer et à quel rythme d'évolution progresser. Soyez vigilant cependant, ne laissez pas votre nouvel enthousiasme pour l'entraînement dépasser vos capacités pour tomber dans le surentraînement. Ne vous laissez pas impressionner par les gens autour de vous, partez d'où vous êtes et commencez un programme d'entraînement à partir de ce point. Créez un point de référence et tentez de vous améliorer de quelque 10% environ par semaine. (Limiter la progression à 10% par semaine permet de minimiser les risques de blessure).

Pour vous aider à vous évaluer et vous encourager, tenez un carnet d'entraînement. Un carnet actualisé chaque jour renforce la notion de progrès en regard de votre objectif ultime. Vous trouverez bien sûr un certain plaisir à consigner vos entraînements et à évaluer la qualité de vos efforts. Inscrire la distance de course, le lieu de votre sortie, le type de course (par ex.: entraînements en côte, en vitesse et sur distances longues et lentes). Ajoutez des notes sur vos impressions du moment, particulièrement si votre niveau de stress est au-dessus de la normale ou que les conditions de la météo sont anormales.

Assurez-vous de surveiller et d'évaluer votre entraînement, ajustez votre programme et vos objectifs à vos progrès ainsi que les autres facettes de votre vie. Servez-vous du carnet pour noter tous les changements circonstanciels et les ajustements apportés à vos objectifs à court et à long termes. Une mise en garde: il ne s'agit pas d'un passe-droit qui vous permettra de négliger votre entraînement au moindre prétexte mais vous devez prendre une pause si la conjoncture est mauvaise. Par exemple, si le temps devient très chaud, vous devez modifier avec intelligence l'intensité de votre entraînement. Si un horaire de travail chargé vous laisse épuisé et que vous avez deux mauvaises courses de suite, vous devez aussi pondérer vos progrès et y aller plus lentement.

N'oubliez pas que parfois, l'objectif de certains jours est de vous reposer. Le repos permet à votre corps de refaire ses forces, de récupérer et de se remettre d'aplomb. Les experts de la médecine sportive notent qu'il faut 48 heures pour récupérer d'un entraînement rigoureux et énergique; donc, le repos devrait faire partie de votre programme d'entraînement.

La détermination d'objectifs sportifs, la discipline de suivre un programme embrigadé pour réaliser des objectifs spécifiques et l'enregistrement de vos progrès influeront sur d'autres aspects de votre vie. Les études continuent de démontrer que les gens qui sont actifs physiquement sont plus positifs dans leur approche face aux défis, qu'ils ont plus d'énergie et qu'ils se nourrissent mieux. Ces avantages additionnels et le sentiment d'améliorer sa santé sont quelques-unes des raisons qui expliquent pourquoi les coureurs deviennent très motivés au fil du temps.

Vous devriez avoir une stratégie:

A. Déterminez vos objectifs:
Essayez de vous fixer des objectifs d'amélioration chaque semaine.

Rappelez-vous, plus vous êtes réaliste, meilleures sont les chances de ne pas vous décourager en cours de route pendant l'entraînement. Servez-vous d'un carnet d'entraînement pour inscrire et évaluer vos progrès. Soyez prêt à modifier et changer vos buts. Par exemple, une mauvaise course deux fois de suite peut signifier revenir en arrière et progresser plus lentement.

Buts à court terme:
p.ex.: effectuer un 5 km au printemps
p.ex.: perdre 10 lb (4,5 kg)

Buts à long terme:
p.ex.: perdre 25 lb (11,4 kg) et avoir un programme quotidien d'entraînement
p.ex.: réussir le marathon de Montréal

N'oubliez pas!
Vos buts peuvent être qualitatifs (p.ex.: être en forme) ou quantitatifs (p.ex.: courir en 40 minutes le 10 km)

B. Notez vos objectifs:
Engagez-vous à atteindre vos objectifs en les inscrivant et en passant en revue les progrès accomplis de façon régulière.

C. Surveillez vos progrès dans votre carnet d'entraînement:
Un carnet vous permet d'étoffer votre progression au jour le jour.

D. Modifiez vos buts:
Vos objectifs à court terme et ceux à long terme peuvent changer au fur et à mesure de vos progrès. Changez vos buts selon les circonstances et prenez note de ces changements.

Ciblez les éléments relevant de votre contrôle. p.ex.: habiletés et préparation. Évitez les objectifs hors de votre contrôle immédiat. p.ex.: les marques, le classement et la victoire.

Le démarrage:

1ere étape

Rédigez un objectif ultime, difficile mais réalisable.
Un objectif de rêve à long terme:

_____

_____

2e étape

Rédigez votre objectif de rêve pour les prochains mois qui vous aidera à atteindre votre objectif final.
Un rêve à réaliser cette saison:

_____

_____

3e étape

Rédigez votre cible de rendement réalisable pour cette saison. Cela pourrait vous aider à fixer des dates pour d'autres objectifs de cible de rendement, que ce soit courir un parcours dans un temps donné ou courir un parcours sans marcher.
Une cible de rendement qui soit réalisable cette saison:

_____

_____

4e étape

Évaluez vos progrès et voyez si vous ne visez pas trop haut (vous pourriez avoir besoin de parcourir plus de kilomètres à la base) ou si vous ne devriez pas vous fixer un objectif plus élevé.
Objectif revu:

_____

_____

_____

5ᵉ étape

Fixez-vous un objectif d'amélioration par semaine. Rappelez-vous, plus vous êtes réaliste, meilleures sont les chances de succès. Servez-vous d'un carnet d'entraînement comme celui du registre du Coin des coureurs pour inscrire vos progrès. Utilisez-le comme journal intime pour transcrire vos émotions et souligner les parcours utilisés. Modifiez l'entraînement au besoin.

L'objectif que vous allez atteindre aujourd'hui:

_____

_____

_____

_____

Pour certaines personnes, courir un kilomètre ou courir une certaine distance sans s'arrêter constitue un résultat acceptable; d'autres voudront perdre un certain poids tandis que d'autres encore voudront se qualifier pour la course de la Ville de Québec. Les objectifs sont personnels, ne vous préoccupez pas des objectifs des autres. Nous sommes tous en compétition avec nous-mêmes.

Les 10 raisons qui incitent les gens à entreprendre un programme de course

1. Une soupape au stress.

2. La perte de poids.

3. La sensation de bien-être.

4. La rencontre de gens qui partagent la bonne santé comme style de vie.

5. Un programme de conditionnement physique qu'on peut pratiquer partout, en tout temps et avec peu d'équipement.

6. Le faible coût des équipements.

7. La motivation positive.

8. Une meilleure estime de soi.

9. La quête d'un objectif particulier.

10. La pression positive du groupe qui nous garde motivé.

Évaluation de votre condition physique

Courir est une activité physique difficile. Sept questions sont tirées du Q-AAP (Questionnaire sur l'aptitude à l'activité physique) et vous aideront à évaluer votre état de préparation pour la course.

Questionnaire

1. Votre médecin vous a-t-il déjà dit que vous aviez des problèmes cardiaques et que vous deviez suivre des activités uniquement prescrites par son entremise? **Oui Non**

2. Avez-vous des douleurs à la poitrine lorsque vous faites des activités physiques? **Oui Non**

3. Au cours des derniers mois, avez-vous ressenti des douleurs à la poitrine quand vous étiez au repos, sans faire d'activités physiques? **Oui Non**

4. Perdez-vous l'équilibre en raison d'un d'étourdissement ou avez-vous déjà perdu connaissance? **Oui Non**

5. Avez-vous des douleurs au os ou aux articulations qui pourraient empirer si vous faisiez de l'activité physique? **Oui Non**

6. Votre médecin vous prescrit-il présentement des médica-ments (exemple: diurétique) pour la pression artérielle ou des problèmes cardiaques? **Oui Non**

7. Connaissez-vous d'autres raisons pour lesquelles vous ne devriez pas faire de l'exercice physique? **Oui Non**

Si vous avez répondu oui à l'une des questions précédentes, arrêtez-vous jusqu'à ce que vous ayez consulté un médecin. Si vous avez répondu non à toutes les questions, vous êtes en mesure de croire raisonnablement que vous pouvez en toute sécurité augmenter votre niveau d'activité physique.

Reproduction partielle de l'édition 1994 du **Physical Activity Readiness Questionnaire** (PAR-Q). Autorisé avec la permission spéciale de la Société canadienne de physiologie de l'exercice, Inc. Droit d'auteur 1994©, SCPE, Inc.

Êtes-vous incertain de votre conditionnement physique actuel? Quel est votre point de départ? Jusqu'à quel point êtes-vous en santé et en forme?

Voici un test d'auto-contrôle pour vérifier vos antécédents de santé et vos habitudes de conditionnement physique.

Sélectionnez le nombre qui s'apparente le mieux à votre état dans les 10 secteurs suivants, puis additionnez le tout. Le résultat vous indiquera votre état de santé cardiovasculaire au départ: élevée, moyenne ou faible.

Votre santé cardiovasculaire

Lequel de ces énoncés représente le mieux votre état cardiovasculaire? Il s'agit d'un contrôle de sécurité essentiel au plan de la santé avant d'entreprendre toute activité physique rigoureuse. (Avertissement: pour ceux et celles qui ont des antécédents de problèmes cardiovasculaires, entreprenez le programme proposé dans le présent guide seulement après avoir reçu l'autorisation de votre médecin et sous la supervision d'un entraîneur).

Aucun antécédent de problèmes cardiaques ou circulatoires	(3)
Les affections antérieures bénignes ont été bien soignées	(2)
Certains problèmes existent, mais ne requièrent aucun traitement	(1)
Vous êtes suivi par un médecin pour des problèmes cardiovasculaires	(0)

Blessures

Lequel de ces énoncés décrit le mieux vos blessures actuelles? Nous voulons vérifier votre état de préparation musculosquelettique avant de commencer un programme de course à pied. (Avertissement: Si vous souffrez d'une blessure temporaire, attendez la guérison complète avant d'amorcer votre programme. S'il s'agit d'un état chronique, ajustez votre programme en fonction de vos limites).

Ne souffre d'aucune blessure	(3)
Une certaine douleur à l'entraînement, mais non contraignante	(2)
Le niveau d'activité est restreint par une blessure	(1)
Incapable de participer à un entraînement rigoureux	(0)

Maladies

Lequel des énoncés décrit le mieux votre maladie? Certaines maladies temporaires ou chroniques vont retarder ou interrompre votre programme de course. (Voir avertissement sous la rubrique «Blessures»).

Aucune maladie présentement	(3)
Difficulté pendant les activités mais non contraignante	(2)
La maladie limite le niveau de mon activité	(1)
Incapable de me plier à un entraînement rigoureux	(0)

Âge

À quel groupe d'âges appartenez-vous? En général, plus vous êtes jeunes, moins vous avez négligé votre forme physique.

19 ans et moins	(3)
20 à 29 ans	(2)
30 à 39 ans	(1)
40 ans et plus	(0)

Poids

Lequel de ces énoncés représente votre propre définition du «poids idéal». Un excédent de poids est un facteur majeur de la mauvaise condition physique. On peut aussi être trop maigre.

Je suis à environ 5 livres (2,2 kg) de mon poids idéal	(3)
Je suis de 6 (2,6 kg) à 10 livres (4,5 kg) au-dessus ou en dessous de mon poids idéal	(2)
Je suis de 11 (4,9 kg) à 19 livres (8,6 kg) au-dessus ou en dessous de mon poids idéal	(1)
Je pèse 20 livres (9 kg) de plus ou 20 livres (9 kg) de moins que mon poids idéal	(0)

Fréquence cardiaque au repos

Lequel de ces nombres représente votre pouls actuel au réveil avant de vous lever? Un coeur en forme bat plus lentement et plus efficacement que celui d'une personne en mauvaise forme.

Moins de 60 battements la minute	(3)
60 à 69 battements la minute	(2)
70 à 79 battements la minute	(1)
80 battements ou plus la minute	(0)

Tabagisme

Lequel de ces énoncés représente le mieux vos antécédents de fumeur et vos habitudes actuelles (s'il y a lieu)? La cigarette est l'ennemi numéro 1 de la bonne santé et de la bonne forme physique.

Je n'ai jamais fumé	(3)
J'ai cessé de fumer	(2)
Je fume occasionnellement	(1)
Je fume à la chaîne	(0)

Course la plus récente

Lequel de ces nombres représente le mieux vos courses du mois dernier? Le meilleur indice de votre performance dans un avenir rapproché est votre performance lors de courses récentes.

Course de plus de 4 km (2,5 mi), sans arrêt	(3)
Course de 2 à 4 km (2,5 mi), sans arrêt	(2)
Course de moins de 2 km (1 mi), sans arrêt	(1)
Aucune course récente	(0)

Historique de vos courses

Lequel de ces énoncés représente votre historique de course? Les effets de la course, en tant que conditionnement physique, ne durent pas à long terme, mais le fait d'avoir déjà couru indique que vous pourriez courir de nouveau.

Entraînement pour la course au cours de la dernière année	(3)
Entraînement pour la course il y a un ou deux ans	(2)
Entraînement pour la course il y a plus de deux ans	(1)
Jamais entraîné pour la course	(0)

Activités similaires

Lequel de ces énoncés représente votre participation à d'autres exercices s'apparentant à la course du point de vue des bénéfices aérobiques? Plus ces exercices se rapprochent de la course (p.ex. le cyclisme, la natation, le ski de fond, la marche rapide), plus facile sera la transition.

Pratique régulièrement des activités aérobiques similaires	(3)
Pratique régulièrement des activités aérobiques moins vigoureuses	(2)

Pratique régulièrement des sports non aérobiques (1)
Ne participe pas régulièrement à une activité physique (0)

Votre évaluation

Si votre résultat est de 20 points et plus, vous êtes en bonne santé et en bonne forme pour un coureur débutant. Vous êtes sans doute en mesure de faire une course soutenue sans arrêt de 4 à 5 kilomètres (2,5 à 5 milles), soit de 20 à 30 minutes.

Si votre résultat varie de 10 à 19, vous vous situez dans la moyenne. Vous devrez probablement prendre des pauses (de la marche) pour terminer un parcours de 4 à 5 kilomètres (2,5 à 5 milles), soit de 20 à 30 minutes d'effort.

Si votre pointage est de 10 ou moins, vous devez commencer par la marche. D'abord, 20 minutes de marche accélérée en y ajoutant 2 minutes par semaine jusqu'à pouvoir soutenir une marche de 40 minutes sans trop d'effort.

Tous en forme

Vous êtes sur le point de vivre une expérience qui changera favorablement la façon dont vous entrevoyez le reste de vos jours. Vous allez vous joindre à un groupe de sportifs qui consacrent à la condition physique une partie régulière de leur vie. La façon dont vous envisagez la vie, tant au plan mental que physique, sera complètement transformée. Vous aurez davantage d'assurance, ce qui vous permettra d'atteindre vos buts sur le plan athlétique et personnel. La plupart des gens qui se lancent dans un programme d'exercice physique se nourrissent mieux, ont plus d'énergie, sont souvent moins malades et ont une disposition d'esprit plus favorable face à la vie. Vous puiserez en vous des ressources humaines dont vous ignoriez l'existence. Mais, d'abord et avant tout, vous aurez du PLAISIR et la fréquentation des membres du groupe vous amènera à partager plusieurs expériences enrichissantes.

«Un voyage de mille kilomètres commence toujours par un premier pas»

Joignez-vous aux 10% supérieurs

Seulement 10% de la population du Canada, de l'Angleterre et de l'Australie s'exercent suffisamment au point d'en arriver à suer.

Visualisation/Imagerie

- Imaginez-vous en train de réagir plus positivement aux situations qui vous ont ralenti ou bouleversé dans le passé.

- Imaginez-vous en train de penser, de focaliser, de croire et d'agir de manière plus constructive et mois angoissante. Maintenant, faites en sorte de concrétiser cette image de vous dans la vraie vie de tous les jours.

N'oubliez pas

Persévérez et vous allez réussir!

Autosuggestions positives

1. Je suis maître de mes pensées, de mes objectifs et de ma vie.

2. Je contrôle mes pensées et mes émotions et j'exerce un contrôle complet sur ma performance, ma santé et ma vie.

3. Je suis tout à fait capable d'accomplir les objectifs que je me suis fixés aujourd'hui. Je suis en contrôle.

4. J'apprends de mes problèmes et de mes échecs et à partir des leçons que j'en tire, j'entrevois les améliorations et les occasions d'épanouissement personnel.

5. Chaque jour je me sens d'une certaine façon mieux, plus sage, plus conciliant, plus ciblé, plus confiant et plus en contrôle.

Conservez la notion de plaisir

Je me plais à courir. C'est vraiment agréable; toutefois, il existe des inconforts qui peuvent gâcher le plaisir de la course. Je vous ai fourni un sommaire des conseils que vous pouvez utiliser pour vous aider à maintenir l'aspect du plaisir de la course. Ce sont des conseils généraux dont plusieurs seront traités plus en profondeur ultérieurement. J'espère qu'ils vous seront utiles et continuez de vous amuser.

Douleurs musculaires

La douleur générale des muscles est causée par de petites déchirures dans les muscles, résultant d'une course plus longue, plus rapide ou plus intense.

L'application de glace ou d'eau froide aux muscles endoloris, immédiatement après la course, aidera à chasser la douleur et enclenchera le rétablissement. Un bain chaud avec des sels d'Epsom et des étirements doux faciliteront le sommeil et une récupération plus rapide.

Irritations de la peau

Elles apparaissent généralement sous les aisselles, entre les cuisses, le long de la ligne de la brassière pour les femmes, et autour des mamelons pour les hommes. C'est le sel contenu dans notre sueur qui cause cette irritation abrasive dans ces zones sensibles.

Un produit spécialisé, le Body Glide, vous donnera la meilleure protection; la vaseline peut aussi être efficace mais elle tache les vêtements, ce que Body Glide ne fait pas. Pour les hommes, essayez les bandages Nipguards; ils fonctionnent à merveille pour prévenir l'irritation des mamelons.

Ampoules

La friction entre le pied et la chaussure produit en général une ampoule. Elle peut être causée par des chaussures mal ajustées, une couture ou une côte dans la chaussette ou, parfois, par le fait de courir en pente ou sur une surface inégale, ce qui cause le frottement de la chaussure contre le côté du pied.

Notre meilleure recommandation: les chaussettes à double épaisseur CoolMax du Coin des Coureurs – elles sont efficaces. Si vous avez une ampoule, recouvrez-la d'un bandage liquide, qui donne de la protection et aide à assécher la région – encourageant la guérison pendant que vous continuez à courir.

Ongles noircis

Vous faîtes maintenant partie du club des porteurs de l'orteil noir. Cela est plus souvent le résultat d'une augmentation de votre parcours, ou d'une longue course en descente. L'orteil frappe de façon répétitive le devant de la chaussure, amenant le sang à s'accumuler sous l'ongle.

S'il n'y a pas de douleur, laissez l'ongle se détacher tout seul, mais appliquez une crème antifongique pour prévenir l'infection. Si vous ressentez une douleur pulsatile à l'orteil, demandez à votre médecin (ne vous risquez pas vous-même) de faire un petit trou dans l'ongle pour laisser égoutter le sang. Ce n'est pas aussi horrible qu'on se l'imagine et le soulagement est immédiat. La prévention pour l'avenir: procurez-vous des chaussures d'une pointure d'un demi-point à un point supérieur à votre pointure.

Pied d'athlète

Les coureurs à la peau rouge et fissurée, souffrant de démangeaisons aux pieds et de douleur entre les orteils, souffrent très probablement du pied d'athlète. Habituellement, cette affection fait suite à l'utilisation d' un lieu public comme un vestiaire ou la salle des douches.

Première règle: portez toujours des sandales dans le vestiaire et la salle des douches. Vaporisez l'intérieur de vos chaussures d'un produit antifongique, en ayant soin d'enlever la semelle intérieure avant de faire l'application.

Crampes musculaires

Une crampe musculaire pendant une course se produit souvent lorsque le muscle fatigué est beaucoup trop stimulé et se contracte involontairement. Un manque d'électrolytes tels le potassium et le sel de sodium ou une mauvaise hydratation peuvent également causer des crampes musculaires.

Un étirement doux du muscle en question peut résoudre le problème.

Donnez un petit massage au muscle pour atténuer l'effet de la crampe. Utilisez des boissons de sport isotoniques pour résoudre le problème.

Points

Un point de côté est une douleur vive ressentie au niveau du diaphragme, souvent sous le devant de la cage thoracique. Deux théories en expliquent la cause; la première veut que l'inconfort est le résultat de l'irritation du muscle en forme de dôme du diaphragme devenant irrité par le mouvement de contraction et de décontration créé par la respiration. L'effet de bousculade provoquée par la course provoque l'irritation qui est la cause du point de côté. La deuxième théorie porte sur la nourriture. Plusieurs coureurs évitent de manger des aliments à haute teneur en sucre et en gras et évitent aussi les pommes, jus de fruits, produits laitiers et le chocolat.

Personnellement, je crois que les points sont liés aux techniques de respiration. Comme un nageur, respirez profondément et d'une façon détendue, en suivant le même rythme que la cadence de votre course. Une respiration détendue et rythmique permet une meilleure course et réduit le risque du redoutable point de côté. Pensez à respirer du ventre!

Rots, flatulence, graves maux d'estomac et arrêts au petit coin

Ces réactions corporelles peuvent produire un inconfort considérable et mettre à la gêne les coureurs, tant et si bien que certains cesseront de courir. Il n'y a pas de cause unique ou cohérente à ces problèmes et il n'existe pas de remède unique non plus. La course et les mouvements verticaux du corps peuvent provoquer des perturbations gastro-intestinales. Pour certains, une tasse de café aidera à stimuler le transit intestinal avant la course. Cela étant dit, la caféine et l'alcool causent de l'irritation à l'estomac, donc c'est peut-être préférable de s'en passer. Les aliments à haute teneur en fibres ou les produits laitiers peuvent aussi causer de l'inconfort. Plusieurs athlètes ont découvert que la teneur élevée en sucre dans les boissons réhydratantes pour sportifs a un effet nuisible. Une solution pour s'en sortir consiste à mélanger ces boissons à de l'eau. S'il vous arrive, comme c'est le cas de plusieurs, que l'appel du petit coin se fasse sentir après 10 ou 15 minutes de course, planifiez une boucle de 10 minutes à votre point de départ. Arrêtez-vous, soulagez-vous et reprenez votre course. Planifiez vos longues courses en tenant compte des toilettes publiques. Si votre parcours n'en est pas pourvu, les gymnases, spas, stations-service, cafés, salles communautaires, casernes de pompiers ou églises sont généralement ouverts aux coureurs au besoin.

Transpiration

La transpiration joue le rôle de système de climatisation, ce qui vous aide à régler votre température et éliminer les toxines. Pendant la course, vous perdez entre 500 ml et 1 000 ml par heure en transpirant. La sueur en soi est inodore; c'est son contact avec les bactéries qui cause les mauvaises odeurs. Commencez donc votre course en étant propre et utilisez un désodorisant. Le coton résiste mieux à l'odeur, mais on sait qu'il retient la transpiration et cause de l'irritation. Les nouveaux tissus sont conçus pour éliminer la transpiration, sèchent rapidement mais retiennent l'odeur de la transpiration.

Faites votre lessive après chaque course pour éviter les odeurs; si votre transpiration a une drôle d'odeur, consultez votre médecin. L'odeur peut être le symptome d'un trouble médical tel le diabète ou une maladie du foie. La transpiration est un trait de personnalité, ne suez donc pas à vous en inquiéter - après tout, vous êtes un athlète.

Incontinence urinaire

L'incontinence urinaire touche beaucoup de coureurs, en particulier les femmes qui ont accouché. Cet obstacle à la course découle généralement d'une faiblesse du plancher pelvien. Ces muscles supportent le bassin et l'abdomen et contrôlent l'évacuation de la vessie et des intestins.

La meilleure solution: beaucoup d'exercices pour le plancher pelvien. Quand ils sont faits correctement et régulièrement, ils s'avèrent très efficaces à arrêter l'incontinence urinaire. Si vous avez déjà essayé, mais sans succès, vous n'en avez probablement pas fait suffisamment, ou vous les avez faits de façon erronée. Les athlètes sont proactifs, alors faites vos exercices et faites-les souvent. Si ça ne marche toujours pas, consultez votre médecin.

*L'incontinence d'urine: l'incontinence est l'incapacité de pouvoir contrôler le passage de l'urine. L'amplitude peut varier entre une fuite d'urine occasionnelle, jusqu'à l'incontinence totale. Appellation substitut : perte de contrôle de la vessie, urination non contrôlable.

Manque de motivation

Les coureurs ont, à l'occasion, de la difficulté à franchir le seuil de la porte pour s'entraîner. La motivation nous vient de notre fort intérieur. Ne comptez pas sur l'instructeur ou le club pour vous motiver à accomplir vos objectifs de toute la journée. Les conseils d'entraînement sont source d'inspiration - c'est à vous d'y ajouter la motivation et la transpiration.

Soyez constant.
Soyez modéré mais progressif.
Fixez des objectifs à court, moyen et long termes.
Intercalez des jours de repos dans votre entraînement.
Préparez-vous mentalement et physiquement avant chaque course
Incluez une distance longue et lente, de la force et de la vitesse dans tous vos programmes.

Adaptez votre entraînement aux conditions et soyez fier de votre courage d'avoir accepté le défi de courir. Si vous trouvez que courir est ennuyeux, c'est peut-être parce que vous n'aimez pas courir en solo pendant 30 ou 40 minutes. Alors, invitez un ami ou joignez-vous à un groupe pour vous motiver.

Je suis un coureur, je suis un athlète

Quand on commence à courir, on dit «je fais du jogging». Puis, avec un peu plus de confiance, mais sans guère plus de rapidité, on dit «je cours» et, un jour, on se dit «coureur».

Après avoir couru pendant un certain temps, on commence à comprendre ce que représente le privilège de se dire athlète. En tant qu'athlète, nous apprécions et exploitons nos forces mentales, physiques et émotionnelles, tout en découvrant la capacité de rendre l'impossible, possible.

Les athlètes comprennent l'importance de l'équilibre dans la vie. L'équilibre que nous recherchons dans le sport, dans notre carrière, dans notre famille et dans la collectivité. Créer cet équilibre, c'est ce qui distingue le simple citoyen de l'athlète.

Vous pouvez être un athlète, tout comme votre mère ou votre père, vos enfants, les membres de votre famille ou votre voisin. Un athlète, c'est la personne ordinaire visant et atteignant la réussite extraordinaire de son objectif personnel grâce à un plan d'entraînement intelligent. Il reconnaît également l'importance de se joindre à un bon groupe de soutien pour s'entraîner et célébrer ses triomphes.

Pour beaucoup de coureurs, l'entraînement a commencé le jour où ils ont voulu cesser de fumer, perdre du poids ou prendre le contrôle de leur vie au cours d'une période de stress – un changement d'emploi, la perte d'un être cher ou tout autre but personnel mais aussi très spécifique.

Toutefois, ils continuent de courir pour une variété de raisons, souvent très différentes de celles qui les ont motivées au départ. Courir pour le plaisir de la chose et courir pour s'amuser en tant qu'adulte constituent l'essence véritable de l'athlète.

La course nous apprend l'autoréflexion. Nous découvrons qui nous sommes et, à l'occasion, ce que nous ne sommes pas. La course nous enseigne l'humilité. Il y a toujours quelqu'un de meilleur que nous, pourtant nous apprenons à donner le meilleur de nous-mêmes. Certains d'entre nous aiment le côté social de la course en groupe, d'autres la solitude et la réflexion de la course en solo.

Mais nous aimons tous le sentiment et le sens de la réussite qui se dégagent de la course, l'effet reposant dont elle imprègne notre vie et l'élévation spirituelle de la fin de la course. La course est un

engagement à vie qui nous permet de définir qui nous sommes. Comme athlète, nous sommes conscients de notre corps et des effets que l'entraînement, la nutrition et le repos ont sur notre performance personnelle. Un regard dans le miroir vous enseigne que les muscles les plus important sont ceux qui nous propulsent vers l'avant dans la course. Notre système cardiovasculaire très complexe est conçu pour accepter une conjugaison intelligente de stress et de repos – nous sommes bâtis pour la course.

La course est pure et simple – des qualités admirables dans notre monde complexe et parfois confus et contradictoire. Elle comporte un départ et une arrivée et nécessite très peu de règlements, de directives et aucun facteur de chance: seule votre condition physique se mesure au défi de la journée.

Tout le monde gagne, il n'y a pas de perdant. Même le terme «abandon», utilisé en course pour désigner ceux qui n'ont pu finir le parcours, comporte un aspect positif et encourage l'athlète à revenir et à faire mieux la prochaine fois.

La course permet de garder contact avec la nature. Une course en solo tôt le matin, vous met en contact avec les éléments essentiels de la vie: l'air frais du matin, le craquement de vos pas sur le sentier, le rythme de votre respiration en accord avec le battement de votre cœur. Vous suivez sans effort le parcours vallonné avec sa palette de verts, recouverte de rosée sur les feuilles et les broussailles. La fraîcheur de l'air se conjugue à la brume matinale. Ce sont dans des moments comme ceux-ci que vous êtes reconnaissants d'être en grande forme et en bonne santé, et vous vous sentez satisfait de votre persévérance qui vous permet de savourer chaque course comme si elle était une célébration de la vie à son meilleur.

La course permet de jouer. En tant qu'adulte, nous avons besoin d'être ludiques pour encourager la créativité et la relaxation. La course nous permet de jouer seul ou en groupe. Pour savourer l'élément ludique, nous devons travailler. Un athlète est conscient que son entraînement peut être du travail, mais il lui permet de jouer.

Ceux qui reprennent l'entraînement après un certain temps, découvrent la grande capacité du corps humain à s'adapter et générer de nouveau de solides performances grâce à un entraînement intelligent. Un entraînement intelligent combinant le stress et le repos permet de s'améliorer. Pour les coureurs, cette méthode dure-facile est organisée autour de journées et de semaines dures-faciles. L'entraînement intelligent incorpore aussi des combinaisons marche/course durant les longues courses. L'entraînement intelligent tient compte des limites personnelles et du niveau de conditionnement. On adapte l'entraînement, mais toujours de façon progressive, rigoureuse et assez énergique de façon à maintenir l'amélioration. Adoptez la devise: «Donnez le meilleur de soi aujourd'hui.» Essayez d'être un peu meilleur chaque jour, ainsi vous ne perdrez jamais le goût de courir!

Le vieillissement – le coureur de 50 ans et plus

Les questions les plus fréquentes

Quelle est l'incidence de l'âge sur le régime d'entraînement du coureur de 50 ans et plus?

C'est une triste réalité de constater que la seule course à laquelle nous participons tous, est la course contre la vieillissement!

La plainte principale de l'athlète qui vieillit, c'est que la période de récupération est plus longue après de multiples ou d'intenses efforts. Beaucoup de coureurs choisissent de courir tous les deux jours. En traitant le muscle vieillissant avec respect, l'athlète peut continuer presque au même rythme qu'auparavant. Le volume et l'intensité doivent diminuer avec l'âge. La phase d'adaptation de votre entraînement doit être allongée pour tenir compte de ce programme moins ardu et moins exigeant.

Entre 50 et 60 ans, on constate une détérioration considérable des muscles squelettiques. Ce phénomène est bien documenté (F.W. Booth et al 1994). La perte de la tension musculaire est d'environ 15% par décennie jusqu'à l'âge de 70 ans. Après 70 ans, elle passe à 30%.

Nous perdons notre capacité d'absorber la force de la frappe au sol, ce qui explique pourquoi la plupart d'entre nous, qui ont plus de

50 ans, se plaignent de raideurs musculaires. Notre ami et ancien olympien Frank Shorter boite quand il marche, mais est encore capable de fournir une prestation remarquable durant un marathon. Frank fait autant de bicyclette que son horaire le lui permet, tout en éliminant en partie de son entraînement, les frappes au sol. Un programme combinant la natation et la bicyclette à un peu de course demeure une façon efficace de retarder la raideur musculaire et la dégénérescence graduelle des articulations.

Lorsque j'analyse mes expériences connexes, je pense souvent aux coureurs que je concurrençais dans des marathons de moins de trois heures; plusieurs d'entre eux n'ont pas adapté leur entraînement, ce qui s'est traduit par une blessure débilitante. Pour ceux d'entre nous qui ont compris qu'il est parfaitement justifié de courir lentement, nous prenons toujours plaisir à courir les marathons et à franchir le fil d'arrivée. J'ai entraîné des milliers d'élèves à la course et j'en ai vu beaucoup se blesser et même, dans certains cas, être obligés d'abandonner le sport. La course trop rapide constitue une des principales causes de blessure. Je n'ai pas encore vu quelqu'un se blesser parce qu'il courait trop lentement. La clé de la réussite dans le marathon comme dans la vie, c'est d'éviter les blessures et de jouir de chaque course, simplement pour le plaisir de courir.

Être sélectif est aussi un autre privilège de la vieillesse. Choisissez donc vos courses et la vitesse de celles-ci de façon judicieuse.

L'haltérophilie est aussi fondamentale pour la longévité d'un coureur. Avec l'âge, un facteur qui cause une réduction au VO2 max est le changement d'adiposité. Un entraînement régulier aux poids peut réduire l'augmentation de la masse grasse, qui survient avec l'âge. Ajouter des poids à votre entraînement vous rendra plus fort, améliorera votre posture et votre constitution.

«En cas de douleur, réagissez»

Les sports de conditionnement physique ont trois composantes:

- L'endurance
- La force
- La vitesse-puissance

Composantes de l'entraînement

L'endurance

Il faut d'abord et avant tout développer l'endurance. Sans endurance, la répétition de la plupart des types d'entraînement ne saurait suffire à développer les autres composantes. Notre programme met l'accent sur le développement de l'endurance. L'endurance permettra au système cardiovasculaire de mieux composer avec les exigences de l'entraînement et fera travailler directement les muscles associés à la course. Le coeur deviendra plus fort et assurera une meilleure circulation du sang oxygéné vers les muscles, qui se serviront avec plus d'efficacité de l'oxygène comme source d'énergie et pour rendre le corps plus résistant à la fatigue musculaire. Ces adaptations d'entraînement mèneront à une condition aérobique supérieure.

La façon la plus commune de développer une bonne forme aérobique, c'est de faire régulièrement des exercices d'aérobie. Ce genre d'exercice devrait être suffisamment intense pour que la fréquence cardiaque atteigne 130 à 150 pulsations à la minute (60% à 70% de votre rythme cardiaque maximal actuel) et maintenu pendant au moins 20 minutes, de préférence 30 minutes. La façon la plus simple de le vérifier, c'est que vous devriez être en mesure de tenir une conversation tout en courant. Allez, faites le test de la conversation en pleine course! L'endurance musculaire peut de développer par des exercices réguliers d'aérobie, mais elle l'est davantage par des exercices répétitifs faits avec des petits poids dans la salle des poids et haltères. L'entraînement en circuit peut parfois être employé pour conjuguer l'endurance musculaire et l'entraînement aérobique.

La force

La force peut être la force globale du corps comme en conditionnement physique général ou la force plus spécifique, qui est efficace à l'intérieur d'une série de mouvements particuliers au cours de certaines épreuves. La force est essentielle pour toutes les épreuves de course et pour tous les athlètes. Le niveau de force a une incidence positive tant sur la vitesse que sur l'endurance.

La vitesse et la puissance

La vitesse et la puissance sont essentielles aux performances de haut niveau. Développer ces éléments du conditionnement physique ne devrait pas être la priorité des premières semaines d'entraînement.

Les éléments de base avant la vitesse

Avant de vous lancer dans la course rapide, vous devez maîtriser les éléments de base qui comprennent:
- 8 semaines de course;
- Au moins deux mois (de préférence trois) de course aérobique;
- 4 à 10 semaines d'entraînement sur des circuits vallonnés.

Plus n'est pas synonyme de mieux

Beaucoup de recherches faites sur le sujet révèlent que la quantité n'est pas nécessairement synonyme de qualité quand il s'agit d'entraînement. En fait, s'entraîner jusqu'à l'épuisement fait plus de tort que de bien. Un adulte moyen peut s'entraîner à des niveaux d'intensité beaucoup plus bas qu'on le croyait précédemment et demeurer en forme. Surveiller sa fréquence cardiaque afin de maintenir l'exercice au niveau adéquat d'intensité est devenu le secret de l'entraînement de la décennie.

Conseils importants

Nous devrions tous être en mesure de réussir le test de la conversation. C'est facile. Si vous avez de la difficulté à parler quand vous courez, alors vous allez trop vite.

Repos

La marche est un élément-clé de la course! Durant les longs parcours, les marches sont obligatoires parce qu'elles procurent beaucoup d'avantages, tout en vous gardant très motivé. Pendant la semaine, vous avez le choix de faire une pause en marchant plutôt qu'en courant. Si vous vous sentez plein d'énergie sur vos parcours courts, vous pouvez les courir d'un seul trait, mais surveillez vos vitesses. Les marches sont toujours une bonne solution de rechange et une bonne façon de demeurer très motivé, de minimiser les blessures et d'améliorer la récupération. Au Coin des coureurs, à chacune de nos pratiques de course, il y a toujours un groupe qui fait de la marche/course.

Marches

À la fin du programme «Apprendre à courir», on nous pose toujours cette question:

«Si je peux courir présentement 20 minutes sans ralentir le pas, est-il nécessaire que je fasse des marches pendant mes longs parcours?» Vous avez toujours le choix de ralentir la cadence au moyen d'une marche. Les marches devraient être incluses dans toutes les courses de long parcours. Les marches permettent au coureur d'accroître la distance parcourue sur les longs parcours. La clé de nos programmes de course que j'aborde dans le présent livre et dans nos cliniques du Coin des coureurs, c'est de maintenir le programme agréable mais progressif. Parlons d'abord du terme agréable. Il reflète la nature même du programme, qui permet au coureur de se sentir à l'aise et en toute sécurité. Le programme est conçu pour prévenir les blessures et encourager les progrès, tout en maintenant la motivation. Deuxièmement, le mot progressif. Le programme est progressif parce qu'il met sans cesse au défi le coureur d'améliorer son niveau personnel de bien-être et de forme physique.

La raison d'être de la course de long parcours est d'améliorer votre endurance. L'entraînement d'endurance est synonyme d'un «parcours long et lent». Cet entraînement aide le coureur à se mettre en condition pour des exercices de longue durée. L'endurance ou le long parcours d'entraînement se présente aussi comme la partie de l'exercice où on peut «brûler» des calories. En insérant des marches pendant la course sur longue distance, on est en mesure de prolonger la distance parcourue. La distance supplémentaire permet au coureur de continuer de «brûler» des calories pour une période prolongée et exige qu'il s'adapte à la rigueur de l'entraînement sur une plus longue période de temps. Les pauses aux 10 minutes minimisent les risques de blessure. Le coureur peut alors s'accommoder d'une augmentation hebdomadaire de 10% du stress de l'entraînement de long parcours, ce qui augmente grandement sa capacité d'endurance. Le prolongement graduel de la longueur du parcours exige que l'athlète récupère après chaque entraînement sur long parcours. La période de récupération peut être améliorée voire bonifiée en intercalant de courtes marches dans un long parcours de course. Cette amélioration de la récupération permet au coureur de se sentir reposé et prêt à affronter les courses plus courtes du milieu de semaine. En pratiquant continuellement de longs parcours, le coureur aura besoin de plus longues périodes de repos entre ses sorties.

La marche rapide et vive assure une forme d'étirement doux et spécifique aux muscles des jambes. Les spécialistes de la médecine sportive recommandent tous de faire des étirements musculaires. Les étirements permettent d'améliorer la flexibilité des muscles et l'amplitude des mouvements. Un muscle fort et flexible travaille mieux. Considérez les marches comme des «pauses d'étirements». Les étirements se font sentir du muscle fléchisseur de la hanche jusqu'au mollet, en passant par les divers muscles de la cheville et du pied, les muscles ischio-jambiers et les quadriceps.

La conjugaison du stress et du repos forme la base d'un bon programme d'entraînement. Le repos permet la récupération et la phase de reconstitution de l'énergie. Les marches rapides procurent l'étape de repos actif, qui permet deux choses.

- Premièrement, le coureur continue d'avancer. Nos calculs indiquent que le coureur moyen perdra moins de 15 secondes par kilomètre s'il opte pour la marche/course plutôt que pour la course seule. Le coureur qui tentera de courir continuellement aura tendance à ralentir vers la fin d'une longue course. Par contre, le coureur qui alternera entre la marche et la course sera en mesure de maintenir la cadence tout au long de sa course sans perte importante de son rythme.

- Deuxièmement, le repos actif permet de vidanger l'acide lactique de nos gros groupes musculaires. Quand nous approchons du seuil an aérobique, soit 85% de notre fréquence cardiaque maximale, notre corps commence à produire de l'acide lactique. Nous avons alors l'impression d'avoir les jambes lourdes et ressentons des nausées. La conjugaison marche/course du repos actif aidera à éliminer l'accumulation d'acide lactique.

Le dimanche matin, joignez-vous à un groupe de coureurs s'adonnant à la marche/course ou à la course sur long parcours, à n'importe quel centre du Coin des coureurs en Amérique du Nord. Je vous recommande fortement de vous joindre à un groupe plus nombreux de marcheurs/coureurs plutôt qu'à un groupe préférant la course seule. La bande de marcheurs/coureurs est plus joviale et les coureurs ont plus de plaisir durant les longs parcours. De plus, ils divisent les longs parcours en sections facilement réalisables, tout en ayant beaucoup de plaisir. Ils courent 10 minutes et font de la marche rapide pendant une minute pour se reposer.

La marche est un élément-clé de la course! Essayez-la et vous verrez. Vous deviendrez un adepte convaincu du programme 10/1.

Programme de conditionnement

Si vous êtes un débutant, commencez par la marche et ajoutez plus tard la course. Si vous êtes inactif depuis quelque temps, commencez par la marche. Marchez avant de courir. Considérez cela comme un avant-goût du conditionnement.

Commencez par une marche rapide de 20 à 30 minutes. Ralentissez si vous êtes essoufflé, mais n'arrêtez pas, continuez de marcher. En pompant des bras en marchant et en allongeant le pas, vous pouvez augmenter votre fréquence cardiaque pour atteindre un rythme comparable à celui d'une course lente. De plus, en vous attaquant aux pentes d'un pas énergique, vous augmenterez l'intensité de votre entraînement de marche.

2

Une fois que vous pouvez marcher d'un bon pas pendant 30 minutes, vous pourrez commencer à alterner entre la course et la marche. En substituant progressivement la course à la marche sur une période de plusieurs semaines, vous serez en mesure d'effectuer des courses de 20 minutes, intercalées par des marches rapides d'une minute.

L'horaire de votre entraînement devrait prévoir au moins trois courses par semaine. Toutes les courses devraient se faire à une cadence permettant la conversation et toute marche devrait se faire d'un bon pas, le tout étant précédé d'un échauffement et suivi d'une période de récupération.

Règles d'entraînement

1. Le programme commence de façon modérée. Vous pouvez même régresser un peu, puis reprendre du terrain par la suite.

2. Une fois que vous atteignez la moitié du parcours, vous pouvez trouver cela difficile de maintenir la cadence si vous ne vous entraînez pas au moins trois fois par semaine.

3. Pas de panique! Si vous ralentissez ou perdez du temps en raison de blessures ou de maladie, demeurez au niveau qui convient à vos capacités ou diminuer la cadence jusqu'à ce que vous soyez prêt à progresser de nouveau.

4. N'oubliez pas qu'il vous a fallu bien des années pour détériorer votre condition physique, alors prenez votre temps pour reprendre la forme.

Votre objectif: Profiter d'un programme conçu pour vous amener à courir de façon continue sur diverses distances. Le programme du Coin des coureurs prépare les participants à de longues courses intercalées par des périodes de marche rapide.

L'approche saisonnière

Construire son programme en fonction de la saison exige que vous divisiez l'année en trois périodes importantes, soit la pré-saison, la saison et l'après-saison, afin d'avoir une idée générale de l'entraînement requis. Vous pourrez ensuite organiser votre entraînement selon les activités qui seront préalables aux autres. En course par exemple, l'entraînement de base constitue un prérequis pour l'entraînement à la force. La progression durant la saison comporte généralement un changement, qui part généralement de l'entraînement en endurance à l'entraînement en force musculaire pour arriver aux séances d'exercices de haute intensité spécifiques requises pour les compétitions plus tard en saison.

Périodisation

Si vous planifiez présentement votre entraînement en vue d'une course particulière, vous pratiquez déjà une approche saisonnière pour votre entraînement, que l'on appelle la périodisation. La périodisation est une façon de structurer votre entraînement par le biais d'un programme planifié axé sur l'entraînement de base, la force musculaire, la vitesse, la course et le repos afin de produire la performance désirée sans risquer de vous surentraîner ou de se vous blesser. Cette façon d'aborder l'entraînement ne veut pas dire que vous devez faire des compétitions mais en planifiant des pointes dans l'entraînement, vous structurez votre programme de façon à être au sommet de votre forme au moment voulu, comme à la période estivale quand vous vous promènerez en maillot de bain.

La division de votre entraînement en unités de temps vous permettra d'intensifier progressivement votre entraînement, tout en incluant des périodes de repos nécessaires pour récupérer et vous adapter. L'augmentation progressive de l'intensité ou du volume d'entraînement exigera une certaine réadaptation, qui consistera en une semaine de repos ou une période de récupération. Une semaine de repos comporte plusieurs jours de repos, et des séances d'entraînement d'une intensité et d'un nombre réduits. Vous continuez de vous entraîner, mais en adaptant la cadence et la longueur de vos parcours.

Si vous participez à une course, donnez à votre corps la chance de se reposer et de récupérer à la suite d'un rendement maximum. La distance parcourue, l'intensité avec laquelle vous avez couru et la douleur musculaire que vous ressentez vont déterminer la période de récupération dont vous aurez besoin.

Si vous ne ressentez aucune douleur après la course, vous pouvez continuer votre entraînement, mais ne faites aucune course ni entraînement de vitesse durant la période de récupération. Si vous ressentez des douleurs musculaires mineures au toucher, réduisez votre entraînement pendant sept jours.

Si la marche vous est pénible ou si vous ne pouvez pas vous accroupir facilement, réduisez votre entraînement pendant 14 jours et ne faites aucune course ni exercice de vitesse. Si vous ressentez de la douleur et de l'indisposition en marchant, cessez de vous entraîner pendant un mois et ne faites aucune course ni exercice de vitesse pendant au moins deux mois.

Quelle doit être la fréquence des courses?

Les lignes directrices que je vous recommande sont les suivantes: 8 km par semaine; 10 km toutes les deux semaines; demi-marathon, une fois par mois; un marathon, trois fois par année. Ces recommandations seront efficaces si vous adoptez l'approche saisonnière et ne subissez aucune blessure.

La clé d'une meilleure performance est l'habileté de votre corps à s'adapter aux rigueurs de l'entraînement et de la course.

Structurer son entraînement

1. Constituer une base

Constituer une base se fait habituellement par le biais de périodes d'effort soutenu. Les efforts continus alternent parfois avec des repos brefs dans les programmes du Coin des coureurs. La durée d'une séance peut varier de 25 minutes pour une course facile, à 150 minutes ou plus, pour de longs trajets d'entraînement de style marathon. Les efforts sont faits en dessous des vitesses de course à l'exception des accélérations de courte durée intenses (fartlek). Le but de l'entraînement vise la durée de la séance et non son intensité. Des intervalles de course/marche augmentent la durée de la séance. Votre fréquence cardiaque pour l'entraînement de base se situe à 60-70% de votre fréquence cardiaque maximale.

2. Franchir les étapes

Vous franchissez les étapes en fournissant des efforts qui se situent juste en-deçà de la capacité limite de votre entraînement aérobique. Pour calculer cet effort, utilisez votre cadence de course de 10 km (6 milles): pour la plupart des gens, la mesure scientifique précise n'existe pas encore. Si vous portez un moniteur de fréquence cardiaque, vous noterez qu'il affiche entre 70% et 80% de votre effort maximal. Si vous préférez calculer «au pif», c'est la plus forte cadence que vous pouvez maintenir sur une distance plus grande que celle que vous parcourez présentement. L'effort n'est pas plus élevé que celui de la vitesse de course, sauf dans le cas des accélérations intenses (fartlek). L'intensité est supérieure à celle des séances «de base», mais le but demeure la durée de la séance. À des niveaux très élevés d'intensité, notre corps, de par sa physiologie, nous force à ralentir en peu de temps; nous sommes très conscients de cette limite pendant la période d'effort.

3. Obtenir des résultats

Nous obtenons des résultats à la suite d'efforts qui sont plus soutenus que ceux qui sont fournis durant une course. Pour réussir, il faut toutefois avoir franchi toutes les étapes préliminaires. Pour un athlète participant à des courses d'endurance, ce type d'entraînement ne se pratique que durant une courte période de temps avant une importante compétition. Si vous n'avez pas l'intention de prendre part à une compétition, il n'y a pas de raison de chercher à atteindre cette zone physiologique de haute intensité.

Entraînement en vitesse

L'avantage principal de l'entraînement en vitesse est d'enseigner au corps comment courir rapidement quand les muscles manquent d'oxygène. Pour courir plus vite qu'auparavant, vous devez dépasser vos capacités. Les entraînements en vitesse vous l font dépasser les capacités par le biais de petites accélérations régulières. À la fin de ce type d'entraînement, vous devriez avoir simulé les conditions de la course même.

Entraînement en puissance

Vos séances d'entraînement en côtes augmentent la puissance des muscles clé sollicités durant la course, soit ceux du bas de la jambe, vous permettant de déplacer votre poids un peu plus vers l'avant de vos pieds et d'utiliser vos chevilles pour produire un avantage mécanique efficace – une plus forte poussée. Vous êtes maintenant prêts pour la vitesse.

Entraînement de base

Pendant l'entraînement de base, vous préparez votre système cardio-vasculaire à répondre aux demandes de vitesse futures. Que vous ayez déjà fait des entraînements de vitesse ou non, l'entraînement de base améliorera votre rendement cardiovasculaire.

Vitesse: 15%

Continuez vos longues courses.
Réduisez votre distance totale de 10 %.
Remplacez les côtes par l'entraînement en vitesse une fois par semaine.
Augmentez graduellement le nombre de répétitions.
Reposez-vous entre les longs parcours, l'entraînement en vitesse et les courses.
Durée d'entraînement en vitesse – un maximum de 4 semaines.

Entraînement en force et en endurance: 35%

Identique à l'entraînement de base sauf pour les répétitions en côtes.
Une fois par semaine, montez les côtes (pente de 6-8 %), 400 m-600 m.
Montez la côte en course à 80-85 % de votre effort (à peu près la cadence d'une course de 5 km). Jogger légèrement entre les répétitions pour récupérer.
Débutez avec 4 côtes et augmentez jusqu'à 8-10 côtes.

Entraînement de base: 50%

Accent mis sur le programme.
Courses quotidiennes détendues, faciles et agréables. Longs parcours une fois par semaine.
Courez à une cadence confortable. Des doutes? Ralentissez.
Travail de mise en forme: 4-8 accélérations durant la course quotidienne, deux fois par semaine.

Méthodes d'entraînement

2

Base

Action

La somme des séances d'entraînement sur long parcours et des séances modérées d'endurance. Ceci est fait durant les jours faciles.

But

Élever la vitesse du métabolisme et le seuil anaérobique.

Long parcours et marche

Action

La séance la plus longue de votre programme d'entraînement, progressant de 60 à 70% de votre VO2 max ou de votre fréquence cardiaque maximale.

But

Développer l'endurance musculaire en augmentant le réseau capillaires dans les muscles sollicités. Élever le seuil anaérobique pour permettre plus d'entraînement dans la zone aérobique.

Tempo

Action

Courses soutenues à 80% de votre VO2 max ou de votre fréquence cardiaque maximale durant tout l'entraînement ou une partie d'une séance plus longue.

But

Développer l'endurance et l'évaluation de la cadence.

Tempo avec intervalles

Action

Répétitions sur des distances plus longues que lors d'une séance avec intervalles traditionnels, suivies d'une période plus longue de récupération entre chacune. Exemple: 3 x 2 000 m jusqu'à la cadence d'une course de 10km, 80% de votre VO2 max ou de votre fréquence cardiaque maximale avec 5-7 min de récupération.

But

Développer l'endurance, la régularité et l'évaluation de la cadence.

Intervalles rythmés

Action

Séance avec intervalles traditionnels, c'est-à-dire composée de répétitions sur de plus courtes distances avec des périodes de récupération relativement brèves et rigoureusement suivies. On peut procéder par séries si l'on veut. Exemple: 10-16 x 400 m (en utilisant des séries de 4 ou 5).

But

Développer le rythme régulier d'une course. Élever le seuil anaérobique.

Répétition en côtes

Action

Exercices de montée et de descente d'une côte dotée d'une inclinaison de moins de 10%. Effort en montée et détente en descente.

But

Développer la force musculaire et élever le seuil anaérobique.

Fartlek

Action

Une session continue incluant des changements de cadences sur des distances variées, au choix de l'athlète. Des courtes poussées brusques de 70% à 80% de l'effort en plus de périodes de repos pour permettre au cœur de retrouver une fréquence de 120 bpm. (La nature du fartlek le place dans deux sections, tout dépendant comment l'athlète veut l'utiliser.)

But

Développer la détermination et la force.

Accélérations

Action

Une forme plus contrôléé du fartlek. Les changements de cadence sont déterminés à l'avance et peuvent durer de une à plusieurs minutes. L'accélération est une tactique courante consistant à fournir un effort soutenu pendant un certain nombre de minutes.

But

Développer la force et la ténacité.

Intervalles d'accélérations

Action

Course rapide sur courte distance, suivie généralement d'une période relativement longue de récupération pour permettre la diminution des effets désagréables liés à l'effort d'anaérobie. Exemple: 6 X 200

But

Développer l'endurance de vitesse et amortir les effets de l'activité anaérobique. Améliore la coordination.

Surentraînement

Le *surentraînement* peut être trop considérable, trop tôt. Augmenter vos entraînements, accroître leur intensité ou allonger vos distances constitue une bonne définition du terme. Vous pouvez vous surentraîner à tous les niveaux d'entraînement si vous en faites trop, trop tôt. L'*entraînement* est l'adaptation du corps au stress. Celui-ci doit-être constant et intense de façon à stimuler l'adaptation, mais sans excès sans quoi vous tombez dans le surentraînement. Le *repos* est l'étape au cours de laquelle l'adaptation se produit et que vous vous renforcez. C'est une partie aussi essentielle que l'entraînement.

Le repos, c'est:

- une bonne nuit de sommeil
- des jours faciles
- des jours de congé
- des activités en alternance (p.ex.: changer l'entraînement des muscles du haut du corps pour ceux du bas du corps; vous reposez en nageant au lieu de courir).

Si vous ne vous reposez pas volontairement, votre corps vous obligera à le faire par le biais de la fatigue, de la maladie, des blessures, d'une baisse de forme physique ou de l'épuisement.

Le surentraînement est la cause la plus fréquente d'une performance médiocre et des blessures. Plusieurs des meilleurs records individuels et mondiaux ont été réalisés après une blessure. Cela s'explique parce qu'une blessure force le repos. C'est donc une période où le corps surentraîné reprend des forces et fait son rééquilibrage entre le stress et l'adaptation.

Conseils pour éviter le surentraînement

1. Jour difficile et jour facile:

Au lieu d'effectuer la même routine tous les jours, variez vos exercices. Par exemple, alternez entre les jours difficiles et les jours faciles, prenez des jours de repos et faites d'autres activités.

2. Les trois 10:

Les énoncés qui suivent peuvent sembler simples, mais ils se basent sur de solides principes d'entraînement:

* Effectuez un entraînement d'endurance durant 10 semaines avant toute compétition, ou tout entraînement en accéléré ou intensif.

* Augmentez de 10% par semaine vos entraînements. Cela veut dire, si vous courez 30 kilomètres (18,5 mi) par semaine, vous augmenterez à seulement 33 km (20,5 mi) la semaine suivante.

* Consacrez seulement 10% de votre temps d'entraînement hebdomadaire à des exercices intensifs (accélération ou compétition).

3. Fréquence cardiaque au repos le matin:

Lorsque vous vous éveillez, restez au lit 5 minutes au repos et prenez votre pouls. Tous les jours où votre pouls est élevé, vous ne vous êtes pas adapté à l'entraînement ou vous n'avez pas récupéré de la journée précédente. Il faudra alors que votre journée soit facile ou même que vous preniez un jour de repos.

Si vous constatez une diminution de votre performance, votre réaction naturelle sera sans doute d'augmenter la cadence. Une performance médiocre est un bon indicateur d'un surentraînement. Alors soyez averti. Réduisez vos exercices et suivez les principes d'un bon entraînement.

Attention aux signes de difficultés

Les symptômes suivants constituent des signes avant-coureurs de difficultés plus sérieuses si vous ne prenez pas de mesures correctives immédiatement. Soyez attentif à ces signaux. En reconnaissant ces signaux et en réagissant rapidement, vous pouvez contenir le mal à la source.

- Pouls au repos beaucoup plus élevé que la normale le matin.

- Perte de poids soudaine et rapide.

- Difficulté à trouver le sommeil ou insomnie.

- Douleurs dans et autour de la bouche et autres éruptions cutanées.

- Tous les symptômes du rhume ou de la grippe (enchifrènement, mal de gorge ou fièvre).

- Enflure et douleur aux glandes du cou, de l'aine et des aisselles.

- Étourdissement ou nausées avant, pendant et après les séances d'entraînement.

- Maladresse (trébucher ou faire un faux pas en courant) dans un endroit relativement plat.

- Toutes douleurs aux muscles, tendons, articulations et raideurs qui persistent après quelques minutes de course.

Entraînement parallèle

L'entraînement parallèle peut parfois aider à éviter le surentraînement. Ce sont des exercices différents qui peuvent donner au corps un répit de la course si vous désirez tout de même vous mettre en forme.

Tapis roulant

Question:

Je me demandais si quelqu'un sait dans quelle mesure le mouvement vers l'avant du tapis roulant peut être bénéfique? Comment cela se compare-t-il à la course à l'extérieur?

Réponse:

La course sur tapis roulant est légèrement plus facile qu'à l'extérieur parce qu'il n'y a pas de résistance au vent. Sur tapis roulant, vous êtes donc plus efficace. Pour compenser l'absence de résistance dans tous vos entraînements intérieurs, soulevez légèrement l'inclinaison du tapis d'environ 2%.

Courir sur un tapis roulant est un bon moyen de maintenir une cadence égale et de varier l'intensité des entraînements. Pour varier l'intensité, il suffit d'augmenter la vitesse ou l'inclinaison du tapis durant 3 à 5 minutes, puis de prendre de 3 à 5 minutes de repos. Les longues séances peuvent êtres une occasion de rencontre avec des copains qui ne courent pas, ou une émission à la télé peut prendre une toute nouvelle perspective lorsque vous courez sur un tapis roulant. La sécurité est accrue parce que vous contrôlez votre environnement. Tout comme pour vos entraînements à l'extérieur, assurez-vous de varier vos intensités et vos durées.

Tabagisme et la course

Question:

J'aimerais bien recommencer à courir dans un proche avenir. J'ai toujours eu le désir de courir et quand j'ai couru dans le passé, j'ai toujours eu une montée d'adrénaline. C'est un bon moyen d'éliminer le stress. Malheureusement, et c'est la source de plusieurs de mes problèmes, c'est que je dois cesser de fumer avant de recommencer à courir. Avez-vous des suggestions? Je sais que la question semble dérisoire à l'heure des pilules, timbres, hypnose, etc.

Réponse:

Ma réponse peut vous paraître étrange venant d'un gars du Coin des coureurs, mais ne tentez pas de cesser de fumer tout d'un coup. Vous devriez plutôt chercher à remplacer une mauvaise habitude par une bonne. Essayez une combinaison de 20 minutes de marche/ course en effectuant des courses d'une minute et des marches d'une minute. Commencez par le faire tous les deux jours. Chaque semaine, ajoutez 1 minute à chaque course.

Par exemple, à la deuxième semaine, vous allez courir deux minutes et marcher une minute. Puisque vous progressez chaque semaine et que vous voyez les avantages de l'exercice, vous allez trouver la motivation nécessaire pour réduire votre consommation ou même pour cesser complètement de fumer. Cette décision et votre engagement personnel représentent un profond changement et une nette amélioration par rapport aux timbres de nicotine. Constater les améliorations de son apparence et de l'estime de soi ne fait que renforcer l'intérêt pour un changement de style de vie.

Courir comporte de nombreux bénéfices gratifiants au plan personnel. La course sert à éliminer le stress, brûler des calories et, en courant avec un copain, on améliore ses rapports amicaux. Faites en sorte que la course soit agréable et positive. La privation en général ne fait que susciter l'urgence et le désir d'obtenir ce à quoi on tente de renoncer. Un changement positif augure bien la transformation du style de vie à long terme. Vous pouvez réussir. Essayez la course et constatez les améliorations apportées à votre qualité de vie. Avant toute chose, ayez du plaisir. Pensez à votre nouvelle passion comme si c'était un jeu.

Chapitre 3
Chaussures et vêtements

Les chaussures sont l'équipement le plus important du coureur. Le coureur moyen frappe le sol avec une force de 3 fois et demie à 5 fois son propre poids et ce sont les pieds et les jambes qui doivent absorber le coup. Vous devez donc bien réfléchir à la paire de chaussures de course que vous devez choisir. Une bonne paire peut améliorer vos performances et prévenir les blessures.

Choisir de bonnes chaussures

Le choix de bonnes chaussures contribue beaucoup à la prévention de blessures. Un poids de 3 à 5 fois celui de votre corps tombe sur vos pieds et se disperse dans vos jambes lorsque vous courez. De bonnes chaussures répondront à vos besoins particuliers et vous permettront de courir à l'aise.

Déterminer votre type de pied

Quand vous courez, votre talon frappe d'abord le sol, votre pied fait un mouvement de pronation, c'est-à-dire qu'il verse vers l'intérieur, puis s'aplatit au sol. Ensuite, votre pied fait le mouvement inverse, c'est-à-dire qu'il roule vers l'extérieur; la pointe du pied encaissant votre poids se transforme en solide tremplin pour vous propulser vers l'avant. On appelle ce deuxième mouvement la supination. Les styles de course parfaits sont rares. La surpronation est plus fréquente que la supination excessive.

Surpronation

- Les pieds roulent trop vers l'intérieur.
- Les arches sont basses.
- Les genoux et les rotules convergent vers l'intérieur lorsque le coureur plie les genoux.
- Plus susceptible au Genou de coureur, syndrome de la bandelette de Maissiat, tendinite et fasciite plantaire.

Supination

- Les pieds ne versent pas suffisamment vers l'intérieur en courant.
- Les arches sont généralement hautes.
- Les genoux et les rotules courbent vers l'extérieur lorsque le coureur plie les genoux.
- Plus susceptible de causer des entorses aux chevilles, des fractures de fatigue, de la douleur à l'extérieur du tibia et du genou, de la fasciite plantaire.

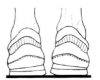

L'examen des vielles chaussures

Vos vieilles chaussures de course nous en apprennent beaucoup sur le type de coureur que vous êtes. Si vous entrez dans une boutique du Coin des coureurs pour vous en acheter de nouvelles, le vendeur peut vous enfiler la bonne paire dans le temps de le dire. La plupart des spécialistes ne révèlent jamais leurs secrets, mais je peux dévoiler le mystère qui entoure la sélection des chaussures avec quelques conseils sur la façon d'examiner vos vieilles chaussures.

Regardez la tige de la chaussure par derrière:
- La ligne centrale de la chaussure devrait être perpendiculaire au sol.
- La ligne centrale pointe vers l'intérieur (côté médial) de la chaussure si le coureur a une surpronation.
- La ligne centrale pointe vers l'extérieur (côté latéral) de la chaussure si le coureur a une supination.

Vérifiez l'état de la semelle intercalaire:
- La semelle intercalaire se compresse uniformément si le coureur a une pronation normale.
- La semelle intercalaire se compresse plus vers l'intérieur si le coureur a une surpronation.
- La semelle intercalaire se compresse plus vers l'extérieur si le coureur a une supination.

Vérifiez l'usure de la tige
- La tige retient sa forme si le coureur a une pronation normale.

• La tige s'affaisse vers l'intérieur à partir des orteils si le coureur fait une surpronation pendant la poussée.

Chaussures requises

Surpronation: chaussures de contrôle
• Forme droite ou semi-courbée.
• Stabilité maximale de l'arrière du pied.
• Support médial substantiel.

Stabilité: chaussures de stabilité
• Forme semi-courbée.
• Contrôle modéré de la pronation.
• Contreforts externes.
• Semelle intercalaire durable et à densité multiple.

Neutre: chaussures d'amortissement
• Forme courbée ou semi-courbée.
• Stabilité faible ou modérée de l'arrière du pied.
• Semelle intercalaire molle.
• Coussinet additionnel dans la semelle intercalaire.

Conseils pour bien vous chausser

• Magasinez en après-midi pour bien choisir la pointure de vos chaussures.
• Essayez les deux chaussures avec les mêmes chaussettes que vous portez durant les courses.
• Essayez plusieurs modèles afin de les comparer.
• Marchez ou joggez dans le magasin.
• Vérifiez la qualité de fabrication de la chaussure. Entre autres, les coutures, les œillets et l'encollage. Vérifiez qu'il n'y a pas de bosses à l'intérieur de la chaussure.
• La semelle devrait fléchir uniquement là où votre pied plie.
• Vos orteils ne devraient pas toucher le bout de la chaussure quand vous êtes debout mais il ne devrait pas y avoir trop de jeu (environ un centimètre). Des chaussures trop grandes ou trop petites peuvent causer des blessures aux ongles d'orteil en courant.
• Le contrefort devrait être bien ajusté de façon à ce que le talon ne glisse pas.

- Les chaussures doivent être confortables le jour de l'achat. Ne vous fiez pas à une période d'adaptation pour l'ajustement.
- Consultez le personnel de la boutique pour vous aider à choisir les bonnes chaussures.

Glossaire des termes employés par les fabricants

Support plantaire
Anglais: Arch Support
Partie interne de la chaussure directement sous la voûte plantaire. La plupart des chaussures n'ont pas de support plantaire séparé à moins qu'il ne soit fixé à une semelle intérieure.

Montage de type «Strobel»
Anglais: Strobel Stich Lasting
Technique nouvelle et peu répandue utilisée pour coudre la tige sur le rebord externe d'un matériau souple et flexible ayant la forme de la semelle. Celui-ci est par la suite rattaché à la semelle intercalaire. Grâce à cette méthode, on obtient une assise plantaire plus souple et plus légère assurant une certaine résistance à la torsion.

Montage combiné
Anglais: Combination Lasting
Combinaison de deux techniques de montage (rigide et californien; dans ce dernier cas, on utilise une pièce de peau ou de toile souple plutôt que du carton à chaussure) pour unir la tige, la forme et la semelle intercalaire d'une chaussure. Ordinairement, la partie arrière de la chaussure est fabriquée de carton à chaussure pour maintenir la stabilité alors que la partie avant est fabriquée à la californienne pour assurer la flexibilité et un coussin à l'avant.

Montage sur forme courbée.
Anglais: Curved-Lasted
Se rapporte à la courbure de la chaussure. Les chaussures montées sur une forme courbée présentent un angle entre l'arrière et l'avant de la chaussure. La plupart des gens ont un angle modéré des pieds. Les fabricants emploient un angle de sept degrés dans la fabrication des formes. La chaussure est ainsi confortable pour la plupart des coureurs. Le coureur moyen ne devrait pas se procurer de chaussures à la courbure trop prononcée, afin d'éviter les crampes et les ampoules aux orteils et à l'avant-pied.

Contrefort extérieur stabilisateur
Anglais: External Heel Counter Stabilizer
Support qui évite au contrefort de se détacher de la semelle intercalaire sous l'effet du stress. Il est conçu pour aider à contrôler les mouvements excessifs. La plupart des bonnes chaussures offrant une excellente stabilité ont un type ou un autre de contrefort.

Contrefort
Anglais: Heel Counter
Pièce de plastique rigide fermement attachée à la base arrière de la chaussure. Un contrefort étendu qui couvre le côté intérieur de la chaussure permettra d'accroître la stabilité et de réduire la pronation et la rotation du pied.

Semelle intérieure
Anglais: Insole
Aussi appelé à tort «fausse semelle» il s'agit d'une pièce découpée qu'on met à l'intérieur d'une chaussure et qu'on peut retirer. Si la chaussure n'est pas munie d'une bonne semelle intérieure lisse, remplacez-la par une autre qui conviendra à la course.

Forme
Anglais: Last
Pièce ayant la forme du pied et servant à la fabrication des chaussures. De nos jours, la forme est adaptée aux chaussures féminines et masculines puisqu'elle nécessite une configuration distincte.

Densité de la semelle intercalaire
Anglais: Mid Sole Density
Se rapporte à la fermeté de la semelle intercalaire.
La semelle à densité multiple contient des matériaux de diverses fermetés disposés aux endroits névralgiques qui sont avantageux pour les coureurs ayant des problèmes de démarche. Par exemple, les coureurs qui font de fréquents mouvements de pronation ont besoin de semelles coussinées là où le talon frappe le sol, mais suffisament fermes pour stabiliser le pied quand celui-ci commence à verser vers l'intérieur. Avec une semelle intercalaire à densité multiple, la partie latérale (extérieure) de la chaussure, où le talon frappe le sol, est souple pour absorber le choc et la partie médiale (intérieure) est ferme pour accroître la stabilité.

Semelle
Anglais: Sole (Outsole)
Pièce constituant la partie sous la chaussure, en contact direct avec le sol. Deux principales catégories de semelles existent: gaufrées et ondulées. Si vous allez courir sur le gazon ou dans des sentiers en terre, l'adhérence sera excellente avec une semelle gaufrée. La semelle ondulée convient mieux sur l'asphalte ou le ciment et sera plus durable. La meilleure semelle comporte davantage de caoutchouc carboné à l'avant et plus de rainures à flexion pour faciliter la transition talon-orteil.

Californien
Anglais: Slip Lasting
Technique permettant de relier la partie supérieure, la forme et la semelle intercalaire d'une chaussure. La partie supérieure de la chaussure est placée sur la forme et cousue ensemble à la partie inférieure à la façon d'un mocassin. Puis, elle est rattachée à la semelle intercalaire. Les chaussures de type californien n'ont pas de carton à chaussure pour garantir la rigidité. Par contre, elles sont moins stables que les chaussures dits de planchette.

Montage sur forme droite
Anglais: Straight-Lasted
Tout comme pour le montage sur forme courbée, on fait ici allusion à la courbure de la chaussure. Celle-ci cependant est montée sur une forme sans courbure. En théorie on pourrait porter la chaussure indifféremment aux deux pieds. Ces chaussures sont idéales pour la plupart des coureurs et constituent le meilleur choix des coureurs aux pieds plats.

Tige
Anglais: Upper
Enveloppe qui recouvre le haut de la chaussure.
Le nylon est le meilleur tissu parce qu'il met le moins de friction sur le pied et permet de respirer.

Trois types de chaussures

1. Contrôle du mouvement

La semelle intercalaire se détériore rapidement et provoque la surpronation. Il faut donc une chaussure munie d'une semelle intercalaire ferme et d'un contrefort robuste.

Caractéristiques de la chaussure de contrôle

- Forme droite ou semi-courbée
- Stabilité maximale à l'arrière du pied
- Support médial substantiel

2. Amortissement

La chaussure doit être munie de coussinets, comporter une partie flexible à l'avant et ne présenter aucune caractéristique assurant le contrôle du mouvement.

Caractéristiques de la chaussure d'amortissement

- Forme courbée
- Stabilité faible ou modérée de l'arrière du pied
- Semelle intercalaire molle
- Coussinet additionnel dans la semelle intercalaire

3. Stabilité

La chaussure est dotée de coussinets additionnels et assure un certain degré de stabilité. Elle convient au coureur qui a un mouvement de pronation modéré.

Caractéristiques de la chaussure stable

- Forme semi-courbée
- Contrôle modéré de la pronation
- Contreforts externes
- Semelle intercalaire durable à densité multiple

Vue éclatée de la chaussure

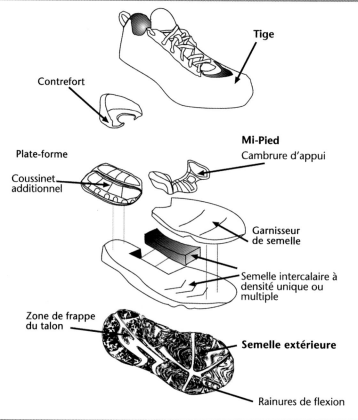

Tige

Contrefort

Mi-Pied
Cambrure d'appui

Plate-forme

Coussinet additionnel

Garnisseur de semelle

Semelle intercalaire à densité unique ou multiple

Zone de frappe du talon

Semelle extérieure

Rainures de flexion

Caractéristiques du pied pour chaque style de chaussure

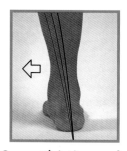
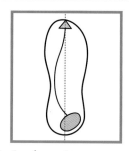

1. Caractéristiques du pied nécessitant une chaussure de contrôle

- La cheville et le pied ont tendance à se tourner vers l'intérieur (médial, de manière excessive).
- L'arche est basse ou plate.
- En fléchissant, les genoux convergent vers l'intérieur.
- Blessures: douleurs aux genoux, syndrome de la bandelette de Maissiat, fasciite plantaire.

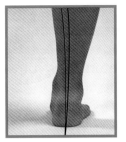
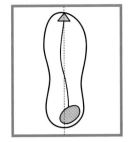
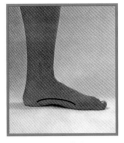

2. Caractéristiques du pied nécessitant une chaussure stable

- La cheville est modérément tournée vers l'intérieur
- L'arche est normale, semi-flexible.
- En fléchissant, les genoux convergent légèrement vers l'intérieur.
- Blessures: douleurs aux genoux, syndrome de la bandelette de Maissiat, fasciite plantaire.

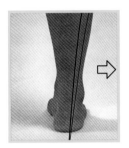
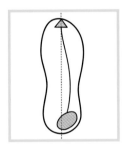

3. Caractéristiques du pied nécessitant une chaussure d'amortissement

- La cheville tourne vers l'extérieur.
- L'arche est haute et/ou peu flexible.
- Supination
- Blessures: fractures de fatigue, douleur à l'extérieur du tibia et du genou.

Comment déterminer votre type de pied

1. Empreinte du pied mouillé

Il suffit d'une feuille de papier et d'eau. Mouillez votre pied et faites une empreinte sur le papier. Examinez la zone de la voûte plantaire. Si vous observez un espace sec entre le talon et la pointe du pied, alors la voûte plantaire est élevée et rigide. Votre pied est de type neutre et appartient à la catégorie d'amortissement (jaune). Si vous voyez qu'une partie de la zone entre le talon et la voûte est remplie, c'est que la voûte est plus basse et peut même s'affaisser.

Votre pied démontre une pronation normale et appartient à la catégorie destabilité (bleue). Si cette zone est complètement remplie, votre pied est de type surpronation et vous appartenez à la catégorie de contrôle (rouge). Voilà une façon facile de déterminer votre type de pied.

2. Placer les pieds à la largeur des épaules

Pliez les genoux et gardez la position. Quelle est la position de votre genou par rapport au gros orteil? Imaginez un fil à plomb tombant du dessus du genou au dessus du pied. Si le genou est à l'intérieur du gros orteil, ceci indique que vos pieds ont un mouvement médial/roulement vers l'intérieur, et la catégorie de stabilité ou de contrôle sera dictée par le déplacement de votre genou. Plus le genou est à l'intérieur, plus le soutien de la chaussure doit être renforcé. Si le genou est à l'extérieur du gros orteil, ceci indique que la voûte plantaire est plus rigide, et une catégorie de soutien neutre (chaussure d'amortissement) suffirait. Voici une façon facile de déterminer le genre de soutien nécessaire.

3. Penchez-vous en avant et gardez la position

Penchez le corps en avant et gardez cette position. Vous pourrez voir la position du genou par rapport au gros orteil (tel qu'illustré précédemment). La conclusion sera certaine si quelqu'un peut vous examiner de face et confirmer l'observation. La personne doit vérifier la position des genoux, des chevilles et des voûtes plantaires. Si les chevilles et les voûtes semblent très droites, cette position porte à penser qu'il s'agit de la catégorie de pied nécessitant une chaussure d'amortissement. Si la voûte semble s'affaisser et que la cheville semble se déplacer vers l'intérieur, nous serions alors en présence de la catégorie nécessitant une chaussure stable pour le pied. Enfin, si la voûte plantaire est complètement affaissée et que la cheville est fortement déplacée vers l'intérieur, nous sommes en présence de la catégorie de pied nécessitant une chaussure de contrôle.

4. Vieilles chaussures

Si vous avez une vieille paire de chaussures, vérifiez l'usure de la se-melle, ce qui vous donnera une idée de votre type de pied. Prenez la chaussure droite et examinez la semelle. Vous remarquerez proba-blement qu'il y a un peu d'usure du coté gauche du talon, ce qui est normal. Si vous regardez le devant de la semelle, vous aurez alors une très bonne idée de la catégorie de chaussures à laquelle vous appartenez. Si l'usure est du coté gauche/latéral ou même plus au centre, vous êtes de la catégorie chaussure d'amortissement. Si l'usure est plus vers la droite, vous êtes de la catégorie chassure stable. Si l'usure est complètement à droite, vous êtes de la catégorie chaussure de contrôle.

5. Demandez à quelqu'un de vous observer en course

Si un de vos amis peut vous observer quand vous courez le plus normalement possible, nu-pieds ou en chaussettes, il devra chercher certaines caractéristiques clés tels le mouvement des chevilles et des genoux. Si le genou s'aligne avec le gros orteil, que la cheville est en position droite, du talon à l'orteil ou qu'il y a mouvement du coté latéral, cela indique une catégorie de chaussure d'amortissement. Si le genou se déplace du coté médial, dépasse le gros orteil et que la cheville suit le même mouvement, on a alors la catégorie de chaussure stable. Si vous observez que les genoux, les gros orteils et les chevilles se tournent vers l'intérieur de façon exagérée, on a alors une catégorie de chaussure de contrôle. Pour cet exercice, je recommande de courir en direction de votre ami, puis en vous éloignant, pour que l'observation puisse se faire à partir des deux directions.

Quelle chaussure convient à votre style de course

Sélection de la chaussure appropriée

Si vous visitez la boutique locale du Coin des coureurs tous les 6 mois, vous y trouverez rarement les mêmes modèles de chaussure de course. Même si le modèle existe toujours, vous vous apercevrez que les changements dans la production ont créé une chaussure différente qui n'a plus les mêmes caractéristiques que celles avec lesquelles vous avez connu du succès. La plupart des coureurs possèdent des chaussures de course inadéquates, qui n'ont pas servi à grand chose; leurs placards peuvent en témoigner. L'achat de chaussures inadéquates augmente à cause des magasins à prix réduits. La recherche constante d'une aubaine chez les coureurs, les ramène constamment dans une boutique où on prétend vendre à prix réduit une chaussure de haute performance, quand il ne s'agit pas d'une offre en catalogue. Certains coureurs achètent alors au moins une paire de chaussures et la plupart sont par la suite déçus. Le meilleur conseil consiste à demander l'avis d'un connaisseur et à solliciter les recommandations d'une boutique spécialisée dans la course à pied. Ces spécialistes vendent ces équipements tous les jours, sont formés et peuvent recommander des chaussures qui vous conviennent. De plus, ils connaissent bien les chaussures nouvelles.

Conseils pratiques du Coin des Coureurs pour l'achat de bonnes chaussures:

1. Prenez votre temps

Consacrez au moins une heure de votre horaire pour acheter des chaussures. N'y allez pas si vous êtes pressé. Plein de petits problèmes peuvent survenir si vous ne prenez pas le temps de comparer les produits. Pendant l'essayage, courez et marchez dans les chaussures neuves. Ne vous sentez pas obligé de prendre une décision.

2. N'achetez pas de souliers parce qu'ils vont bien à quelqu'un d'autre

Ce n'est pas parce que des chaussures vont bien à un coureur qu'elles seront parfaites pour vous. Les chaussures idéales pour un coureur peuvent causer des blessures à un autre. Tout comme pour les chaussures d'autres sports, les chaussures de course sont conçues pour accommoder certains types précis de pieds. Vous devez trouver la chaussure qui va à votre pied.

3. Apportez vos vielles chaussures

Les chaussures que vous portez présentement, de même que vos chaussettes, aideront l'expert en chaussures à vérifier l'usure et à choisir une chaussure de remplacement appropriée. Le personnel d'expérience en vente de chaussures peut interpréter les données importantes d'une paire de chaussures de course usagée. Ils peuvent «lire» le modèle d'usure de vos vieilles chaussures et vous faire des recommandations qui répondront à vos besoins actuels. Il est important de porter les mêmes chaussettes que celles que vous portez pendant la course. Si vous avez une orthèse ou tout autre appareil, n'oubliez pas de l'apporter.

4. Les questions du personnel de vente

Le personnel de vente devrait vous interroger sur votre historique de course, vos prochains objectifs, les terrains où vous vous entraînez, les vieilles blessures, etc. Plus il aura de renseignements, plus grandes seront les chances de trouver la chaussure idéale. Un bon vendeur pourra vous aider à éviter des problèmes de chaussure.

5. L'examen des pieds au Coin des coureurs

Le personnel devrait faire l'examen de vos pieds pour déterminer la largeur et le type. Savoir si vous avez le pied rigide ou flexible déterminera le type de chaussure qui vous conviendra. Les chaussures doivent épouser la forme et le mouvement du pied. L'expertise d'un bon vendeur devrait vous permettre de trouver une meilleure paire de chaussures.

6. Confort et chaussures appropriées

Le bon sens vous aidera à bien vous chausser. Les points de pression et les souliers trop grands donnent des ampoules et occasionnent des douleurs. Évitez-les! Les chaussures trop grandes occasionnent aussi une perte de force à la poussée.

7. Ajustement serré

Le talon doit bien reposer de même que le pied sur sa largeur (la partie la plus large). Tirez les lacets et nouez-les en vous assurant que les pieds soient confortanlement ajustés, sans inconfort ou pression sur aucune partie du pied. Un ajustement serré est approprié quand le pied est bien installé sans être inconfortable. La manière et l'endroit où vous nouez la chaussure déterminera jusqu'à quel point il s'ajuste au talon. Vous pouvez ajuster les lacets d'une chaussure normale pour bien nouer la chaussure et en même temps donner plus de place au pied en desserrant les lacets. La plupart des chaussures contemporaines ont des œillets supplémentaires en haut ce qui vous permet de l'attacher plus solidement.

8. Choisir la «forme de chaussure» appropriée

Toutes les chaussures sont fabriquées sur une forme de bois ou d'un composé de matériaux. Les formes populaires aujourd'hui sont droites ou courbes. Une chaussure parfaite pour le pied droit sera identique à une chaussure parfaite pour le pied gauche. Une

chaussure courbe, par contraste, courbera fortement vers l'intérieur. Si votre pied est recourbé et que vous portez un soulier droit, vous subirez une pression sur l'intérieur du gros orteil. Vous aurez tendance à rouler le pied vers l'extérieur.

Il existe tant de souliers et de configurations que vous avez de fortes chances de trouver une chaussure appropriée. N'achetez pas une chaussure qui pince ou frotte contre le pied. Une chaussure trop grande ne supporte pas le pied et risque de glisser.

9. Le processus de sélection

Choisissez deux ou trois modèles qui conviennent à votre pied, rigides ou mous. Vous pouvez les comparer. Essayez-les, marchez et courez pour bien les sentir. Debout, marchez, courez avec les deux chaussures. Restez dans les chaussures pour en déterminer le confort et si elles vont bien vous chausser.

10. Courir dans des chaussures polyvalentes de sport ou aérobiques?

Les coureurs se demandent s'ils peuvent courir avec des chaussures polyvalentes ou conçues pour l'aérobie. La réponse est facile: non. Les chaussures de course sont conçues pour un mouvement vers l'avant et pour amortir le choc du pas de course. Les chaussures polyvalentes et les chaussures aérobiques sont conçues pour un meilleur soutien latéral et la flexibilité des orteils. Les chaussures de course sont fabriquées pour un style particulier de course et d'amortissement. Elles sont aussi fabriquées pour des mouvements vers l'avant et supporter le pied pendant la transition talon-orteil.

11. Par où faut-il commencer?

La meilleure façon de savoir quelles chaussures vous conviennent consiste à analyser votre allure et la pose du pied au sol.

12. Quand acheter une nouvelle paire de chaussures?

Les fabricants et médecins sportifs croient que la durée de vie moyenne d'une chaussure est d'à peu près 800 à 1000 km (500 à 600 mi). Souvent, la partie supérieure de la chaussure sera encore en bon état mais le rembourrage et les éléments de support seront endommagés. Un bon essai consiste à visiter une boutique quand vous aurez couru 800 km et à courir quelques minutes avec une nouvelle paire, pour comparer le rendement des deux paires. Les bonnes boutiques, comme le Coin des coureurs, vous encourageront à le faire. L'objectif d'éviter à tout prix les blessures commence par des chaussures en bon état. Bonne course!

13. Les chaussures légères d'entraînement ou de course

Vous suivez un entraînement solide, vous êtes en forme, vous êtes prêt à participer à votre course dans votre objectif de temps. Il faut alors acheter des chaussures légères que vous n'utiliserez que les jours de compétition. Elles sont très légères et confortables, vous donnent pratiquement des ailes. Porter des chaussures légères est la dernière étape de votre préparation. Lorsque vous les chaussez, mettez vous dans l'état mental de la compétition. Les chaussures légères ne sont pas lourdes mais comportent un bon rembourrage pour la course. Certaines chaussures viennent avec un support renforcé et un meilleur contrôle de stabilité pour ceux qui ont tendance à la surpronation ou qui ont besoin d'un peu plus de support pour les arches.

Équipement et accessoires de course

En plus des souliers, il existe une grande variété de vêtements et d'accessoires qui peuvent rendre votre course plus agréable. Vous trouverez plus bas une liste des vêtements de base et des articles complémentaires, quoi rechercher et pourquoi. Pour une revue plus détaillée des vêtements et leur rapport aux conditions météorologiques, veuillez consulter *le chapitre 4, La course et la température, page 102 et Vêtements d'hiver, page 119.*

Chaussettes

Les chaussettes sont importantes. Si vos pieds ne sont pas confortables, votre course ne le sera pas non plus. Les chaussettes existent en modèles ultra minces, légers et à double épaisseur qui absorbent l'humidité et comportent un coussinet pour les pieds. Certaines chaussettes ont des lettres réfléchissantes ou des marques aux chevilles leur permettant de demeurer visibles à la

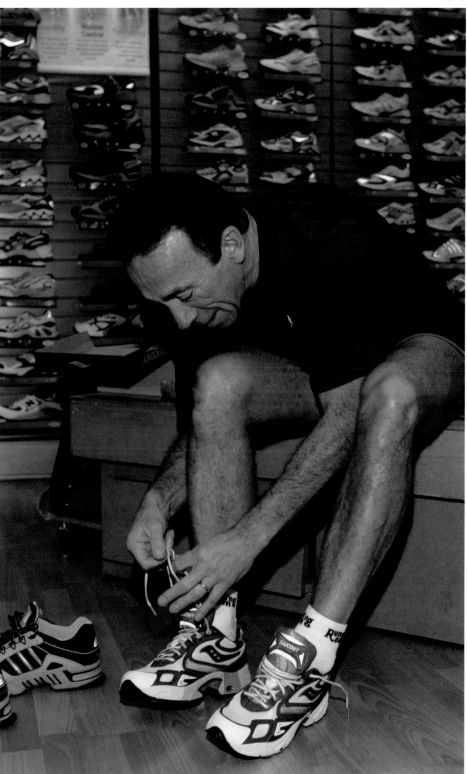

noirceur. Apporter vos chaussures si vous prévoyez acheter des chaussettes pour sentir comment vous vous comporterez pendant la course.

Couche externe

Une bonne veste peut vous permettre de passer de l'automne au printemps si elle est de bonne composition. Plus important encore, vous désirez un tissu coupe-vent, perméable à l'air. L'imperméabilité est aussi un atout. Des fentes dans le dos, sous les aisselles, avec fermeture éclair et des manches ajustables, permettent de contrôler l'arrivée d'air selon la journée. En hiver, quand le soleil se couche tôt et que votre course n'est pas terminée, les bandes réfléchissantes font connaître votre présence aux passants et aux automobilistes. Certaines vestes comportent un tissu qui couvre le postérieur pour repousser le vent et la pluie, ainsi qu'un cordon de serrage qui empêche le vent d'entrer dans votre veste. Des poches avec fermeture éclair sont aussi appréciées pour le rangement des clés et de la monnaie.

Couche de base, couche interne ou simple couche.

Couche de base: Pas question de coton. Il retient l'humidité et provoque des irritations sur les longs parcours. Recherchez un tissu synthétique conçu pour éloigner l'humidité du corps.

Pantalon et short

Recherchez un tissu synthétique conçu pour éloigner l'humidité du corps. Vous voulez un vêtement protecteur en fonction des intempéries de la saison, du vent, la pluie, etc.

Haut

Recherchez un tissu molletonné mais de même qualité que la veste.

Sous-vêtements

Femmes: un soutien-gorge de support qui aide à contrôler le mouvement.

Homme: Sous-vêtements coupe-vent pour temps froid.

Casquettes

La moitié de la chaleur du corps est perdue par la tête. Il faut donc un chapeau qui couvre les oreilles en hiver et le visage quand la température est très froide. Selon la température, un bandeau sur les oreilles peut suffire. En été, une casquette de course pour se protéger des rayons nocifs du soleil et de la pluie.

Mitaines et gants

Vos mains travaillent peu pendant la course et il est important de les protéger du froid. Recherchez des mitaines et gants qui protègent du vent et de l'humidité.

Liste de contrôle avant course d'équipement et d'accessoires

Chapeau
Casquette ventilée, légère qui va vous tenir loin des rayons solaires et au frais durant une course.

Bouteille d'eau
La plupart des courses d'épreuve disposent de points de ravitaillement d'eau tout au long du parcours. Si vous n'êtes pas certain de la régularité des points, portez un sac à dos pour transporter votre propre eau.

Body Glide / Slick Stick
Aide à prévenir les irritations.

Podomètre
La longueur de votre foulée peut être réglée sur les podomètres et ainsi déterminer la distance totale parcourue. Certains podomètres sont également dotés d'un chronomètre.

Maillot
Choisissez un maillot confortable qui vous protège du vent et du soleil.

Flacon pour gel
Peut contenir jusqu'à cinq gels et peut être porté à une ceinture de torse.

Culotte et collant
Des textiles haute technologie pouvant vous tenir au sec et prévenir les irritations pour une variété de conditions climatiques sont disponibles.

Montre
La montre de coureur est essenteille pour établir l'intensité, le temps consacrer à l'exercice et les rapports marche/course. Chosissez de préférence une montre étanche à l'eau et lisible la nuit. Certaines montres offrent également un podomètre et un moniteur cardiaque intégrés.

Numéro de coureur
Assurez-vous de le porter sur vous et de bien l'épingler sur la chemise de course. Emportez quelques épingles supplémentaires ou une ceinture de course.

3

Sac de sport
Gardez vos articles d'entraînement essentiels bien rangés dans 3 compartiments séparés pour chaussures, vêtements secs et vêtements mouillés. Le sac offre une pochette de côté muni d'une chaînette porte-clés amovible, une pochette imperméable, une bandoulière ajustable et des côtés réfléchissants. Capacité de 45L.

Chaussures
Les meilleures chaussures pour courir sont celles avec lesquelles vous vous entraînez. Certaines personnes préfèrent les chaussures de type compétition pour les courses de petit parcours. Des chaussures légères haut de gamme pour l'entraînement issus des nouvelles technologies sont maintenant disponibles. Plusieurs optent pour cette ligne de produits.

Ceinture d'eau
Recherchez une ceinture légère, bien ajustée et confortable qui prévient le rebondissement de la bourille d'eau en course, même s'il s'agit d'une bouteille à angle. Certaines ceintures sont isolées pour maintenir l'eau froide sont dotées de pochettes pour les clés, la nourriture et la monnaie.

Chaussettes
Choisissez une paire confortable qui a servi durant vos entraînements.

Le gel
Essentiel pour toutes les longues courses, il vous donne l'énergie supplémentaire pour continuer.

Vêtements et/ou accessoires réfléchissants
Vous vous exercez durant la nuit ou tôt le matin? Assurez-vous d'être vu. Les vêtements et les accessoires réfléchissants ajoutent une mesure de sécurité à votre entraînement, sans ajouter une couche lourde. Les brassards réfléchissants peuvent être ajoutés à tout vêtement de course.

Moniteur cardiaque et GPS
Des moniteurs très complexes affichent la fréquence cardiaque, l'intensité, la distance, les répétitions, le GPS, la mémoire et plus encore. Les moniteurs cardiaques sont devenus un outil pour le coureur moderne.

Microcircuit intégré pour le temps
Les fournisseurs de nouveaux systèmes de chronométrage vendent parfois des microcircuits individuels aux coureurs. Si vous en avez un, assurez-vous de l'emporter.

Chapitre 4
La course et le temps

Entraînement par temps chaud

Nous ne sommes pas souvent exposés à des températures élevées. Cependant, nous sommes souvent exposés à des variations extrêmes de température. Il faut donc s'assurer d'être bien préparés pour la course par temps chaud. Vous avec déjà appris, pendant vos vacances d'hiver, qu'une acclimatation à la chaleur se produit après quelques jours. La chaleur qui vous accable lorsque vous débarquez de l'avion est moins étouffante à la fin de vos vacances. L'acclimatation n'est pas l'immunité; c'est tout simplement la façon automatique du corps de se protéger.

La chaleur est l'un des pires ennemis de l'athlète d'endurance. Il n'est pas nécessaire que le stress thermique progresse beaucoup avant qu'il ne devienne une urgence médicale. Il peut sembler désagréable d'y penser, mais la chaleur agit de la même façon envers les protéines de notre corps qu'envers toute autre protéine, elle commence à cuire! Heureusement, des mécanismes de défense nous protègent. Les coureurs de longues distances n'aimeront peut-être pas le ralentissement que ces mécanismes entraînent, mais c'est pour leur protection. Dès les premiers symptômes, arrêtez-vous, refroidissez-vous et demandez de l'aide. Votre mécanisme de refroidissement fonctionne à l'eau. Quand il fait chaud, vous devez vous hydrater fréquemment, avant, pendant et après l'exercice. Si vous êtes assoifé, vous êtes déjà déshydraté. Pendant vos activités normales, l'eau pure est la meilleure boisson. Les boissons sportives sont plus efficaces une fois que vous avez terminé.

Symptômes

Les symptômes atteignent divers niveaux de sévérité. Le stress thermique est suivi de l'épuisement dû à la chaleur, lui-même suivi du coup de chaleur, qui constitue un danger mortel. Ces niveaux sont atteints quand le mécanisme de refroidissement atteint et dépasse sa capacité.

Stress thermique

Lorsque vous souffrez du stress thermique, votre mécanisme de re-froidissement fonctionne à la limite supérieure de sa capacité. Vous ne pouvez pas faire de l'exercice avec autant de vigueur que par temps plus frais (pendant une course, c'est aussi le cas de vos con-currents). Vous transpirez à profusion et vous ne profiterez pas de votre effort autant que normalement. Vous souffrirez probablement de crampes musculaires.

Épuisement dû à la chaleur

Lorsque vous souffrez d'épuisement dû à la chaleur, votre mécanisme de refroidissement est surchargé. Il fonctionne encore, mais répond mal à la demande. Le danger augmente. Le corps se protège en vous faisant ralentir encore plus, essaie de vous arrêter, pour stopper la production de chaleur interne. Le pouls s'affaiblit, vous pâlissez et pouvez même frissonner. Vous commencez à être étourdi et désori-enté: vous avez des troubles d'élocution et vous perdez le contrôle de vos muscles. Grâce au repos, aux fluides et au refroidissement externe, l'athlète se remet assez rapidement. Mais le corps continue à vous protéger pendant que vous vous remettez. Il ne veut pas que vous fassiez d'efforts. Vous vous sentez très fatigué et vous faites une sieste, mais votre sommeil est souvent interrompu par des vomisse-ments. Finalement, vous pourrez dormir, et, à votre réveil, un gros mal de tête vous rappellera le stress que vous avez subi.

Le coup de chaleur

Vous souffrez d'un coup de chaleur quand votre mécanisme de re-froidissement démissionne. Si vous ressentez un coup de chaleur, il sera vite oublié, car votre réveil se fera à l'hôpital, avec un tube intraveineux dans le bras, pour remplacer les fluides que vous avez perdus. Après un court repos, vous pourrez retourner à la maison, et même vous demander pourquoi toute cette agitation. Mais des personnes auront travaillé furieusement pour vous garder en vie. Vous avez cessé de transpirer. Vous vous êtes affaissé et avez perdu connaissance. On vous a transporté d'urgence à l'hôpital, et on vous a couché dans la glace parce que votre corps était incapable de se refroidir. Votre température interne était tellement élevée que votre

4

cerveau était en danger de souffrir des dommages irréparables. Vous êtes chanceux de vous être réveillé.

Précautions

Il faut prendre des précautions pour rendre sécuritaire et agréable la course par temps chaud.

1. Boire au moins deux tasses d'eau avant et une tasse à toutes les 15 à 20 minutes pendant la course.

2. L'eau est le meilleur liquide pour une course de moins de trois heures. Pour les parcours de plus de trois heures, nous suggérons un rafraîchissement qui remplacera les électrolytes et ajoutera de l'énergie (sucre). Attention, assurez-vous d'en avoir fait l'essai en entraînement avant de l'utiliser pendant une course.

3. Portez un chapeau ventilé, un pare-soleil, des lunettes de soleil et de la crème solaire. Dans le cas où votre peau serait sensible au soleil ou que vous soyez inquiet de l'exposition au soleil, portez une chemise Coolmax à grandes manches ou Fit-Wear. Les deux sont sans danger et fraîches.

4. Messieurs, lubrifiez vos aisselles et l'intérieur de vos cuisses, appliquez du Bodyglide sur les mamelons. Mesdames, faites de même sous la ligne du soutien-gorge, cela préviendra l'irritation, fréquente durant les mois d'été.

5. Évitez de consommer des boissons alcoolisées. Elles vous donneront plus chaud puisque leurs calories sont brûlées rapidement, ce qui augmente votre taux métabolique et votre température corporelle. L'alcool possède un effet diurétique, d'où un risque de déshydratation.

6. Ajustez votre cadence à la température. Dans des conditions extrêmes, réduisez la cadence.

7. Augmentez votre consommation de vitamines C. C'est une défense naturelle et efficace contre les coups de chaleur, les crampes, l'érythème solaire et l'épuisement.

8. Si vous courez seul, faites connaître votre itinéraire à une personne de votre entourage. Mieux encore, courez avec un copain. Vous courrez alors avec moins d'intensité et vous ne serez pas seul.

9. Si vous prévoyez courir pendant une journée de vacances très chaude, accordez-vous 4 à 5 jours pour vous ajuster.

10. La meilleure période pour courir, c'est la matin, très tôt. Les couchers de soleil peuvent vous surprendre en pleine noirceur.

11. La course près de l'eau peut vous donner l'occasion de faire de nouvelles connaissances en même temps qu'un bon entraînement, au frais.

12. Assurez-vous d'inclure beaucoup de fruits dans votre régime alimentaire. Melons d'eau, oranges, bananes et fraises sont une bonne source de vitamines C et de potassium, deux nutriments que l'on perd quand on transpire.

13. Apportez des vêtements de rechange si vous courez dans un parc pour éviter les frissons après la course.

14. De temps en temps, savourez un dessert glacé, faible en gras, pour vous récompenser de vous amuser pendant vos entraînements quotidiens.

15. Le lait écrémé est aussi une consommation rafraîchissante. Il contient une faible teneur en matière grasse.

Vêtements par temps chaud

C'est le temps de l'année où vous avez le goût de tout enlever. Mais, en gardant un vêtement, vous aurez moins chaud, tout en vous protégeant des rayons nocifs du soleil.

Quoi porter lorsque la température augmente:

En dépit de ce que l'on raconte, le coton n'est pas le meilleur textile. Le coton retient l'humidité, beaucoup d'humidité.

- L'entraînement dans des vêtements de coton, trempés par une journée chaude, réduit la possibilité d'évaporation de l'eau par le corps, ce qui réduit le refroidissement, surtout en milieu humide.

- Le coton perd de sa souplesse quand il est mouillé, ce qui provoque des irritations là où il est en contact avec la peau.

Ce qu'il faut rechercher:

Chose surprenante, il faut rechercher des vêtements fabriqués de tissus synthétiques, tel le polyester ou le nylon, comme le Coolmax et le Supplex. Ce sont des textiles spécialement tissés pour repousser l'humidité et favoriser l'évaporation. Plus il y a évaporation, plus le corps se refroidit.

N'oubliez pas:

- Les vêtements de couleur pâle absorbent moins de lumière, donc vous gardent au frais.
- Lorsqu'il fait soleil, il vaut mieux vous couvrir afin de réduire l'accumulation de chaleur causée par l'exposition directe au soleil.
- Porter des vêtements faits de textile Coolmax et Supplex vous garde plus frais et au sec, réduisant ainsi l'irritation.
- Portez un chapeau. Protégez votre tête du soleil et de la chaleur (surtout les hommes qui souffrent de calvitie).

Peut-on courir en toute sécurité?

Il existe de nombreux facteurs qui influencent votre décision de faire de l'exercice par temps chaud. Sans compter l'acclimatation et l'hydratation, il y a des jours ou du moins des heures pendant lesquels vous ne devriez même pas essayer de vous entraîner. Avant de décider si les conditions sont bonnes pour un exercice, veuillez vous référer à l'indice de chaleur de la page 105. L'indice combine les deux facteurs importants de l'humidité et de la température, et vous donne la «température apparente», c'est à dire la chaleur ressentie par votre corps. Si la température est de 29,4°C et l'humidité à 60%, la température apparente est de 32°C. C'est un peu comme le contraire de l'indice de refroidissement éolien. Mais la lumière solaire n'en demeure pas moins importante. Si la température de l'air est à 29°C, cela veut dire qu'elle est à 29°C que le temps soit nuageux ou ensoleillé. Si le temps est ensoleillé, votre corps absorbe les radiations électromagnétiques et se réchauffe beaucoup plus rapidement que si le temps est couvert. Considérez les chiffres du tableau comme un guide. Il est possible de subir un épuisement dû à la chaleur par une journée à 21°C, particulièrement si vous avez l'habitude de faire de l'exercice à 10°C.

Peu importe le climat auquel vous êtes habitué ou quels vêtements vous portez, lorsque la température apparente dépasse les 41°C, ce qui est possible, il est probablement préférable de rester chez soi ou de courir au cinéma climatisé le plus près de chez vous.

Indice de chaleur

Température ambiante (°C)

Humidité	20	23	26	29	32	35	38	41	44	47	50
Température apparente											
0%	17	20	22	25	28	31	33	35	38	40	43
10%	17	20	23	26	29	32	35	38	41	45	48
20%	18	21	24	27	30	34	37	41	45	50	55
30%	18	22	25	28	32	36	40	45	51	58	65
40%	19	22	25	30	34	38	44	51	59	67	
50%	19	23	27	31	35	42	49	58	67		
60%	20	24	27	32	38	46	56	66			
70%	20	24	29	33	41	51	63				
80%	21	25	29	36	45	58					
90%	21	25	30	38	50						
100%	21	26	32	42							

Indice de chaleur

Température ambiante (°F)

Humidité	70	75	80	85	90	95	100	105	110	115	120
Température ambiante											
0%	64	69	73	78	83	87	91	95	99	103	107
10%	65	70	75	80	85	90	95	100	105	111	116
20%	66	72	77	82	87	93	99	105	112	120	130
30%	67	73	78	84	90	96	104	113	123	135	148
40%	68	74	79	86	93	101	110	123	137	151	
50%	69	75	81	88	96	107	120	135	150		
60%	70	76	82	90	100	114	132	179			
70%	70	77	85	93	106	124	144				
80%	71	78	86	97	113	136					
90%	71	79	88	102	122						
100%	72	80	91	108							

Température apparente	Risques de l'exposition et d'exercice prolongé
18 à 32°C (64 à 90°F)	Fatigue, déshydration potentielle
32 à 41°C (90 à 105°F)	Crampes de chaleur ou potentiel d'épuisement attribuable à la chaleur
41 à 54°C (105 à 130°F)	Crampes de chaleur ou épuisement de chaleur, coup de chaleur potentiel
Au-dessus de 54°C (au-dessus de 130°F)	Coup de chaleur potentiel

Protéger votre santé lors d'alertes au smog ou à la canicule

Remettez à plus tard votre course etc, si possible quand l'alerte sera terminée. Ou vous pouvez vous exercer à l'intérieur à l'air climatisé.

Si vous voulez être actif à l'extérieur:

- Buvez beaucoup d'eau avant, pendant et après l'exercice (pendant l'exercice, buvez de l'eau toutes les 15 à 20 minutes)
- Portez des vêtements souples et amples qui laissent passer la transpiration
- Portez un chapeau et un écran solaire (au moins 15 ES)
- Prenez beaucoup de repos de marche
- Si vous courez, évitez les rues achalandées ,surtout aux heures de pointe

Être accablé par le smog ou la canicule pendant l'exercice peut être dangereux. Cessez l'exercice demandez de l'aide médicale le plus tôt possible, si vous ou quelqu'un d'autre avez les symptômes suivants:

- Respiration difficile
- Faiblesse ou syncope
- Se sentir plus fatigué que d'habitude
- Nausées
- Maux de tête
- Confusion

Aider la personne malade en:

- Appellant à l'aide médicale
- Enlevant les vêtements en trop
- Rafraîchissant la personne en l'épongeant et l'aspergeant à l'eau tiède
- Déplacer la personne à l'intérieur où il fait plus frais
- Donnant à la personne des petites gorgées d'eau froide (pas d'eau glacée) ou une boisson sportive.

Courses d'hiver

Tout savoir sur l'habillement pour l'entraînement en hiver.

Il y a une joie toute particulière à être le premier à marcher dans la neige fraîche. Ne ratez pas le plaisir d'une course matinale en plein soleil, en entendant le crissement de chaque pas sur la neige ou une belle sortie nocturne, et que de gros flocons de n1eige se déposent paresseusement sur le sol enneigé. Faire un bonhomme de neige avec une neige fraîche bien collante peut s'ajouter comme activité ludique à votre entraînement d'hiver. Il est vrai que les froids d'hiver forment le caractère, une endurance qui pourra vous servir en fin de course, lors des longs parcours. Si au 32e km, vous vous sentez nerveux, rappelez-vous les défis que vous avez surmontés durant vos longues courses hivernales.

Conseils pour les courses en hiver

Voici quelques conseils pour la course par temps froid. La plupart des conseils relèvent du bon sens:

1. Modifiez l'intensité de votre entraînement.

2. Vous perdez jusqu'à 50 pour cent de la chaleur corporelle par la tête. Couvrez-vous.

3. Faites vos échauffements correctement; commencez votre course à un rythme facile puis augmentez le tempo progressivement mais sans atteindre la cadence de votre entraînement normal.

4. Réduisez la longueur des enjambées pour ne pas glisser sur la glace. Portez des crampons Ice Joggers sous vos semelles pour raffermir l'adhérence aux surfaces.

5. Mettez quelques dollars dans vos poches afin de pouvoir faire un appel ou apportez votre téléphone cellulaire.

6. Les facteurs de refroidissement éolien ne sont pas des mesures du degré de température. Ils mesurent la vitesse de refroidissement. Préparez-vous en conséquence lors des jours de grands vents.

7. Faites face au vent pour la première moitié de votre parcours et revenez le vent dans le dos.

8. Si vous êtes seul, courez en boucle au cas où vous devriez arrêter et rentrer.

9. Lors de vos premières courses sur la glace ou dans la neige, vous aurez les muscles des jambes endoloris. C'est parce que vos muscles travaillent plus qu'habituellement pour vous garder en équilibre et vous empêcher de tomber.

10. Couvrez toutes les parties exposées aux éléments avec un vêtement ou de la lotion protectrice. Si vous ou votre partenaire avez une partie de la peau exposée au froid, soyez vigilant pour ne pas subir d'engelures.

11. L'hiver, la nuit arrive de bonne heure. Portez des vêtements réfléchissants. Courez face à la circulation automobile afin d'être plus visible.

12. Les mitaines sont plus chaudes que les gants.

13. Buvez de l'eau pour toute course dépassant 45 minutes.

14. Utilisez un baume pour les lèvres, le nez et les oreilles.

15. Messieurs, pensez à votre progéniture et procurez-vous une culotte coupe-vent. Mesdames, portez une épaisseur supplémentaire de vêtements pour le postérieur. Un vêtement collant n'est pas un bon isolant.

16. Pour les personnes avec des mains sèches: la vaseline sert d'agent hydratant pour les mains et aide à les tenir au chaud.

17. Faites vos entraînements d'accélération à l'intérieur, sur une surface sèche.

18. Prenez garde à l'hypothermie, une chute de la température centrale du corps. Les signes avant-coureurs de l'hypothermie sont les troubles d'élocution, des doigts engourdis et une

mauvaise motricité. Aux premiers signes, rentrez au chaud et au sec, et demandez de l'aide médicale. Vous aurez plus de difficultés par temps pluvieux et venteux.

19. Il ne faut ni accélérer ni ralentir rapidement par temps froid.

20. Assurez-vous de ne pas changer brusquement de direction. Allez-y graduellement pour éviter de glisser et de vous faire une entorse parce que vos muscles ne sont pas bien réchauffés.

21. Il n'est pas possible de se geler les poumons. L'air respiré est réchauffé suffisamment par le corps avant d'atteindre les poumons. Si l'air froid vous incommode, portez une cagoule. Cela vous aidera à réchauffer l'air inspiré.

22. Il n'est pas nécessaire de sortir vos bas de laines ou d'en porter deux paires. Chaussez une seule paire de chaussettes thermiques pour demeurer au chaud.

23. Débarrassez-vous de vos vêtements trempés dès que possible.

24. Mettez votre bouteille d'eau sous votre manteau pour l'empêcher de geler.

25. Relisez la section sur la sécurité avant de courir. La sécurité

est encore plus importante en hiver parce qu'il y a moins de lumière, plus de glace et plusieurs autres obstacles sur les sentiers et la route.

La météo et la course

Tous les matins ne sont pas des beaux jours d'automne ou de fraiches soirées printanières; il faut donc se préparer en vue de nos sorties. Que porter? Comment modifier votre horaire d'entraînement? Comment se protéger des intempéries? Voilà quelques-unes des questions que nous allons aborder.

Conseils pour la course en température froide

Les températures froides que vous connaissez m'incitent à vous rappeler certaines règles élémentaires qu'il faut garder en mémoire pour l'entraînement par temps froid. D'abord, s'il fait -30°C ou plus, ne jouez pas les héros. Faites autre chose qu'une course à l'extérieur. Ce pourrait être une bonne journée pour l'entraînement polyvalent.

1. Portez trois épaisseurs; couche de base, couche thermique, couche externe (coupe-vent). Certains vêtements sont très performants, comme le Fitwear. Si vous le portez, alors deux épaisseurs de vêtement suffiront

2. N'exposez pas trop la peau aux intempéries à l'air libre. Couvrez toutes les extrémités, les oreilles, les mains, les poignets, les chevilles ou le cou. La zone respiratoire (le nez et la bouche) restera chaude en raison du mouvement de la respiration.

3. Enduisez sur toute peau exposée aux intempéries de Body Glide ou d'un autre lubrifiant corporel pour les protéger du vent et de l'effet desséchant du froid.

4. Courez en petites boucles, près de chez vous. Si vous trouvez la situation intenable, vous pouvez revenir rapidement chez vous.

5. Assurez-vous d'avoir votre carte d'identité et de l'argent pour l'autobus ou un taxi.

6. Informez un proche du trajet que vous allez parcourir (carte routière) et donnez-leur un aperçu de votre temps de retour.

7. Si vous constatez des engelures, trouvez un abri immédiatement et réchauffez-vous. Ne restez pas dehors plus longtemps.

Comment savoir si vous avez une engelure et que faire si c'est le cas? Les engelures, c'est sérieux.

Si vous avez eu une engelure, vous pourriez avoir la peur de votre vie car les problèmes de circulation dans les parties touchées signifient que le problème ne pourra toujours être corrigé et que vous pourriez en subir des séquelles pour le reste de votre vie.

Vous souffrez d'une engelure lorsqu'une partie de la peau est exposée au grand froid pendant un certain de temps (le temps est fonction de la morphologie, de la taille et d'autres facteurs) et que le corps cesse d'alimenter la région exposée en sang, pour en garder pour le reste du corps. Une fois le processus enclenché, l'engelure ne tarde pas à survenir.

Vous savez qu'il s'agit d'une engelure parce que la zone affectée est inerte et que vous ne la sentez plus. La zone prend une coloration blanchee,avec des taches cutanées. Si vous pressez sur la zone affectée, la peau ne revient pas à sa forme naturelle immédiatement. Il y aura une dépression là où vous avez appuyé.

Quand vous revenez à la chaleur et que vous commencez à vous réchauffer, il y aura sensation de picotement, puis de la douleur. Le degré de douleur peut varier de légère à intolérable. Les engelures graves peuvent amener à l'amputation de la partie atteinte.

La meilleure méthode pour ramener la chaleur à la partie atteinte consiste à utiliser de l'eau tiède (pas chaude). Trempez ou rincez la partie jusqu'à ce que vous recommenciez à percevoir une sensation dans la partie affectée.

Hypothermie

L'hypothermie se produit lorsque la température de votre corps diminue et que le métabolisme ralentit. La situation peut être très dangereuse. Les symptômes sont l'incohérence, les troubles de l'élocution, la maladresse et une mauvaise coordination. Il faut faire preuve de prudence, surtout les jours froids, pluvieux et venteux. Dès les premiers signes d'hypothermie, allez immédiatement vous mettre à l'abri, au chaud et au sec. Demandez l'aide des services médicaux et ne laissez pas la personne touchée s'endormir.

Vêtements d'hiver

Conseils sur les vêtements d'hiver:
Le secret d'une bonne course consiste à bien s'habiller, de plusieurs épaisseurs. L'espace d'air entre les couches de vêtements vous procurera une certaine chaleur. Normalement, la partie supérieure de votre corps a besoin de trois couches d'épaisseur et la partie inférieure de deux, pour vous garder au chaud.

1. Couche de base
2. Couche thermique (facultative pour la partie inférieure du corps)
3. Couche externe

1. Couche de base:

Ceci est certes la couche la plus importante. Si elle fonctionne de la bonne façon, elle devrait vous maintenir sec et au chaud. Choisissez des chemises à manches longues de mode ajustée et des combinaisons longues, en matériel technique à action mèche qui permet l'évaporation. Le coton est vraiment à déconseiller pour cette couche puisqu'il absorbe et retient l'humidité. Rester au chaud en hiver est synonyme avec rester au sec.

Produits à rechercher: Fit-wear, Termastat, X-static

2. Couche thermique:

Cette couche est facultative. Ce n'est pas tout le monde qui aura besoin de la chaleur additionnelle que procure cette couche. Au cours des dernières années, la confection en molleton Polarfleece ou Arcticfleece a permis l'addition d'une couche pour se garder au chaud sans ajouter de poids, ce qui peut causer des problèmes quand on porte des cotons épais et des lainages. Essayez de ne pas nuire à la raison d'être de votre couche de base en vous servant de tissus qui n'ont pas l'effet de mèche des produits textiles modernes. La laine d'Arctic est un bon exemple de triple épaisseur de polypropylènes qui peut agir à la fois de base et de couche thermique.

Produits à rechercher: Dryline, Fit-wear

3. Couche externe:

Cette couche n'est probablement pas nécessaire tous les jours, mais elle est sûrement un atout les jours de grands froids et de grands vents. Un bon vêtement extérieur devrait vous protéger contre les vents hivernaux en les empêchant d'atteindre votre couche de base, tout en permettant à l'humidité et à une certaine chaleur de s'échapper. Un coupe-vent résistant au vent et perméable à l'air constitue le choix idéal. L'imperméabilité vous permettra de porter ce vêtement à longueur d'année.

Cherchez les produits suivants: Windpro, Power Shield, Fit-Wear

Atricles pour la course en hiver

Les articles suivants devraient vous aider à vous garder au chaud, au sec et en sécurité:

1. Sous-vêtements de style couche en X-static ou ThermaStat.
2. Haut de corps Dryline.
3. Pantalon Dryline.
4. Habit de jogging Power Shield/Windpro ou fabriqué à partir d'autres textiles perméables à l'air.
5. Passe-montagne Balaklava.
6. Chaussettes double épaisseur ThermaStat.
7. Matériel réfléchissant ou lumière à piles.
8. Gilet réfléchissant.
9. Aliments Power Bar.
10. Porte bouteille d'eau angulaire.

Surfaces de course d'hiver

En songeant à l'entraînement d'hiver, nous devons maîtriser un tout nouveau sens de la discipline. Le simple fait de sortir de la maison et de suivre un entraînement constitue une victoire importante. Nous avons raffermi notre caractère et nous nous sommes donné une ressource précieuse dans laquelle nous pourrons puiser en course pendant l'été.

Courir à l'extérieur en hiver brûle jusqu'à 12% de calories de plus, et 32% de gras de plus, que la même course à l'intérieur. Nous brûlons des calories pour garder à niveau la température du corps et pour courir. L'exposition à la lumière naturelle augmente l'absorption de vitamine D et réduit les chances de souffrir du trouble affectif saisonnier. La course sur sentier avec une rangée d'arbres, le long d'un lac ou d'une rivière apporte certainement plus de calme et un meilleur sentiment de bien-être, que de courir dans un établissement congestionné, plein de lumière artificielle, de bruit et de gens qui transpirent.

Les journées glacées et glissantes de l'hiver exposent le coureur à d'autres risques de blessures. Sur des surfaces glacées, la tendance, est de raccourcir l'enjambée et de courir avec les jambes plus écartées pour garder l'équilibre. Les mouvements des bras ressemblent à ceux de l'athlète sur la poutre d'équilibre. La neige gelée peut être une bonne surface de course car elle absorbe les chocs. Cependant, la poudrerie fraîche et les ornières peuvent causer des foulures aux mollets, des tendinites du tendon d'Achille et des blessures. Soyez sage en ajustant votre séance d'exercice aux conditions de course et des surfaces.

Les pistes intérieures représentent une solution de rechange pendant le mauvais temps. La plupart des pistes synthétiques ont une merveilleuse capacité d'absorption de chocs; elles sont conçues pour donner de l'adhérence et du rebond en même temps. Faites attention aux virages serrés sur les petites pistes. Un stress additionnel est appliqué au bas des jambes quand vous faites des virages. La plupart d'entre nous sommes habitués à courir dehors, et la répétition des virages peut présenter un risque de blessures. Souvent les pistes intérieures varient la direction de la course, selon la journée. Pour un entraînement divertissant, faites quelques tours de piste faciles, puis ensuite, effectuez les virages, et faites de la vitesse en ligne droite. Cet entraînement vous donne autant une haute intensité qu'une faible intensité, tout en minimisant les risques de blessures.

Résumé:

Votre corps génère beaucoup de chaleur durant la course. Si vous vous habillez trop chaudement, vous aurez froid ou chaud à la longue parce que vous transpirez plus et que vos sous-vêtements seront trempés. Vous aurez un peu froid au début de votre course. Démarrez lentement et rapidement vous vous réchaufferez.

Les cliniques du Coin des coureurs ont vu bien des courses de longs parcours faites dans des conditions météorologiques très mauvaises, −40°C et venteux. Nos membres qui ont réussi le parcours l'ont fait en se servant du gros bon sens et des vêtements appropriés.

Souvenez-vous du réconfort d'un sourire – Souriez!

Facteur éolien

Température apparente (°C)									
Calme	4	-1	-7	-12	-18	-23	-29	-34	-40
Équivalent de température avec vitesse des vents en mph									
8	2	-4	-9	-15	-21	-26	-32	-37	-43
16	-1	-9	-15	-23	-29	-37	-43	-51	-57
24	-4	-12	-21	-29	-34	-43	-51	-57	-65
32	-7	-15	-23	-32	-37	-46	-54	-62	-71
40	-9	-18	-26	-34	-43	-51	-59	-68	-76
48	-12	-18	-29	-34	-46	-54	-62	-71	-79
56	-12	-21	-29	-37	-46	-54	-62	-73	-82
64	-12	-21	-29	-37	-48	-57	-65	-73	-82

Facteu éolien

Température apparente (°F)									
Calme	40	30	20	10	0	-10	-20	-30	-40
Équivalent de température avec vitesse des vents en mph									
5	35	25	15	5	-5	-15	-25	-35	-45
10	30	15	5	-10	-20	-35	-45	-60	-70
15	25	10	-5	-20	-30	-45	-60	-70	-85
20	20	5	-10	-25	-35	-50	-65	-80	-95
25	15	0	-15	-30	-45	-60	-75	-90	-105
30	10	0	-20	-30	-50	-65	-80	-95	-110
35	10	-5	-20	-35	-50	-65	-80	-100	-115
40	10	-5	-20	-35	-55	-70	-85	-100	-115

Température apparente	Risque d'engelure
Au dessus de -30°C (-20°F)	Peu de danger
-30 à -57°C (-20 à -70°F)	Danger imminent - la peau exposée peut geler en une minute
En dessous de -57°C (-70°F)	Danger extrême - la peau exposée peut geler en 30 secondes

Note: Les vents de plus de 64 km/h (40 m.p.h.) ont peu d'effet additionnel

Entraînement en haute altitude

Dès que l'on grimpe en altitude au-dessus du niveau de la mer, l'oxygène contenu dans l'air diminue. Le nombre de particules d'oxygène est réduit et en temps de repos, la personne peut augmenter son rythme de respiration pour compenser le manque d'oxygène. Plus haute est l'altitude, plus l'effet est sévère. Toutefois, la capacité maximale de respiration est plus élevée en altitude qu'au niveau de la mer.

Il y a aussi moins de résistance de l'air à haute altitude. L'air y est plus froid et plus sec. C'est idéal du point de vue de l'échange de chaleur, mais l'air froid et sec peut contribuer à une perte d'eau par la respiration. L'effet des rayons solaires est également plus nocif à haute altitude, il faut donc utiliser un écran solaire et veiller à en appliquer régulièrement.

Pendant les premiers jours en haute altitude, il y a de bonnes chances que vous soyez intolérant à la production de lactate, mais après quelque temps vous devriez vous adapter. Il faut maintenir une bonne hydratation de sorte que vous ne noterez pas une différence dans l'ensemble de vos performances.

Arrivez quelques jours à l'avance et demeurez fidèles à votre programme d'entraînement actuel. Vous ferez très bien si vous êtes en santé et en forme physique. Si vous pouvez courir un marathon au niveau de la mer, vous pouvez courir un marathon à 3 000 pieds.

Chapitre 5
Étirement

Pourquoi faire des étirements?

«Faire des étirements? Peut-être pour attraper le dernier biscuit au chocolat au bout de la table, mais pas pour courir.»

Bien des coureurs vous donneront ce genre de réponse si vous leur posez la question sur les étirements. Le débat entre coureurs sur les avantages de l'étirement dure depuis longtemps, surtout chez ceux qui adoptent une routine et ceux qui s'étirent occasionnellement, à leur réveil.

Les études menées par les experts de la médecine sportive ont permis d'établir un lien entre les blessures et les habitudes d'étirements. Ils ont découvert une faible différence dans le nombre de blessures entre ceux qui font régulièrement des étirements et ceux qui n'en font pas. Cependant, les coureurs qui ne font qu'occasionnellement des étirements ont le taux le plus élevé de blessures. En cherchant les motifs de ce taux élevé de blessures, les chercheurs ont découvert que les étirements occasionnels étaient mal exécutés et au mauvais moment.

Alors pourquoi s'étirer, si dans une course importante vous voyez des athlètes d'élite qui sont incapables de toucher leurs orteils sans plier leurs genoux? N'oubliez pas que la plupart des athlètes d'élite ont eu la chance de bien choisir leurs parents. La vitesse pure a beaucoup à faire avec la génétique. Les autres, c'est-à-dire nous, avons besoin de profiter de tous les avantages que nous pouvons trouver.

Mon passage de coureur à entraîneur m'a permis de découvrir que de garder sa flexibilité est un facteur réel dans la conservation d'une certaine rapidité. Pensez aux deux façons de courir plus rapidement: une motricité plus rapide et une plus longue enjambée. En vieillissant, si nous ne nous efforçons pas de garder notre flexibilité, les enjambées de notre jeunesse deviendront rapidement plus courtes. Même si vous réussissez à garder votre motricité, des enjambées plus courtes signifient des temps plus lents.

L'action répétitive de la course force deux groupes musculaires importants, les tendons du jarret et les quadriceps, à se resserrer lorsqu'ils sont soumis à la série de mouvements limitée de la course. Les exercices d'étirement sont essentiels à un grand nombre de mouvements des chevilles, genoux et hanches.

Échauffement, étirement et récupération

Tout autant que la condition aérobique et la force, la flexibilité est un élément important de la santé et du bien-être. On croit en général que les exercices d'échauffement avec des étirements préviennent les blessures pendant les activités subséquentes. Bien que cela ne soit pas tout à fait vrai, une séance bien planifiée d'échauffement, d'étirements et de récupération constitue une partie importante de tout régime d'entraînement.

Les motifs du réchauffement

L'objectif principal du réchauffement consiste à permettre au corps de se préparer aux activités qui suivent. Il aide le cœur, les poumons et les muscles à se préparer à l'intensité de l'exercice et à permettre au corps d'effectuer la transition de l'état de repos à celui de l'exercice. Il y a plusieurs formes d'exercices de réchauffement. La callisthénie, les étirements et autres formes d'exercices stationnaires sont très répandus. La meilleure façon de se réchauffer est de répéter l'exercice au programme, mais au ralenti pendant les premières minutes de la séance d'entraînement. Par exemple, vous pourriez commencer votre course par une marche rapide et un jogging à faible allure. Les joueurs de tennis se réchauffent souvent à la ligne de service au lieu d'employer tout le court. Commencez votre activité mais sur une plus petite échelle. Comment savoir si le réchauffement a été suffisant? Transpirez-vous? La transpiration est un signe certain que le réchauffement peut prendre fin et que votre séance d'entraînement peut débuter.

Les motifs de la récupération

Les motifs de la récupération sont exactement à l'inverse de ceux du réchauffement. L'intégration d'un plan de récupération à la fin d'une séance d'entraînement permet au corps d'effectuer la transition entre l'exercice et le repos. Ainsi le cœur s'adapte plus lentement à une

activité moins intense et peut prévenir une respiration laborieuse à la fin d'une séance d'entraînement intense. La circulation sanguine peut ralentir plus naturellement lors d'un refroidissement, prévenant ainsi la concentration de sang dans les muscles et les sensations de vertiges et de nausées que peut provoquer l'arrêt brusque d'un entraînement particulièrement intense. La durée optimale de la période de relâchement dépend de l'intensité et de la durée de l'exercice effectué. Un entraînement long et intense nécessite un relâchement plus long. Une période de relâchement de 5 à 10 minutes devrait suffire pour la plupart des entraînements. Comme le réchauffement, la grande partie des activités pendant la récupération devrait être identique à la séance d'exercices, mais plus lente et à plus petite échelle. Terminez votre course par un jogging à faible allure ou une marche.

Les étirements

Il est toujours préférable de faire des étirements lorsque les muscles sont réchauffés. Si vous préférez les étirements avant votre séance d'entraînement, assurez-vous d'exécuter d'abord une séance d'échauffement de 10 minutes. D'autre part, vos exercices d'étirement peuvent faire partie de votre période de relâchement. Si vous recherchez une plus grande flexibilité, les étirements en période de relâchement après un entraînement donneront les meilleurs résultats. Il ne faut pas s'asseoir ni s'étirer immédiatement après une séance d'entraînement. Les étirements ne sont recommandés qu'après une période de relâchement appropriée.

Comment faire des étirements

Les étirements devraient être faits lentement sans sauter. Étirez-vous jusqu'à ce que vous ressentiez un léger étirement, sans douleur. Gardez cette position pendant environ 20 secondes. La sensation de tension devrait s'atténuer. Sinon, relâchez légèrement tout en maintenant l'étirement à une intensité acceptable. Ce premier étirement prépare les tissus à des étirements plus accentués. Commencez lentement, puis augmentez les étirements peu à peu jusqu'à ce que vous ressentiez à nouveau une légère tension. Gardez cet étirement de 20 à 30 secondes. Cette sensation d'étirement devrait diminuer ou demeurer la même. Si la

tension augmente ou devient douloureuse, l'étirement est trop intense. Réduisez encore l'effort pour obtenir un étirement plus tolérable.

Les étirements de croissance permettent d'augmenter la flexibilité de façon sécuritaire. Gardez l'étirement à une tension confortable. La clef de l'étirement consiste à rester détendu tout en vous concentrant sur la zone d'étirement. Votre respiration devrait être normale. Ne retenez pas votre souffle. Ne comparez pas vos étirements à ceux des autres – le résultat d'une plus grande flexibilité personnelle est le résultat garanti d'un programme personnalisé d'étirements.

Les étirements

On recommande les étirements suivants aux coureurs débutants et novices;

Mollets:

Tenez-vous à environ 3 pieds (1 m) d'un mur, d'une rampe ou d'un arbre avec vos pieds bien à plat par terre, les orteils légèrement tournés vers l'intérieur, les talons sortis et le dos droit. La jambe avant devrait être légèrement courbée et la jambe arrière devrait être redressée graduellement jusqu'à ce que vous sentiez une tension au mollet. Enfin, penchez la jambe droite au genou pour que l'étirement soit plus près du tendon d'Achille.

Muscle ischio-jambier:

Couchez-vous sur le dos, les genoux plies, les pieds à plat au sol. Glissez une bandelette Thera-Band en boucle autour de votre avant pied, tout en tenant les deux bouts dans vos mains. Redressez la jambe tout en l'élevant à l'horizontale. Ressentez l'étirement. Répétez avec l'autre jambe.

Quadriceps:

Placez un bras sur une base solide pour garder l'équilibre et servez-vous de l'autre main pour tirer le pied derrière, avec un genou plié qui touche l'autre genou. Le genou plié doit toucher l'autre genou. Ne poussez pas le genou plié vers l'avant ou l'arrière. Pendant cet étirement, le nombril devrait être tiré sous la cage thoracique; il s'agit de l'inclinaison du bassin, qui protège le dos.

Étirement de la bandelette de Maissiat:

Ayez une jambe en direction d'une rampe, d'un banc ou d'un mur et l'autre jambe légèrement fléchie, croisez la jambe à étirer derrière la jambre repliée. Déplacez votre hanche vers le mur pour étirer la bandelette du Massiat. Vous devriez ressentir l'étirement dans la région des hanches.

Le fessier:

Asseyez-vous bien droit, une jambe droite devant vous, le genou de l'autre jambe plié et le pied de la jambe pliée à l'extérieur de la jambe étirée. Tirez lentement le genou plié vers l'épaule opposée. La fesse du côté de la jambe pliée sera étirée.

Fléchissement des hanches:

Placez un genou par terre et l'autre jambe devant à un angle de 90°. Tenez le dos bien droit tout en basculant le bassin, en effectuant un mouvement vers l'avant. Le genou arrière est planté de façon à étirer la hanche vers l'avant.

Chapitre 6
Courir ou marcher intelligemment

Introduction au programme d'entraînement

Vous avez donc décidé de changer votre style de vie et vous avez choisi la course comme moyen d'y arriver. Prendre cette décision est une étape importante mais la partie la plus difficile pour vous y mettre, c'est de vous engager personnellement. Le vrai secret pour rester engagé dans votre entraînement, c'est de réaliser un programme suffisamment «agréable» pour votre condition physique actuelle mais en même temps assez stimulant pour voir des résultats.

La bonne condition physique est un objectif de vie; commencez lentement.

Ce programme est mesuré en minutes pour vous aider à effectuer un entraînement de faible intensité. Les experts en médecine sportive nous indiquent que 20 minutes d'activité, trois fois pas semaine, suffisent pour commencer et constituent une bonne façon de garder votre forme cardiovasculaire.

Le chapitre sur la Nutrition traitera en détails de la manière de nourrir ce corps d'athlète que vous allez développer mais, pour l'instant, il faut cibler quelques points:

- Buvez 8 à 10 verres d'eau par jour.

- Coupez les gras et les huiles dans votre régime alimentaire.

- Augmentez le nombre de glucides complexes.

Marcher avant de courir

Comment commencer si vous avez été un adulte sédentaire et n'avez pratiqué aucune activité physique? Le programme de marche que nous vous proposons est une façon d'apprivoiser l'entraînement et est normalement acceptable pour la plupart des personnes. L'erreur de départ de la plupart des personnes consiste à aller trop loin , avec trop d'intensité. Le conditionnement physique est l'objectif d'une vie, donc soyez indulgent envers votre corps au début et maintenez une faible intensité.

Étape de préparation au conditionnement physique

Au cours de cette étape, concentrez-vous sur le temps et non sur l'intensité de la marche.

Programme de préconditionnement

Semaine	Lundi	Mardi	Mer	Jeudi	Ven	Sam	Dim
1	Repos	Repos	Marche 25 min.	Repos	Marche 20 min.	Repos	Marche 25 min.
2	Repos	Repos	Marche 25 min.	Repos	Marche 20 min.	Repos	Marche 30 min.
3	Repos	Repos	Marche 25 min.	Repos	Marche 20 min.	Repos	Marche 35 min.
4	Repos	Repos	Marche 25 min.	Repos	Marche 20 min.	Repos	Marche 40 min.
5	Repos	Repos	Marche 25 min.	Repos	Marche 20 min.	Repos	Marche 45 min.
6	Repos	Repos	Marche 30 min.	Repos	Marche 25 min.	Repos	Marche 45 min.
7	Repos	Repos	Marche 35 min.	Repos	Marche 30 min.	Repos	Marche 45 min.
8	Repos	Repos	Marche 40 min.	Repos	Marche 35 min.	Repos	Marche 45 min.
9	Repos	Repos	Marche 45 min.	Repos	Marche 40 min.	Repos	Marche 45 min.
10	Repos	Repos	Marche 45 min.	Repos	Marche 45 min.	Repos	Marche 45 min.

Félicitations! Vous commencez à brûler des calories. En seulement 10 semaines vous êtes passé de personne sédentaire à athlète qui réalise 3 séances de 45 minutes pour brûler des calories. Vous allez maintenant constater une amélioration de votre conditionnement physique.

C'est le moment de vous parler du pèse-personne. Plusieurs personnes deviennent des esclaves des pèse-personnes quand elles se lancent dans un programme de conditionnement physique. Je vous suggère de ne vous peser qu'au début du programme pour connaître votre point de départ. Au lieu de vous servir du pèse-personne pour mesurer vos progrès, il est préférable de vous servir de la grandeur de vos vêtements. Prenez un pantalon et une chemise qui vous allaient bien avant le programme et essayez- les toutes les semaines pour voir combien ils offrent de jeu au fur et à mesure que votre entraînement progresse. Remarquer que ses propres vêtements commencent à avoir l'air trop grands est très motivant et vous fait oublier le pèse-personne, qui parfois n'indique que l'eau que vous consommez.

L'étape d'endurance

Maintenant que vous êtes en état de marcher 45 minutes, trois fois par semaine, le temps est maintenant venu de combiner des marches plus rapides avec des plus périodes plus lentes de récupération. Il ne s'agit pas encore de marche rapide mais d'une série d'intervalles minutés; des étapes intensives au cours desquelles vous marchez simplement plus rapidement, suivies de périodes de récupération où vous marchez plus lentement.

Programme d'endurance

Semaine	Lundi	Mardi	Mer	Jeudi	Ven	Sam	Dim
11	Repos	Repos	10 min, échauffement; 3 min, rapide; 3 min, lente; 3 min, rapide; 3 min, lente; 3 min, rapide; 3 min, lente; 10 min, récupération	Repos	Marche 45 min.	Repos	Marche 50 min.
12	Repos	Repos	10 min, échauffement; 3 min, rapide; 3 min, lente; 3 min, rapide; 3 min, lente; 3 min, rapide; 3 min, lente; 10 min, récupération	Repos	Marche 50 min.	Repos	Marche 60 min.
13	Repos	Repos	Marche 60 min.	Repos	Marche 60 min.	Repos	Marche 75 min.
14	Repos	Repos	Marche 70 min.	Repos	Marche 80 min.	Repos	Marche 90 min.

Bravo! Vous brûlez des calories pendant 1 heure et demie. Comme athlète, vous avez appris le plaisir et la jouissance de réaliser un programme intelligent d'entraînement. Vous êtes probablement prêt à vous entraîner à la course.

Programme de conditionnement pour débutants

Si vous êtes un débutant, ou si vous avez été sédentaire, commencez d'abord avec la marche. Puis, ajoutez la course plus tard. Marchez avant de courir. C'est un programme de préconditionnement.

Commencez en marchant rapidement de 20 à 30 minutes. Ralentissez si vous êtes essoufflé. Ne vous arrêtez pas, continuez. En pompant des bras en marchant et en allongeant le pas, vous pouvez augmenter votre rythme cardiaque à un niveau presque équivalent à une course lente. De plus, en attaquant les pentes d'un pas énergique, vous augmentez la difficulté de votre entraînement.

Une fois que vous pouvez marcher d'un bon pas pendant 30 minutes, vous pourrez commencer à alterner entre la course et la marche. En substituant un pas de course à la marche sur une période de plusieurs semaines, vous passerez progressivement à une course de 10 minutes et une marche d'une minute.

L'horaire suivant devrait être suivi au moins trois fois par semaine. Toutes les courses devraient être courues au rythme du «test de la conversation» et toute marche devrait se faire d'un bon pas. Évidemment, les périodes d'échauffement et de récupération sont essentielles. Commencez et terminez toutes les séances par une marche d'une minute.

Règles d'entraînement:

1. Au départ, ce programme est modéré. Vous pouvez même régresser puis, par la suite, reprendre le terrain perdu.

2. Une fois que vous avez terminé la première moitié du programme, vous pourriez trouver cela difficile de maintenir

la cadence, à moins de vous entraîner au moins trois fois par semaine.

3. Si vous perdez du temps en raison de blessures ou de maladies, ne vous énervez pas; demeurez au niveau qui convient à vos capacités ou retournez à un niveau précédent jusqu'à ce que vous puissiez reprendre le terrain perdu.

4. N'oubliez pas qu'il vous a fallu bien des années pour être en mauvaise forme physique. Alors, prenez votre temps pour revenir à la pleine forme.

Votre objectif: Le programme de conditionnement pour débutants est conçu pour qu'un participant puisse faire une course continue sur des distances variées en alternant la course et la marche.

Programme de conditionnement pour débutants

Semaine	Séance de formation	Durée totale de la l'exercice	
		Course	Marche
1	Marche 1 min; course 1 min, marche 2 min... x série de 6; course 1 min, marche 1 min	7 min	14 min
2	Marche 1 min; course 1 min, marche 1 min... x série de 10	10 min	11 min
3	Marche 1 min; course 2 min, marche 1 min... x série de 6; course 2 min, marche 1 min	14 min	8 min
4	Marche 1 min; course 3 min, marche 1 min... x série de 5	15 min	6 min
5	Marche 1 min; course 4 min, marche 1 min... x série de 4	16 min	5 min
6	Marche 1 min; course 5 min, marche 1 min... x série de 3; course 2 min, marche 1 min	17 min	5 min
7	Marche 1 min; course 6 min, marche 1 min... x série de 3	18 min	4 min
8	Marche 1 min; course 8 min, marche 1 min... x série de 2; course 2 min, marche 1 min	18 min	4 min
9	Marche 1 min; course 10 min, marche 1 min... x série de 2	20 min	3 min
10	Marche 1 min; course 10 min, marche 1 min... x série de 2	20 min	3 min

Programme de conditionnement intermédiaire de course

Lorsque vous pourrez courir 5 minutes sans arrêt, vous êtes prêt pour le programme intermédiaire. Cette étape de l'entraînement exige que vous demeuriez au niveau 5 minutes mais que vous le fassiez trois à cinq (5) fois par semaine, pendant trois à quatre semaines.

Notez: quand vous avez atteint 30 minutes, 3 fois par semaine, faites une pause. Maintenez votre course à ce niveau et concentrez-vous à faire graduellement passer votre temps de course jusqu'à 30 minutes les autres jours où vous courez. Vous progressez bien et vous ne voulez pas risquer blessures, fatigue ou ennui.

Programme de conditionnement intermédiaire de course

Semaine	Séance de formation	Sessions/ semaine	Durée totale de la l'exercice	
			Course	Marche
1	Marche 1 min; course 5 min, marche 1 min... x série de 4	3	20 min	5 min
2	Marche 1 min; course 7 min, marche 1 min... x série de 3	3	21 min	4 min
3	Marche 1 min; course 10 min, marche 1 min... x série de 2	3	20 min	3 min
4	Marche 1 min; course 10 min, marche 1 min... x série de 2	3	20 min	3 min
5	Marche 1 min; course 10 min, marche 1 min... x série de 2	3	20 min	3 min
6	Marche 1 min; course 10 min, marche 1 min... x série de 2; course 2 min, marche 1 min	3	22 min	4 min
7	Marche 1 min; course 10 min, marche 1 min... x série de 2; course 4 min, marche 1 min	3	24 min	4 min
8	Marche 1 min; course 10 min, marche 1 min... x série de 2; course 6 min, marche 1 min	3	26 min	4 min
9	Marche 1 min; course 10 min, marche 1 min... x série de 2; course 8 min, marche 1 min	3	28 min	4 min
	Marche 1 min; course 10 min, marche 1 min... x série de 2	1	20 min	3 min
10	Marche 1 min; course 10 min, marche 1 min... x série de 3	3	30 min	4 min
	Marche 1 min; course10 min, marche 1 min... x série de 2	1	20 min	3 min

Programme de conditionnement supérieur pour le 5 km

Si vous courez présentement 20 minutes ou plus régulièrement vous êtes prêt pour le programme 5 km. Ce programme vise à augmenter de manière sécuritaire votre temps de course total ou votre distance, tout en ajoutant des jours supplémentaires d'entraînement.

Après la dixième semaine, quand vous courez cinq (5) fois par semaine, maintenez vos courses les plus longues à un maximum de 30 minutes, et concentrez-vous à augmenter graduellement vos autres courses jusqu'à 30 minutes. Vous ne voulez pas risquer blessures, fatigue ou ennui.

Programme de conditionnement supérieur

| Semaine | Séance de formation | Sessions/ semaine | Durée totale de la l'exercice | |
			Course	Marche
1	Marche 1 min; course 10 min, marche 1 min... x série de 2	3	20 min	3 min
2	Marche 1 min; course 10 min, marche 1 min... x série de 2; course 2 min, marche 1 min	3	22 min	4 min
3	Marche 1 min; course 10 min, marche 1 min... x série de 2; course 4 min, marche 1 min	3	24 min	4 min
4	Marche 1 min; course 10 min, marche 1 min... x série de 2; course 6 min, marche 1 min	3	26 min	4 min
5	Marche 1 min; course 10 min, marche 1 min... x série de 2; course 8 min, marche 1 min	3	28 min	4 min
6	Marche 1 min; course 10 min, marche 1 min... x série de 3	3	30 min	4 min
	Marche 1 min; course 10 min, marche 1 min... x série de 2	1	20 min	3 min
7	Marche 1 min; course 10 min, marche 1 min... x série de 3	3	30 min	4 min
	Marche 1 min; course 10 min, marche 1 min... x série de 2; course 2 min, marche 1 min	1	22 min	4 min
8	Marche 1 min; course 10 min, marche 1 min... x série de 3; course 3 min, marche 1 min	3	33 min	5 min
	Marche 1 min; course 10 min, marche 1 min... x série de 2; course 2 min, marche 1 min	1	22 min	4 min
9	Marche 1 min; course 10 min, marche 1 min... x série de 3; course 3 min, marche 1 min	3	33 min	5 min
	Marche 1 min; course 10 min, marche 1 min... x série de 2; course 4 min, marche 1 min	1	24 min	4 min
10	Marche 1 min; course 10 min, marche 1 min... x série de 3	2	30 min	4 min
	Marche 1 min; course 10 min, marche 1 min... x série de 2; course 5 min, marche 1 min	2	25 min	4 min
	Marche 1 min; course 10 min, marche 1 min... x série de 2	1	20 min	3 min

Chapitre 7
En forme pour la course

Comment puis-je améliorer ma condition physique? Voilà une des questions les plus souvent entendues par les entraîneurs. Avant d'aborder la discussion de la forme physique ou de donner des conseils sur le sujet, je propose au sportif de m'accompagner au fil d'arrivée d'une course sur route locale pour qu'il observe les coureurs à l'arrivée. Il est toujours très évident que dans le peloton de tête comme dans l'ensemble du groupe, il y a ceux qui sont en bonne forme et ceux qui ont l'air de fantômes ambulants. Ce que je demande aux stagiaires, c'est avant tout de ne pas tant se concentrer sur la forme des coureurs que sur leur degré de détente. Les premiers arrivants sont certes rapides, après tout ils arrivent en tête, mais si vous étudiez leur concentration, vous remarquerez qu'ils gardent un style plus détendu même dans le cadre de la compétition.

Une autre vérification à faire consiste à se rendre aux pistes locales et à écouter les conseils des entraîneurs de course. La première chose que vous entendrez l'entraîneur conseiller à leurs coureurs, c'est de se détendre. L'entraîneur prodiguera toutes sortes de conseils à ses coureurs mais ce qu'il veut que son coureur fasse avant toute chose, peu importe le degré d'intensité qu'il met dans l'effort pour gagner, c'est avant tout d'être détendu.

Alors détendez-vous et examinons de quelle façon vous pouvez améliorer votre forme physique pour la course.

La posture

Demandez à un ami de vous filmer en train de courir, au début de la course et à la fin. Vous obtiendrez ainsi un outil d'évaluation important pour repérer tout problème de posture que vous pourriez avoir. Voici une série de problèmes courants et quelques conseils pour les régler.

Enjambée trop longue

Augmentez le rythme du balancement des bras et concentrez-vous

pour en réduire la portée. Pensez que vous courez sur des charbons ardents pour réduire votre portée lorsque chaque pied fait une enjambée.

Épaules tendues

Apprenez à détendre les paumes de la main en touchant doucement le pouce et le majeur. Vos doigts doivent être libres; donc assurez-vous qu'ils ne se referment pas sur le pouce. Essayez de courir avec des biscuits soda dans chaque main. Courez avec les mains tournées vers le haut, le pouce pointant vers le ciel.

Lever les genoux

Vous devriez lever les genoux juste assez pour vous détacher du sol.

Déplacez-les trop haut et vous dépenserez trop d'énergie inutilement. La plupart des coureurs s'entraînent pour un sport qui consiste à se déplacer vers l'avant.

Tenue des bras

Tenir les paumes de la main vers l'intérieur et légèrement surélevées gardera les coudes près des côtes. Le balancement des bras se fait dans la zone du cœur. Si les bras montent trop haut, le cœur devra pomper davantage. Pensez aux mots détente et rythme. Une augmentation du balancement des bras peut accélérer le taux de rotation des jambes, qui se fatigueront plus rapidement.

Trop de rebonds

Regardez vers l'horizon et concentrez-vous à garder la tête sur le même plan. Faites des accélérations en penchant le corps, tout en vous assurant que les genoux lèvent et pensez à élancer les bras plutôt que de les pomper.

En pleine forme

À vrai dire il n'y a pas de forme parfaite. Regardez bien les gagnants des compétitions locales: vous verrez des coureurs aux allures de gazelles et d'autres de morts-vivants. Ce qu'il faut retenir, c'est de rester détendu, de conserver le rythme et de faire un bon effort. La plus grande partie de votre condition de coureur est l'héritage de vos parents mais vous pouvez en tirer le meilleur parti en peaufinant votre forme individuelle.

Conseils pour tenir la forme

1. Se tenir droit

Une bonne posture de course, c'est tout simplement une bonne posture du corps. Lorsque la tête, les épaules et les hanches sont toutes alignées au-dessus des pieds, vous pouvez vous avancer comme un tout, en faisant le moindre effort.

2. Poitrine en avant

Plusieurs coureurs laissent leur poitrine s'affaisser. Dans une telle posture, les poumons ne peuvent pas être utilisés à pleine capacité. Avant de commencer à courir, détendez-vous et prenez une grande inspiration, ce qui placera vos poumons dans une position efficace. Après avoir expiré, gardez la poitrine dans le même alignement efficace. La meilleure façon de courir, c'est de tenir la tête, le cou et les épaules bien droits. Si vous courez penché vers l'avant, vous devrez lutter constamment contre la gravité.

3. Hanches vers l'avant

Une erreur de posture très courante chez les coureurs consiste à laisser les hanches glisser vers l'arrière en ressortant le postérieur. Souvent, le simple fait de prendre une profonde inspiration ramène les hanches vers l'avant en les alignant, ce qui permet de courir plus facilement.

4. La position des pieds

Il y a une différence entre ce qui devrait arriver et ce que vous pourriez être capable de contrôler. Premièrement, laissez votre spécialiste de la chaussure vous offrir des chaussures qui vous conviennent. Ensuite, commencez à courir! Votre enjambée personnelle est le résultat de votre forme, de votre condition physique, de la force et de l'équilibre de vos muscles, du moins jusqu'à la taille! N'essayez pas de changer votre blocage au moment de votre entraînement: vous ne courrez pas naturellement et vous causerez plus de problèmes que vous en résoudrez. Les changements à votre allure ne surviendront qu'après des changements à long terme ailleurs. En gagnant en forme physique et en force, vous remarquerez que plusieurs irrégularités se résorbent d'elles-mêmes. Les chaussures modernes d'entraînement sont conçues pour accommoder la biomécanique de différents pieds. Ainsi, le problème que vous pensiez avoir se résoudra de lui-même. Au cas où vous auriez un problème persistant qui entrave votre activité, vous devriez demander conseil à un thérapeute ou à un entraîneur pour évaluer votre condition particulière et trouver comment composer avec cette situation.

Maintenant, pensez à garder les poignets libres et détendus. Gardez la paume des mains vers le sol lorsque vous courez et ne fermez pas les poings. Un truc pour détendre les mains consiste à courir avec un biscuit soda dans les mains. Il devrait être intact à la fin de la course.

Si vous pouvez garder les mains détendues et aussi libres que possible, vous constaterez que les avant-bras et les épaules sont aussi détendus. On a tous vu des coureurs avec les bras pendants essayant de détendre les muscles des épaules. La tension dans les épaules provient des courses avec les poings fermés. Le resserrement qui commence dans la main et les avant-bras monte progressivement dans les épaules. Rester détendus peut facilement prévenir ce malaise.

L'autre point à examiner est le balancement des bras. Pensez à votre cœur, qui doit pomper le sang vers toutes les parties du corps, et tous les groupes de muscles importants veulent plus de sang pendant la course. Pour votre cœur, l'endroit le plus efficace pour placer vos bras reste à la hauteur du cœur en tenant vos bras pliés à un angle de 90°. Si vous portez les bras trop hauts, le sang doit être pompé plus haut, si vous les portez trop bas le cœur doit l'envoyer plus loin.

N'oubliez pas que courir est un sport de déplacement en avant. Essayez de maintenir tous vos mouvements dans la même direction pendant la course. J'essaie de penser à mes bras comme s'ils étaient un métronome qui garde le temps et le rythme de la course en cadence.

Votre morphologie d'athlète et votre enjambée guident le mouvement de vos bras. Vous verrez des athlètes d'élite dont le bras bascule vers l'extérieur. C'est qu'une des jambes du coureur est plus courte que l'autre. Nos corps s'adaptent très rapidement aux anomalies et les flexions des bras permettent de compenser pour garder une posture efficace.

Les entraîneurs travaillent étroitement avec leurs athlètes pour contrôler le mouvement des bras. Si vous pensez que vos mouvements de bras doivent être améliorés, voici quelques conseils. (Certains athlètes trouvent ces entraînements bizarres et préfèrent maintenir le mouvement de leurs bras et de leurs mains souples et en cadence, s'abstenant de franchir la ligne du centre.)

Exercice de la pomme dans la poche

Pensez à attraper une pomme, à la placer dans la paume de la main avant de la mettre dans votre poche. Ce mouvement imaginaire devrait vous permettre de vous détendre la main. En ramenant la main vers la poche, vous maintenez le mouvement dans le bon sens de l'exercice. Essayez de maintenir vos mains détendues et pratiquez-vous à frotter les pouces sur vos hanches au passage.

Le serrement des épaules qui se développe chez plusieurs coureurs est souvent le résultat d'une course poings et avant-bras serrés. La tension monte dans le bras pour se loger entre les épaules. Cet exercice vous aidera à vous détendre et à relâcher le haut du corps.

Exercice des bras et des mains

Vous avez probablement vu cet exercice exécuté par des athlètes qui coupent le vent avec les mains tout en courant. Pensez à une ligne qui passe par le centre de la tête et qui descend entre les jambes; l'idée consiste à faire en sorte que les bras ne croisent pas cette ligne. Si les bras traversent la ligne trop loin devant, le mouvement latéral provoquera un resserrement dans le bas du dos. Essayez de vous tenir en place et agitez vos bras comme si vous étiez en pleine course. Si vous exagérez le mouvement, vous ressentirez un malaise dans le bas du dos. Pensez à la course comme à un sport de mouvement en avant, faites en sorte que vos mouvements soient efficaces en vous concentrant sur vos mouvements. Détendez le mouvement de balancement des bras et le haut du corps, tout en améliorant votre posture et votre respiration.

Comment respirer

Question:

Je cherche une formule pour respirer quand je cours. J'ai le «point du coureur». J'ai essayé plein de choses et j'ai découvert qu'expirer complètement fonctionnait. En réalité, j'aimerais courir sans avoir de point. Je crois que tout tourne autour de ma façon de respirer… grande inspiration et grande expiration. Devrais-je tenter d'inspirer par le nez et d'expirer par la bouche ou le contraire? Devrais-je suivre une méthode quelconque?

Réponse:

La respiration, le simple fait d'inspirer et d'expirer, peut être compliquée. Un peu comme la course, le fait de poser un pied devant l'autre est plus compliqué qu'il n'y paraît. Regardez les grands de la chanson qui maîtrisent la respiration et peuvent atteindre les notes les plus hautes de la gamme. Les nageurs ont appris à maîtriser la respiration, ne serait-ce que pour ne pas avoir la bouche pleine d'eau. Les coureurs se font prendre à leur propre jeu et ne songent pas assez aux éléments de base comme la respiration. On commence une course en compétition ou en groupe et, dans l'agitation du moment, on respire du haut du thorax au lieu de respirer «par le ventre». La respiration courte et du haut du thorax peuvent provoquer l'hyper-ventilation ou le terrible point du coureur. Voici quelques conseils pour éliminer le point et pour vous aider à vous détendre en respirant, ce qui vous permettra de courir plus vite.

Tenez-vous debout, droit, épaules en arrière et placez une main sur le ventre. Arrondissez vos lèvres et expirez complètement. La nature fait en sorte que nous n'avons pas à penser à inspirer quand nous expirons complètement parce que cela se fait instinctivement. On inspire détendu et on expire complètement par le ventre. Cette respiration profonde est ainsi plus détendue et utilise l'oxygène davantage. Gardez votre respiration détendue, profonde, rythmée et en harmonie avec votre enjambée en vous concentrant sur l'expiration. Inspirez de manière détendue dans un seul mouvement. Quand vous courez, concentrez-vous sur la détente de la partie supérieure du corps, en cadence avec le mouvement du bas des hanches. La puissance initiale vient de la poussée des chevilles, le glissement et la montée détendue des genoux venant des muscles fléchisseurs des hanches. Mettez de côté les expirations exagérées et autres pour les histoires de gros méchants loups. Maintenant vous savez pourquoi l'élément le plus commun sur lequel un entraîneur amène l'athlète à se concentrer est la détente. Plus nous sommes détendus, meilleures sont nos performances.

Chapitre 8
Entraînement intensif et fréquence cardiaque

Comprendre l'intensité de l'entraînement et les zones cibles

Divers entraînements exigent des intensités différentes. Quand l'intensité augmente, votre rythme cardiaque fait de même. Le moniteur cardiaque est probablement la méthode la plus répandue pour déterminer votre fréquence cardiaque. L'arrivée de moniteurs cardiaques sans fil a fourni à plusieurs athlètes, des débutants aux expérimentés, une méthode efficace et facile de mesurer l'intensité de leur l'entraînement.

Vous ne pouvez pas toujours prédire comment votre cœur réagira à l'exercice. La fatigue, la maladie et le surentraînement peuvent avoir des conséquences profondes sur le rythme cardiaque, donc mettez-vous toujours à l'écoute de votre corps. Ne soyez pas esclaves de votre moniteur; consultez-le toutes les 10 minutes, pas toutes les minutes, en particulier pendant une course.

Objectifs:

Après avoir complété ce chapitre vous pourrez:

- Comprendre ce qu'est l'entraînement intensif et pourquoi il doit être mesuré et suivi.

- Déterminer le maximum estimé de votre rythme cardiaque et votre zone personnelle cible pour l'entraînement.

- Être capable de mesurer comment votre corps réagit à votre activité cardiovasculaire.

Les nouveaux outils

Le moniteur de fréquence cardiaque (MFC) est un puissant outil de contrôle qui rendra vos entraînements plus efficaces, mieux chronométrés, plus sécuritaires et encore plus agréables, ce qui n'est pas négligeable.

Le volet du rythme cardiaque

Grâce à la précision des mesures de fréquence de votre cœur, votre MFC ouvre une fenêtre physiologique sur votre corps, en suivant pas à pas la discipline de l'activité physique. Cette information vous permet d'ajuster immédiatement vos efforts à l'exercice de manière utile pour votre niveau le plus approprié et pour vos besoins particuliers. Plus précis encore que toute autre mesure de l'activité physique, la vitesse et la distance parcourue, votre rythme cardiaque indique précisément comment votre système fonctionne et donne la mesure des efforts que vous faites. Comme le tachymètre de la voiture, qui vous indique les tours minute du moteur; votre MFC vous donne les battements par minute (bpm) de votre moteur corporel.

La quantité n'est pas toujours meilleure

De nombreuses recherches nous révèlent qu'en matière d'entraînement, la quantité n'est pas nécessairement le meilleur choix. En fait, l'entraînement jusqu'à l'épuisement fait plus de tort que de bien. Un adulte moyen peut s'entraîner à des niveaux d'intensité beaucoup plus faibles qu'on le croyait précédemment, tout en réduisant la taille du pantalon ou celle de la robe. Surveiller son rythme cardiaque afin de se maintenir au bon niveau d'entraînement intensif est en fait devenu le secret de l'entraînement en matière d'exercice physique.

Avantages d'un entraînement adéquat

Certains exercices élémentaires et certains objectifs d'entraînement sont universels. Par exemple, le renforcement du muscle cardiaque par l'exercice aérobique aide le cœur à mieux pomper le sang à chaque battement. L'augmentation du volume de sang lui permet de mieux transporter l'oxygène. La capacité des poumons augmente, la pression artérielle diminue et le système cardiovasculaire fonctionne mieux. Les avantages bien connus de l'aérobique consistent en une meilleure performance, une meilleure santé, un tonus musculaire amélioré, une perte de poids, une baisse de stress et la disparition de l'insomnie.

S'entraîner intelligemment

La surveillance de votre rythme cardiaque éliminera l'élément aléatoire de l'entraînement et assurera que les entraînement intensifs sont optimaux. Vous ne travaillez pas suffisamment fort et l'exercice est inutile si votre rythme cardiaque est trop faible. Si votre rythme est trop élevé, vous risquez probablement de vous fatiguer avant que l'exercice devienne bénéfique. Surveiller votre rythme cardiaque vous assure de demeurer dans les paramètres cibles, d'optimiser les avantages de l'entraînement et d'éliminer les incertitudes quant à la sécurité.

Les avantages de surveiller le rythme cardiaque

Moniteur cardiaque et motivation

La statistique démontre que plus de 70% des personnes qui entreprennent un programme d'exercice physique abandonneront dans les six premiers mois et que plusieurs le feront dans les premières semaines. Pourquoi est-ce si difficile pour une personne de suivre un programme d'exercice? Pourquoi abandonne-t-on si vite? Un des facteurs de base de l'abandon est le manque de motivation.

La plupart des gens commencent un programme d'exercice avec un objectif ou un besoin en tête, la force motrice ou la motivation derrière le désir de faire de l'exercice. Toutefois, plusieurs personnes sont confrontées à des obstacles similaires qui les font perdre de vue leur objectif et perdre leur motivation.

Heureusement, un moniteur cardiaque peut proposer une solution à plusieurs des obstacles qui entravent la réussite des programmes d'exercice.

Demeurer dans la zone

Si vous désirez atteindre vos objectifs d'entraînement, il est important de demeurer dans votre zone cardiaque cible pendant vos exercices. Le moniteur cardiaque est votre rappel continu de l'intensité et de la qualité de chaque entraînement. Rien ne vous indique mieux votre zone qu'un moniteur cardiaque Polar. Les moniteurs de marque Polar sont parmi les meilleurs.

Les moniteurs cardiaques montrent vos progrès

Il faut de quatre à six semaines d'exercice soutenu avant de commencer à apercevoir des modifications de l'apparence physique. Bien que vous ne puissiez le voir, les changements internes se produisent immédiatement. Votre fréquence cardiaque est l'indicateur d'efficacité de votre corps. Votre rythme cardiaque s'améliore en même temps que votre condition physique. Un moniteur cardiaque ouvre une fenêtre physiologique sur la réponse du corps à l'amélioration quotidienne de votre santé physique.

Le moniteur cardiaque élimine les frustrations

Si votre fréquence cardiaque est trop basse pendant les exercices, votre corps n'en récolte pas les bénéfices ou si peu. Vous ne verrez pas les résultats que vous désirez, comme la perte de poids ou l'augmentation de l'endurance. Si votre fréquence cardiaque est trop élevée, vous vous fatiguez trop vite et devenez frustré ou même risquez de vous blesser. Dans un cas comme dans l'autre, il est probable que vous abandonnerez l'entraînement, parce qu'il ne donne pas les résultats attendus, ou que vous trouvez que c'est trop difficile. Un moniteur cardiaque vous aide à persévérer parce que vous pouvez voir des résultats que vous ne verriez pas autrement.

Un moniteur cardiaque vous garde en sécurité

Vous pourriez vous blesser si vos exercices sont trop violents. Le moniteur cardiaque vous rappelle le niveau efficace et sécuritaire de votre fréquence cardiaque que vous devez respecter et vous avertit lorsque vous sortez de la zone sécuritaire.

L'intensité des exercices et les moniteurs cardiaques

Pour comprendre l'intensité des exercices et comment un moniteur cardiaque aide à atteindre vos objectifs, nos amis de Polar Heart Rate Monitors nous ont donné ces règles: Connaissez bien les trois clés de la réussite.

1. S'entraîner à la bonne intensité constitue le seul moyen d'atteindre les objectifs de la forme physique.

   Trop intense = blessures, muscles endoloris = interruption de l'entraînement

   Trop modéré = aucune amélioration ni de résutats = n'atteindra pas l'objectif de la forme physique.

2. Le moniteur cardiaque est la seule mesure précise de l'intensité de l'exercice.

3. Le MFC est le moyen le plus facile et le plus précis de mesurer le rythme cardiaque.

L'affichage continu du rythme cardiaque permet des entraînements efficaces. Votre rythme cardiaque vous guide pendant tout l'entraînement, comme un entraîneur. Le tachymètre de votre automobile vous indique votre vitesse; de même, votre rythme cardiaque vous indique à quelle vitesse et quelle intensité vous travaillez.

Qu'est-ce qu'un exercice intensif?

L'exercice intensif est la mesure de la puissance de l'effort que vous faites à un moment de votre entraînement. L'American College of Sports Medecine (ACSM), leader mondial de la médecine et des sciences du sports et du conditionnement physique, recommande que chaque personne engagée dans un programme d'exercices connaisse le degré d'effort que fait son corps pendant son entraînement.

Votre cœur vous renseigne sur l'intensité de l'entraînement que vous devriez faire pendant vos exercices. Votre rythme cardiaque (le nombre de battements par minute) est une appréciation du rendement de l'ensemble de votre corps. Le nombre de battements cardiaques pendant chaque minute de l'exercice traduit la mesure de l'intensité d'exercice. Si votre rythme cardiaque est bas, l'intensité de l'exercice est faible; si votre rythme est élevé, l'intensité de l'exercice est élevée.

Pourquoi les athlètes doivent-ils surveiller leur intensité à l'entraînement?

Le cœur est le muscle le plus important du corps et, comme tous les muscles, il faut l'exercer régulièrement pour demeurer fort et productif. Selon les experts du conditionnement physique, l'exercice est plus efficace quand vous vous entraînez dans une zone cardiaque cible. (On parle alors de zone cible de la fréquence cardiaque.) Cette zone peut varier énormément selon l'âge, la forme physique et d'autres facteurs.

Exemple

Debby et Thomas sont au même niveau de conditionnement cardiovasculaire et prévoient courir 5 milles. Debby décide de jogger et Thomas de sprinter. Quelle est la personne dont le niveau d'intensité lui permettra de maintenir sa vitesse sur l'ensemble du parcours? La réponse est Debby. Thomas sera trop fatigué pour sprinter sur 5 milles. Il ne pourra pas garder une telle intensité sur tout le trajet.

Surveiller son intensité pendant l'exercice aide à demeurer au niveau qui vous permet d'atteindre vos objectifs. En fait, l'American College of Sports Medecine recommande que, pour obtenir le plus de bénéfices de vos entraînements, vous devriez vous maintenir dans la zone cardiaque cible au moins 20 à 60 minutes par entraînement, de 3 à 5 fois par semaine, à une intensité variant de 60% à 80% du rythme cardiaque maximal. Connaître votre intensité d'exercice (rythme cardiaque) vous permettra de vous entraîner au niveau requis.

Qu'est-ce que le rythme cardiaque maximal?

Le rythme cardiaque maximal (RCM) est le maximum que peut atteindre votre rythme cardiaque avant l'épuisement total. Le vrai rythme cardiaque maximal est mesuré pendant un test de fatigue ou de stress. Ce test doit être administré dans une clinique médicale et il n'est ni pratique ni accessible à la plupart des gens. Heureusement, votre rythme cardiaque maximal peut être estimé avec une grande précision à l'aide d'une formule simple:

Rythme cardiaque maximal estimé = 220 – votre âge

Si Jean a 30 ans, quel est son rythme cardiaque maximal?

Son rythme cardiaque maximal estimé = 220-30
Son rythme cardiaque maximal estimé = 190

Un maximum estimé de 190 battements par minute est le rythme cardiaque maximal auquel le cœur de Jean peut battre avant que son corps se fatigue ou que Jean «s'effondre». Ce chiffre est très utile parce qu'il nous dit à quelle intensité absolue Jean peut s'entraîner avant que son corps ne s'épuise. L'ACSM recommande que, pendant l'exercice, Jean doit conserver un rythme cardiaque inférieur à ce maximum afin de ne pas s'épuiser et abandonner l'entraînement. En fait, l'ACSM donne à Jean un pourcentage spécifique de la zone cardiaque maximale d'entraînement pour s'exercer, le rythme cardiaque cible maximum (RCM).

Comment puis-je déterminer ma zone cardiaque maximale cible?

Votre zone cardiaque maximale cible (RCM) est le minimum et le maximum de battements cardiaques du cœur pendant une minute d'exercice. L'American College of Sports Medecine recommande de s'entraîner dans la zone cardiaque cible de 60% à 80% du rythme cardiaque maximal. Cela signifie que votre rythme cardiaque pendant l'exercice ne devrait pas être en dessous de 60% ou monter au-dessus de 80%. Revoyons l'exemple de Jean.

Jean a 30 ans, son rythme cardiaque maximal estimé est 220-30 ou 190 battements par minute (bpm). L'ACSM dit que Jean devrait s'exercer entre 60% et 80% de 190 battements par minute pour demeurer dans sa zone cardiaque cible. Déterminons quelle est la zone cible de Jean!

Rythme cardiaque maximal estimé de Jean	=	190 bpm
190 bpm (RCM) X 0,60 (60%)	=	114 bpm
190 bpm (RCM) X 0,80 (80%)	=	152 bpm
Zone cardiaque cible de Jean	=	114 – 152 bpm

Jean voudra conserver un rythme cardiaque de 114 à 152 bpm. Si Jean est un débutant, il voudra se situer dans la zone faible de sa zone cardiaque cible. S'il est plus expérimenté, il voudra s'entraîner dans la zone plus élevée pour relever des défis plus grands.

En conclusion, la zone cardiaque cible se définit comme:

- Le niveau que le rythme cardiaque doit atteindre = limite faible
- Le niveau que le rythme cardiaque ne devrait pas franchir = limite élevée
- Le maintien du rythme cardiaque entre les limites faible et élevée = votre zone cardiaque cible

La formule pour calculer votre zone cardiaque cible:

220 moins votre âge = rythme cardiaque maximal (RCM)
FCM X 60% = limite inférieure de la zone cible
FCM x 80% = limite supérieure de la zone cible

L'importance de l'entraînement en zone cardiaque cible:

Demeurer dans les limites de sa zone cardiaque cible est essentiel à l'atteinte de ses objectifs. Toutefois, on se pose la question «Quelle est ma zone idéale?» Avant de répondre à la question, vous devez connaître l'objectif de votre entraînement. La plupart des zones cardiaques cibles efficaces sont jumelées aux objectifs d'entraînement. Si votre objectif est de:

- Maintenir ou perdre du poids, votre fréquence cardiaque est 60% à 70% de votre rythme cardiaque maximal (RCM).

- Atteindre des conditionnements cardiovasculaires, votre fréquence cardiaque est de 70% à 80% de votre rythme cardiaque maximal (RCM).

- Augmenter votre performance d'athlète, votre FC est de 80% et plus de votre rythme cardiaque maximal.

La pyramide des rythmes cardiaques

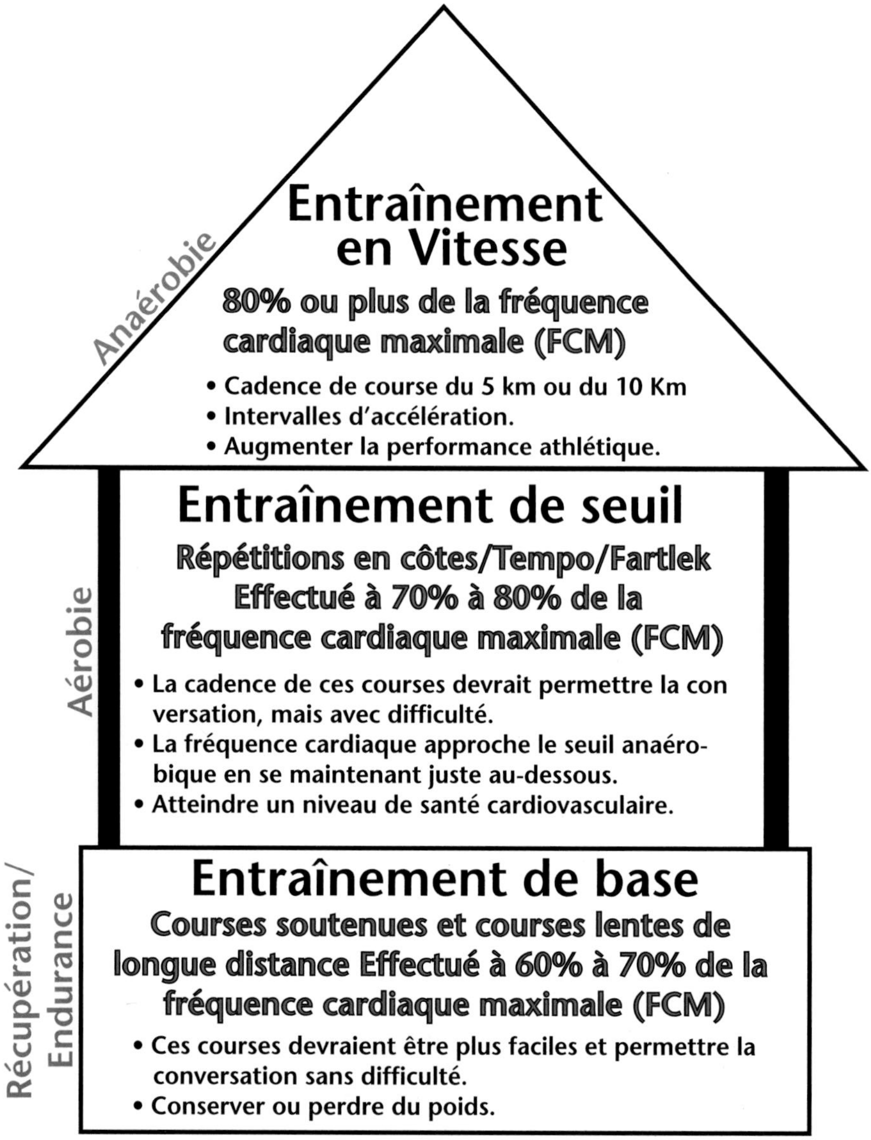

Entraînement en Vitesse
80% ou plus de la fréquence cardiaque maximale (FCM)
• Cadence de course du 5 km ou du 10 Km
• Intervalles d'accélération.
• Augmenter la performance athlétique.
Anaérobie
Entraînement de seuil
Répétitions en côtes/Tempo/Fartlek
Effectué à 70% à 80% de la fréquence cardiaque maximale (FCM)
• La cadence de ces courses devrait permettre la con versation, mais avec difficulté.
• La fréquence cardiaque approche le seuil anaérobique en se maintenant juste au-dessous.
• Atteindre un niveau de santé cardiovasculaire.
Aérobie
Entraînement de base
Courses soutenues et courses lentes de longue distance Effectué à 60% à 70% de la fréquence cardiaque maximale (FCM)
• Ces courses devraient être plus faciles et permettre la conversation sans difficulté.
• Conserver ou perdre du poids.
Récupération/
Endurance

Entraînement facile grâce au rythme cardiaque

Entraînement de base (récupération/endurance):
Normalement, il sera difficile de garder votre rythme cardiaque en deçà de la limite que vous vous êtes fixée. Ne trichez pas. Un entraînement rigoureux dans ce domaine prévient la perte d'énergie des derniers kilomètres d'une longue course. Tout entraînement à

ce niveau se produit entre 60-70% de votre fréquence cardiaque maximale.

Entraînement de seuil (aérobique):
Construire des murs
Une bonne indication de conduite dans la plupart des cas consiste à courir à votre rythme de course de 10 km (6 mi). Les objectifs de ce type d'entraînement consistent à rechercher la bonne forme, la force et l'endurance. Les entraînements en côte conviennent à ce type d'objectif. Tout comme l'entraînement en côte, vous ne ferez pas ce type d'entraînement tous les jours. Plus de deux fois par semaine, vous épuiserez vos jambes et mettrez en péril vos longs parcours. L'entraînement à ce niveau est effectué à 70-80% de votre rythme cardiaque maximal.

Entraînement de vitesse (anaérobique):
Poser le toit
N'oubliez pas qu'à cause de l'intensité, les courses de cette nature sont mieux faites en tant qu'entraînement par intervalle et ne durent que quelques minutes. Votre rythme cardiaque doit revenir à environ à 120 bpm (1 à 2 minutes de repos) avant de redémarrer pour l'autre intervalle. Tout comme pour les côtes, commencez avec quelques

intervalles (deux ou trois). Variez les distances de chaque intervalle et le total des distances parcourues chaque semaine. Bâtissez lentement à partir de là. Il est essentiel de faire des étirements et des échauffements avec ce type d'entraînement. Faites vos échauffements en parcourant doucement un ou deux kilomètres (1 mi) et ensuite faites vos étirements. Tout entraînement à ce niveau se produit à 80% et plus de votre fréquence cardiaque maximale.

Aérobique ou anaérobique?

Ces mots sont galvaudés dans les gymnases et les pistes de course de nos jours. Voici leurs vraies définitions.

Aérobique signifie «en présence d'oxygène». Ce qui définit une activité comme aérobique ou non est son intensité. L'énergie pour l'exercice de faible intensité est fournie par le métabolisme aérobique. Le métabolisme aérobique fournit amplement d'énergie (de la naissance à la mort), il ne le fait que très lentement. Le métabolisme aérobique donne un excellent rendement et donne peu de production secondaire, tel l'acide lactique. Il y a très peu d'acide lactique produit durant les exercices aérobiques et il peut être éliminé par le corps avant qu'on en ressente les effets.

Pendant les exercices de forte intensité, il y a une demande forte et rapide pour de l'énergie à très haute vitesse. Puisque le métabolisme aérobique est trop lent pour fournir cette énergie, notre corps doit passer à une autre vitesse et produire de l'énergie à un rythme plus rapide. Quoique le métabolisme anaérobique puisse produire beaucoup d'énergie en peu de temps, les réactions chimiques qui suivent produisent une grande quantité d'acide lactique. Il y a un tel volume d'acide lactique produit que nous ne pouvons pas l'éliminer suffisamment rapidement; le corps l'accumule alors dans les muscles et le sang. L'acide lactique en forte concentration produit des sensations de brûlures et des maux d'estomac. Si les exercices anaérobiques continuent, l'acide lactique entrave la production d'énergie. C'est pour cette raison que les exercices anaérobiques ne peuvent être faits pour plus de 2 minutes. Oui deux minutes, même pour les athlètes de haut calibre. Pour la plupart d'entre nous, c'est moins!

Exemples d'exercices à prédominance aérobique:

- Marche
- Courir doucement
- Faire de la bicyclette doucement
- Natation

Anaérobique veut dire «en l'absence d'oxygène», quand l'intensité de l'exercice est trop élevée, que le corps n'a pas suffisamment d'oxygène et que le métabolisme aérobique est trop lent pour fournir l'énergie à ce rythme. Le corps doit passer à une autre vitesse et produire de l'énergie par anaérobie. Les exercices de forte intensité sont alors appelés exercices anaérobiques.

Exemples d'exercice à prédominance anaérobique:

- L'entraînement en vitesse, tel que détaillé au chapitre 9, *Types d'entraînement.*

Il n'y a pas d'activité uniquement aérobique ou anaérobique. La plupart de nos activités de tous les jours requièrent les deux types de métabolisme.

Glossaire de la terminologie de la fréquence cardiaque

Rythme cardiaque au repos:

C'est le nombre de battements par minute (bpm) durant un repos ininterrompu. Généralement noté au réveil, le matin, avant de lever la tête de votre oreiller.

Rythme cardiaque maximal:

C'est le nombre le plus élevé de battements du cœur par minute. Il ne peut être mesuré avec précision qu'en subissant un test de stress au cours duquel vous vous entraînez jusqu'à l'épuisement. Les formules prédictives sont le plus fréquemment utilisées.

Un test plus pratique pour déterminer le rythme cardiaque maximal, sans subir une épreuve d'effort, est la course en côte maximale. Pour compléter ce test, il faudra:

1. Une côte (6-8% de pente, d'une longueur de 400-600m)
2. Un moniteur de rythme cardiaque
3. De la détermination

Après des échauffements d'une durée d'au moins 10 minutes, incluant des étirements, rendez vous jusqu'au bas de la côte que vous avez choisie. De là, courez aussi vite que possible, jusqu'au sommet, sans faire d'arrêts. Au sommet, consultez votre moniteur. Vous devriez presque avoir atteint votre rythme cardiaque maximal. N'arrêtez pas le mouvement. Vous venez de courir très fort et avez taxé votre système anaérobique et vous aurez une forte concentration d'acide lactique dans le sang et les muscles. Une récupération active consistant en marche ou course lente accélère la récupération et aide à éliminer l'acide lactique. Assurez-vous de faire une période de refroidissement, qui inclut des étirements.

Seuil anaérobique:

C'est le point (intensité, rythme cardiaque, vitesse) à partir duquel le métabolisme aérobique n'est plus en mesure de fournir suffisamment d'énergie rapidement pour suffire à la demande. Un transfert au métabolisme anaérobique se produit et si l'anaérobie continue, l'exercice va cesser (que vous le vouliez ou non).

VO2 maximal:

C'est le maximum d'oxygène que nos muscles peuvent utiliser pour l'exercice. Nos corps peuvent accepter beaucoup plus d'oxygène que nos muscles peuvent utiliser. Ce que nous faisons dans l'entraînement d'endurance, c'est d'exercer le cœur, les poumons et le sang pour donner plus d'oxygène aux muscles. Nous entraînons aussi les muscles à utiliser plus l'oxygène de manière plus efficace. Le VO2 maximum se produit dans un exercice intense correspondant au rythme cardiaque maximal. Normalement, nous ne pouvons pas nous exercer à cette intensité plus de quelques minutes.

Seuil anaérobique du rythme cardiaque:

C'est le rythme cardiaque qui correspond au changement du méta-bolisme aérobique à l'anaérobique. Le seuil est souvent nommé en anglais OBLAS: début de l'accumulation lactique dans le sang.

Récupération du rythme cardiaque:

C'est la période après l'exercice qui sert à mesurer la réduction du rythme cardiaque. La récupération complète du rythme cardiaque correspond au moment entre l'arrêt de l'exercice et le retour à un rythme cardiaque normal. Habituellement, il faut un délai de deux minutes.

Calcul de la zone cardiaque:

Se servir du rythme cardiaque de réserve pour calculer la zone d'entraînement de votre rythme cardiaque s'appelle la méthode Karvonen. La formule est: Rythme cardiaque de réserve X intensité % + rythme cardiaque au repos.

Pour calculer le rythme cardiaque de réserve, calculez votre rythme cardiaque maximal: 226 (âge pour les femmes) ou 220 (âge pour les hommes) et soustrayez votre rythme cardiaque au repos. Vous pouvez vous servir de ces formules pour calculer votre zone comme suit:

Zone 1: 50% à 60%
Zone 2: 61% à 70%
Zone 3: 71% à 80%
Zone 4: 81% à 90%
Zone 5: 91% à 100%

Le meilleur moment pour mesurer votre rythme cardiaque au repos est juste avant de vous lever le matin ou juste avant de vous endormir le soir. Votre rythme cardiaque au repos et en entraînement peut être augmenté par plusieurs facteurs, notamment:

• Le stress (travail, émotion, etc.) fera augmenter votre rythme cardiaque.

• La nutrition, surtout les niveaux d'hydratation, fera monter en flèche votre RC.

• La chaleur fera monter votre RC jusqu'à ce qu'il soit adapté à la chaleur; normalement dans 7 à 12 jours.

• L'altitude influencera également votre RC. Vous aurez une fréquence cardiaque élevée pour la même intensité que dans des endroits élevés, donc donnez à votre corps environ trois semaines pour s'ajuster.

Alerte aux signes de difficultés

Les symptômes suivants sont un indicateur qu'il y a risque de problèmes plus sérieux si vous n'adoptez pas de mesures correctives immédiatement. Soyez attentif aux signes précurseurs. Vous pouvez arrêter à la source ces problèmes si vous reconnaissez rapidement et agissez promptement aux signes d'alerte.

• Pouls au repos beaucoup plus élevé que celui du matin

• Perte de poids rapide et drastique.

• Difficultés de trouver le sommeil ou de rester endormi.

• Plaies dans et autour de la bouche et autres éruptions cutanées.

• Tous symptômes de rhume ou de grippe (mal de gorge, fièvre, nez bouché).

• Enflure et douleurs des glandes du cou, de l'aine et des aisselles.

• Étourdissement ou la nausée avant, pendant et après les entraînements.

• Maladresse, trébucher ou tomber en courant dans un endroit relativement plat.

• Toutes douleurs aux muscles, tendons, jointures et raideurs qui persistent après quelques minutes de course.

Chapitre 9
Types d'entraînement

Dans sa forme simple, la course consiste simplement à mettre un pied devant l'autre rapidement. Cependant, plusieurs genres de courses répondent à divers besoins: l'entraînement en vitesse par exemple, comme les intervalles et le fartlek, aide le sportif à courir plus rapidement; l'entraînement en côte augmente la force; et les longs parcours sont faits pour l'endurance. Le présent chapitre examine les différents types de courses et la manière dont vous pouvez les inclure dans votre programme d'entraînement.

Types d'entraînement

Course longue
Une distance longue et lente est la base de la course entière. Pensez-y comme un long et lent divertissement. La nature consistante et progressive de la course longue et lente assure une augmentation en douceur de votre endurance. Cette phase de l'adaptation vous prépare à être sur vos jambes pendant une période prolongée.

Course tempo
Une course soutenue à vitesse de compétition, une fois la semaine, améliorera votre coordination et votre fréquence d'enjambées. Avant de vous attaquer à ces séances de vitesse de haut régime, faites des entraînements en côtes pour vous rendre plus fort.

Sécances de vitesse
Une ou deux fois par semaine, ces augmentations de l'accélération amèneront vos poumons et vos jambes à un niveau plus élevé. Ces exercices sont des séances divertissantes, avec des pointes de vitesse courtes, moyennes et longues, suivies d'une période de récupération qui durera aussi longtemps que vous le jugerez nécessaire. Les Suédois ont un nom prestigieux pour cet exercice de vitesse; ils l'appellent le «fartlek». Durant ces séances, vous devrez constamment vérifier votre état et vous concentrer à «respirer par le ventre».

Course sociale
Pour la plupart des coureurs, cette course est celle du mercredi ou

encore une course d'entraînement à votre boutique locale du Coin des coureurs. Ces courses sont effectuées à une allure confortable permettant la conversation avec d'autres coureurs (le test de la conversation). L'aspect social de ces courses faciles vous donne une journée de repos et de récupération et stimule votre motivation. C'est aussi une excellente façon de se faire de nouveaux amis.

Courses

Une course peut vous donner un objectif. Les coureurs ont besoin d'un objectif pour rester motivés. Les membres d'un groupe peuvent s'inspirer et se motiver les uns les autres quand l'entraînement vise un objectif commun. Seul, ça peut sembler une tâche monumentale, mais ensemble, on peut y parvenir! Une course peut aussi bien mettre à l'épreuve votre condition physique actuelle que de vous permettre d'établir une nouveau seuil pour votre meilleure épreuve personnelle. Une course peut se faire dans un endroit bien connu ou dans divers lieux. Pour plusieurs, le plaisir de s'évader de la maison est encore plus intense, quand il se fait en groupe. Une course est aussi l'occasion de recevoir un nouveau tee-shirt et de savoureuses collations à la ligne d'arrivée. Certaines courses décernent des médailles à tous ceux qui terminent l'épreuve. Les médailles sont une source d'inspiration pour certains, les motivant à continuer de courir et ainsi, à obtenir encore plus de médailles! Les courses offrent à chaque coureur la chance de se vanter auprès de sa famille et de ses amis.

Courses faciles

Ce genre de courses de type récupération-massage est amusant et fortement recommandé. Durant toutes mes années de course et d'entraînement, je n'ai jamais rencontré de coureur qui s'était blessé parce qu'il courait trop lentement! Cette course facile est une journée sans danger. Profitez de ces journées lentes, faciles et sans blessures.

Exercices intensifs

(La danse des canards)

Pendant des années, les entraîneurs olympiques ont concentré leurs exercices intensifs, ciblant les muscles et les tendons spécifiquement utilisés pour courir.

Règles des exercices intensifs

- Soyez raisonnable dans votre approche globale.
- Songez à la coordination et la force nécessaires.
- Amusez-vous; ce n'est pas un travail, c'est du plaisir.

Faites vos étirements et vos échauffements avant de pratiquer.

Exercice des genoux élevés

Cet exercice s'applique aux pieds, aux chevilles, aux tendons d'Achille, aux mollets, aux abdominaux et au muscles propulseurs du fessier. Allez-y lentement, ce sont des exercices de grande qualité. En plus de tous les groupes musculaires engagés, vous devrez en même temps travailler sur votre rythme et sur votre coordination.

- Commencez par la marche avec les genoux élevés, en les levant le plus haut possible.
- Tenez le corps bien droit.
- Poussez vos genoux en avant à hauteur de la ceinture.
- Montez sur vos orteils.
- Penchez-vous légèrement en avant tout en gardant le corps bien droit.
- Pensez à la levée produite par vos abdominaux.
- Commencez par une distance de 25 mètres et progressez lentement jusqu'à environ 100 mètres.
- Pensez à une action au ralenti.
- Progressez jusqu'à la course avec les genoux élevés.
- La pose du pied est légère et rapide comme si vous étiez sur des charbons ardents.
- Pensez aux genoux levés et un réflexe rapide comme le trépignement.

Le coup de pied au derrière

On dirait le type d'exercice que vous cherchiez pour réduire le stress hors des parcours de course. J'ai de bonnes et de moins bonnes nouvelles pour vous; la bonne, c'est que vous aurez l'occasion de mettre votre pied là où vous le voulez … la moins bonne, c' est qu'il s'agit de votre fessier.

La raison de l'exercice consiste avant tout à garder une bonne posture, tout en améliorant la coordination et la flexibilité. Nous avons tous vu des coureurs qui semblent «s'asseoir» lorsqu'ils sont fatigués dans la dernière partie d'une longue course. Cet exercice aidera à atteindre une légère inclinaison vers l'avant, ce qui améliora la posture et votre temps, en faisant travailler pour vous ce vieil ami qu'est la gravité.

- Regardez devant vous en courant
- Gardez vos mains et vos bras détendus à vos côtés.
- Montez sur l'avant du pied
- Courez en vous donnant un coup de pied.
- Essayez de le faire pour atteindre votre postérieur si possible.
- Répétez sur 50 à 75 mètres.
- Vos bras vous aideront à garder l'équilibre bien qu'au début, vous serez un peu maladroit.

Le saut avant

La plupart d'entre nous se souviennent de ces sauts de notre jeunesse. Si nous en avions fait 20 par semaine, nous aurions bien développé tous les groupes musculaires en particulier les fléchisseurs de hanches.

- Tenez vos pieds ensemble, plats, au sol.

- Sautez devant en gardant vos pieds ensemble.
- Lancez les deux jambes ensemble.
- Atterrissez avec les deux pieds ensemble.
- Élancez vos bras pour vous donner un élan.
- Répétez sur une distance de 75 à 100 mètres.
- Criez Oui! (facultatif).

Le pas de l'oie

Ce n'est pas l'exercice de Mère l'oie. Il semble facile, mais une fois que vous l'aurez essayé, vous découvrirez que c'est un bon exercice pour les pieds, les quadriceps et les tendons du jarret.

- Courez sur vos orteils.
- Ruez les jambes vers l'avant en les tenant droites.
- Les bras devraient être courbés à un angle de 90°.
- Faites des enjambés courtes et rapides.
- Chassez l'oie sur seulement 50 à 100 mètres.
- N'oubliez pas que vous recherchez la qualité et non la quantité.

Accélération «pédale au fond»

Cet exercice est une accélération plaisante de puissance; elle commence lentement et accélère continuellement sur 100 mètres. Essayez de garder la forme et la coordination que vous avez pratiquées dans d'autres exercices semblables. Détendez-vous, gardez une respiration régulière et concentrez-vous sur une accélération soutenue. Même si vous partez lentement, vous atteignez rapidement votre

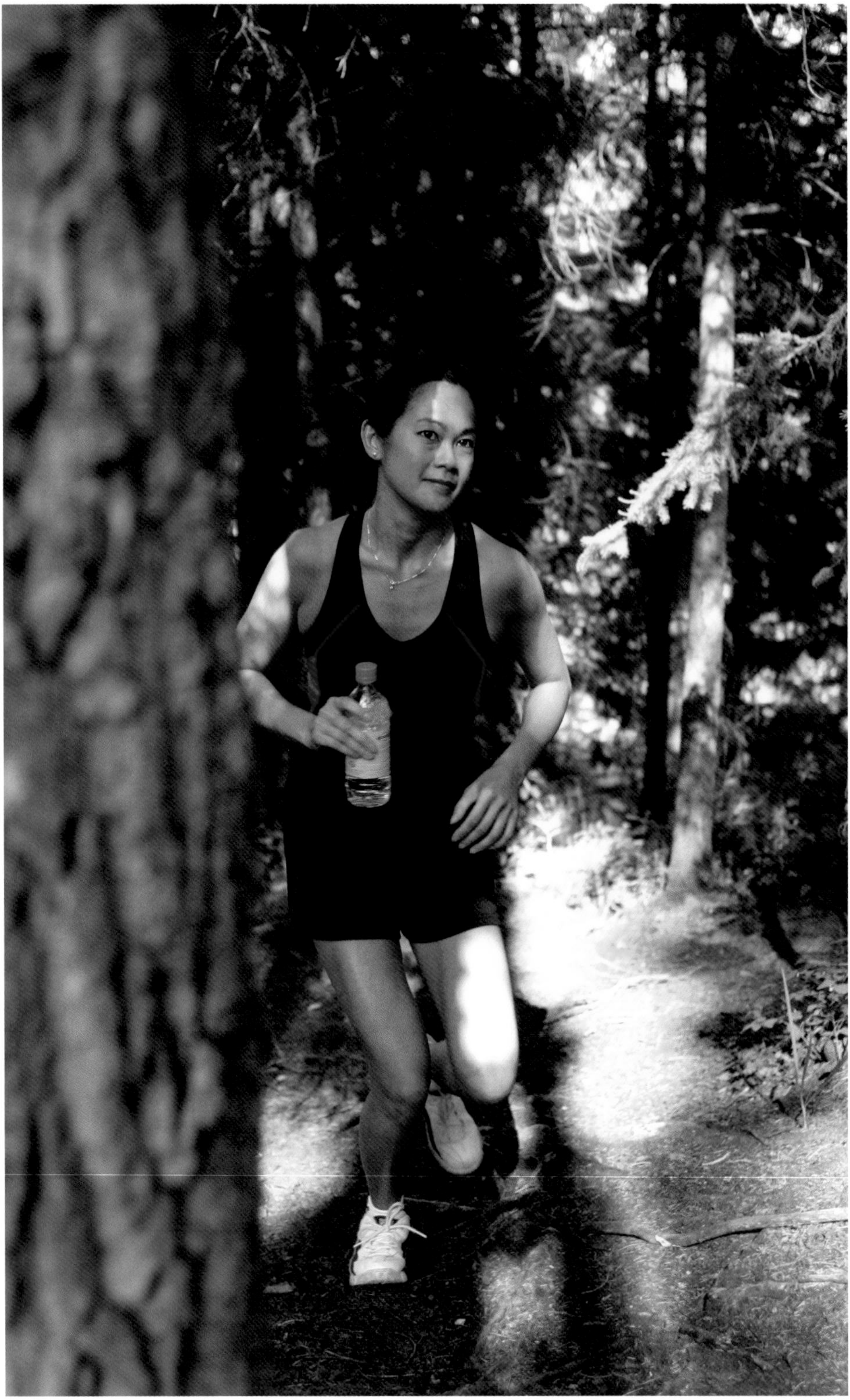

vitesse maximale. Apprenez à aller puiser l'effort pour trouver cettevitesse supplémentaire dans votre ventre. C'est une récompense personnelle de trouver ce supplément de vitesse qui se cachait en vous.

Le meneur du fartlek

L'ennui de l'entraînement nous envahit tous à certains moments pendant la course. Cela peut provenir d'une longue période d'entraînement intense visant à atteindre un objectif particulier ou pendant une intempérie. La meilleure façon de sortir de l'ennui consiste à retrouver le plaisir de la course. J'ai fait cet exercice avec mon club de course au fil des ans, lorsque les choses semblaient devenir trop sérieuses.

Premièrement, donnez à chaque coureur du groupe un numéro de coureur, peu importe le nombre de coureurs. Sortez faire votre pratique en commençant par la course facile pour garder le groupe ensemble. Dans l'ordre, chaque coureur doit réaliser un fartlek ou un exercice auquel le reste du groupe doit participer. Chaque exercice d'endurance doit durer 5 à 10 minutes. Voici quelques suggestions pour commencer:

Le saut des bancs de parc: courez une boucle de 150 mètres et sautez un banc. Les mains sont permises.

L'entraînement de la pente raide: mon partenaire d'entraînement de longue date a commencé lorsqu'il a aperçu une côte meurtrière de 150 mètres avec ce qui semblait une inclinaison de 60°. La règle est une seule répétition. La reptation n'est pas permise et les encouragements sont facultatifs pour tous ceux qui arrivent au sommet.

Entraînement dans les côtes

Les côtes, selon l'endroit où vous habitez, peuvent faire partie de votre vie quotidienne, ou être simplement quelque chose dont vous avez entendu parler.

Les côtes sont une excellente façon d'ajouter de la résistance à votre

entraînement; vos muscles se développent et l'intensité de votre entraînement augmente. Les coureurs montent des côtes depuis bien longtemps pour augmenter leur endurance, leur force et leur vitesse.

Discutons de la façon des entraînements en côte. Il s'agit d'abord d'en trouver une. Elle devrait mesurer environ de 400 à 600 mètres, avec une inclinaison de 8-10%. Avant de commencer, assurez-vous de vous être bien réchauffé, d'être détendu et fluide. Si, après votre réchauffement, vous vous sentez fatigué de la journée précédente, ne faites pas l'entraînement en côtes. Ces séances de qualité devraient seulement être entreprises quand vous êtes prêts à travailler fort.

La posture appropriée pour les côtes

Lorsque vous avez terminé vos échauffements et êtes prêts à commencer, voici quoi faire. Commencez toujours en haut de la côte, et descendez en marche facile. Pensez à cette phase comme faisant partie de votre réchauffement, ou d'une récupération de la côte précédente. Lorsque vous êtes au bas de la côte, ne vous arrêtez pas pour un repos. Le repos vous donnera le temps de penser à ce qui vous attend et peut vous influencer négativement.

- Commencez la montée. Tentez de garder la même cadence que sur une surface plate et raccourcissez l'enjambée en vous ajustant à l'inclinaison.

- N'oubliez pas de balancer les bras. Même si vos bras ne vous propulsent pas durant la montée, ils sont importants pour garder la posture appropriée et la vitesse des pas. Vos bras sont toujours synchronisés avec vos jambes. Quand vous constatez que votre allure diminue vers le haut de la côte, pompez les bras un peu plus vite et vos jambes vont suivre.

- Pendant votre course, conservez une posture droite, sans trop vous pencher vers l'avant. Gardez votre vue parallèle à la surface de la côte. Si vous le faites, une chose étrange se produira – la côte semble s'aplatir et ne semble plus aussi difficile que si vous gardez la tête baissée.

distances et des cadences plus lentes pour les plus longues distances). La plupart des coureurs considèrent que de 3 à 5 intervalles de longueur moyenne constituent un bon point de départ.

Plus la distance à parcourir est longue, plus longs sont vos intervalles, résultant en moins de répétitions. Progressez en ajoutant pas plus de 500 à 1 000 mètres d'entraînement en vitesse par semaine.

L'entraînement en vitesse

Il y a trois composantes à l'entraînement en vitesse et toutes les trois sont essentielles au succès de ce type d'entraînement.

Les trois éléments de l'entraînement en vitesse

1. Échauffements
2. Entraînements en vitesse
3. Récupération

1. Échauffements

Comme on l'a mentionné auparavant, les échauffements sont essentiels à tout entraînement mais spécialement pour l'entraînement en vitesse. L'entraînement en vitesse met beaucoup de stress sur les muscles, parce que vous courez à la vitesse de compétition ou encore plus vite. Les échauffements devraient se composer d'au moins 10 minutes en aérobie légère (course lente), suivie de 5 minutes d'étirements maintenus moins longtemps que les étirements réguliers. Vous voudrez peut-être aussi réduire le nombre d'étirements et cibler les muscles des jambes et du bas du dos.

2. L'entraînement

Planifier, planifier, planifier. Sachez toujours ce que vous allez faire avant de vous rendre en piste ou de commencer une course.

3. Récupération

La récupération est encore plus importante après un entraînement en vitesse, parce que vous avez travaillé à une intensité très élevée.

Chapitre 10
Nutrition

Il se publie des tonnes de livres sur les sujets de la nutrition et de la perte de poids. Le présent chapitre ne fera qu'effleurer la question de la nutrition mais les quelques paragraphes qui suivent devraient vous donner les lignes directrices d'une meilleure nutrition pour un style de vie actif.

La question principale qui nous préoccupe tous est celle de faire les meilleurs choix dans la consommation d'aliments et de liquides. Pensez à un verre d'eau rempli de calories que nous absorbons quotidiennement et à un autre représentant la dépense en calories reliée aux exercices et aux activités quotidiennes. Assez simple! Si vous êtes au poids idéal sans une once de graisse en trop, alors vous allez vous efforcer d'avoir le même volume d'eau dans les deux verres. Pour la plupart d'entre nous, qui tentons cependant de perdre quelques kilos, l'objectif consiste à avoir un plus grand verre pour le débit que pour la consommation. (En réalité la plupart d'entre nous adorons la consommation.)

Plusieurs sont obsédés par le contenu en huiles et en gras des aliments mais négligent de calculer le nombre total de calories qu'ils absorbent. Trop de calories consommées, même avec des aliments sains comme les salades, le pain et les viandes maigres, sont aussi convertis en gras et emmagasinés, d'où l'importance de l'exercice physique. La chose la plus importante consiste à faire l'équilibre entre l'exercice et le volume de nourriture consommée. Des choix intelligents dans notre alimentation sont à notre avantage si nous voulons gérer notre poids. Plus important encore, nous devons penser à notre bien-être total plutôt que simplement la gestion de poids.

Faites-vous une faveur aujourd'hui et donnez votre pèse-personne, de préférence à quelqu'un qui vous est antipathique. Un pèse-personne est l'instrument le plus inutile pour gérer sa santé.

En fait, c'est seulement une mesure précise de la consommation d'eau et du niveau d'hydratation.

Plutôt que de vous servir d'un pèse-personne pour suivre vos progrès, prenez des mesures de votre poitrine, de vos bras, de vos cuisses, de vos mollets, de vos hanches et de votre taille. Notez-les et revoyez-les à tous les deux mois.

Une façon encore plus simple d'observer les changements est de trouver un pantalon que vous pouvez à peine attacher. Ce pantalon sera votre point de référence à l'avenir. Une fois par semaine, regardez-vous dans une glace plein-pied; essayez le pantalon pour voir comment il fait.

Ceux qui sont courageux et peu concernés par la modestie, peuvent se regarder nus devant un miroir. Ce que vous voyez aujourd'hui, c'est le point de départ. Une fois par semaine, regardez vous dans le miroir. Je vous propose de faire votre exercice seul. Le miroir peut être extrêmement honnête et ce n'est pas le temps des critiques.

Bien s'alimenter pour les longs parcours

S'entraîner pour faire un marathon ou un demi-marathon peut être un défi très difficile pour tout corps humain. Le corps humain effectue des changements positifs en réponse aux entraînements d'endurance. Le volume sanguin augmente pour transporter un volume plus important d'oxygène aux cellules. Les muscles augmentent en volume pour stocker l'énergie nécessaire au corps afin de finir une course. Ces changements vous permettent de finir la course «fier et souriant». Toutefois, il faut beaucoup d'efforts de votre part si vous désirez obtenir ces bénéfices. Un entraînement soutenu, de saines habitudes alimentaires et des périodes de repos adéquates sont tout aussi indispensables pour poser les fondations qui vous soutiendront durant les kilomètres a venir.

Il n'y a pas deux marathoniens ou demi-marathoniens identiques. Malgré tout, les coureurs marathoniens ont souvent les mêmes questions et les mêmes inquiétudes quant à la nutrition. De quoi se compose un bon régime d'entraînement? Devrais-je boire des boissons sportives? Qu'est-ce que je fais exactement avec les gels?

Tels sont les sujets qui préoccupent tous les coureurs. La bonne nouvelle, c'est qu'une bonne alimentation, tout comme une bonne course, est agréable et facile à réaliser! Évidemment, il faut suivre quelques principes élémentaires.

Éléments de base

Peu importe leur niveau et leur expérience, les marathoniens sont des athlètes dans le vrai sens du terme. Les entraînements de longue durée et leurs plus grandes fréquences exigent plus de nutriments. Répondre à ces besoins supérieurs vous aidera à maximiser votre entraînement physique et votre performance lors d'une compétition.

Décompte calorique

L'entraînement d'endurance exerce une incidence profonde sur le métabolisme ou la manière dont le corps utilise l'énergie (calories). L'entraînement pour faire un marathon ou un demi-marathon exige des heures prolongées d'exercices. Le stress imposé par ce type d'activité accroît passablement les besoins en énergie chez l'athlète. Si on ne répond pas à ce besoin par un régime de très bonne qualité, il peut se produire une fatigue chronique, une perte de poids rapide et une perte de performance physique, qui rendent les entraînements soutenus presque impossibles à poursuivre.

L'équilibre, la variété et la modération sont les clés de la réussite d'un régime d'entraînement. Cela dit, il n'y a pas un aliment ou un groupe d'aliments sous évalué ou trop évalué. Sur le plan pratique, voici l'exemple d'un régime d'entraînement:

- Doit contenir en abondance des produits à base de grains entiers, légumes et fruits.
- Contient une quantité modérée de protéine et de gras.
- Limite sans les éliminer les aliments moins nutritifs, à savoir la margarine, le beurre, les aliments riches en gras, les collations, les friandises, les alcools et les consomations à base de caféine.

Le moment de manger est presque aussi important que ce que vous mangez. Un régime constant est essentiel pour permettre aux athlètes d'endurance de subvenir à leurs besoins en calories. La plupart des marathoniens et demi-marathoniens ont besoin de manger trois repas et trois collations par jour pour remplacer ce qu'ils dépensent en énergie quotidiennement à s'entraîner. Manger de façon sporadique, sauter un repas et suivre un régime menant à des pertes chroniques de poids, peuvent rendre l'apport en calorie difficile à atteindre. En évitant ces pratiques, vous aurez une meilleure performance et cela vous permettra de faire un meilleur entraînement.

Carburant d'entraînement: les glucides

Les glucides sont des nutriments essentiels qui forment une source essentielle d'énergie pour le corps lors d'activités physiques. De plus, les glucides sont essentiels pour convertir ou aider à «brûler» les gras comme source d'énergie. Sans volume adéquat de glucides, le corps ne peut profiter de votre inventaire de gras pour vous alimenter en énergie.

Dans les aliments, on trouve des glucides sous deux formes: les glucides simples (sucre) et les glucides complexes (amidons). Dans le corps, on trouve les deux formes digérées ou décomposées pour produire du glucose, le sucre qui alimente toutes nos cellules. Pendant les activités, le glucose qui circule dans le sang peut être utilisé comme source immédiate d'énergie. Les athlètes d'endurance peuvent aussi emmagasiner le glucose dans les muscles et le foie sous une forme complexe, le glycogène. Le glycogène fonctionne comme la réserve ou le réservoir de carburant d'un camion ou d'une moto. Pendant une activité prolongée, le corps puise dans sa réserve de glycogène comme source additionnelle de glucose.

La consommation de glucides est liée directement au succès et à l'échec d'un coureur de long parcours. Lorsque la consommation de glucides n'est pas suffisante, le volume de glycogène n'est pas suffisant pour soutenir un athlète dans une course de plus d'une heure. L'endurance diminue rapidement lorsque le coureur n'a pas consommé suffisamment de glucides. L'importance de ce phénomène, que les diététistes appellent «frapper le mur» survient quand, à un point donné, tout le glycogène emmagasiné dans le corps du coureur est épuisé. Ainsi s'envole le rêve de gagner, même pour les meilleurs athlètes. C'est comme manquer de carburant pour une voiture, tout finit par s'arrêter. On ne peut pas reconstruire le stockage de glycogène durant les longs parcours ou en entraînement. Il est donc essentiel de consommer suffisamment de glucides dans le régime quotidien. Au moins 55% à 65% de l'énergie (ou calories) dans le régime d'un athlète long parcours devrait provenir de ces nutriments. Cela donne approximativement la diète suivante:

5 à 12 portions de produits de grains, où **1 portion est égale à:**

- 1 tranche de pain
- 30 grammes de céréale froide
- 175 ml (2/3 tasse) de céréales chaudes
- Bagel, pita ou petit pain
- 125 ml (½ tasse) de pâtes ou de riz

Plus 5 à 10 portions de légumes et fruits, **ou une portion est égale à:**

- 1 légume ou un fruit moyen
- 125 ml (½ tasse) de légumes ou de fruits frais, surgelés ou en conserve
- 250 ml (1 tasse) de salade
- 125 ml (1/2 tasse) de jus de légumes ou de fruits

La plupart des marathoniens et demi-marathoniens devraient viser le milieu ou la partie supérieure de ces portions pour absorber les glucides dont ils ont besoin.

Les liquides

L'eau est essentielle à la vie!

L'eau est un nutriment essentiel auquel il faut porter attention, comme les glucides chez les coureurs de longs parcours. Malheureusement la consommation d'eau est négligée; une pratique désastreuse trop souvent. L'eau est essentielle à:

- Contrôler la température du corps.
- Conduire le glucose et autres nutriments aux cellules.
- Éliminer les déchets.

Toutes ces fonctions souffrent lorsqu'il y a pénurie d'eau. La déshydratation ou le manque d'eau devrait préoccuper tout coureur. Si on n'y prend pas garde, la déshydratation attaque l'endurance et la performance générale. En cas extrême, elle peut même provoquer la mort.

Les mythes sur les liquides

Il existe bien des mythes sur l'eau et les liquides. Par exemple, les coureurs croient qu'il faut seulement boire quand ils sont assoiffés. C'est faux. En fait, au moment où vous commencez à avoir soif, vous êtes déjà déshydraté. Plusieurs pensent qu'on peut traiter la déshydratation tout en continuant de courir. Il s'agit d'un autre mythe. Traiter la déshydratation nécessite l'absorption de quantités appréciables de liquides (p.ex. 1 litre ou plus) dans une très courte période de temps. La plupart des coureurs ne peuvent pas consommer autant de liquide et continuer de courir confortablement.

Quantité suffisante

Les courses d'endurance augmentent fortement le besoin en eau et en autres liquides. Vous savez probablement que vous avez besoin de 8 tasses (2L) de liquide chaque jour pour vous garder en bonne santé. Ce que vous ne savez peut-être pas, c'est qu'il s'agit de la dose minimale recommandée pour une personne inactive. On ne tient pas compte d'un entraînement prolongé et la dose est nettement insuffisante pour satisfaire les besoins des marathoniens ou demi-marathoniens. Le corps peut perdre d'importantes quantités d'eau pendant une longue course. Il n'est pas rare de voir des pertes en transpiration de 500 ml (2 tasses) par heure. Ces pertes doivent être remplacées ou les performance en souffriront.

Il vaut toujours mieux absorber plus de liquides que moins. Les personnes actives en santé ne risquent pas de trop boire et l'inquiétude d'absorber trop de liquides est exagérée. Si vous ne buvez pas beaucoup, vous devriez cibler cette partie de votre alimentation pour changer vos habitudes. Retenez ces recommandations pour vous assurer une consommation adéquate de liquide:

- Buvez régulièrement quand vous n'êtes pas actif.
- Sirotez entre 125 ml (½ tasse) et 250 ml (1 tasse) de liquide par heure le jour.
- Consommez certains liquides au moment de courir ou pendant d'autres activités physiques.
- Deux heures avant de faire de l'exercice, buvez 500 ml (2 tasses) de liquide.

- Prenez le temps de boire entre 150 ml (½ tasse) et 300 ml (1,5 tasse) de liquide toutes les 20 minutes durant l'exercice.

Qu'est-ce qui est considéré comme un liquide?

En général, toutes les consommations non-alcoolisées et décaféinées contribuent à votre apport quotidien en liquide. Ceci inclut l'eau, l'eau pétillante, les thés et les cafés sans caféine, les boissons pour sportifs, les jus et le lait.

Est-il nécessaire de consommer des boissons pour sportifs?

Ce ne sont pas tous les sportifs qui tolèrent les boissons sportives. Il est donc important d'expérimenter ces boissons sportives en entraînement pour connaître les effets qu'elles ont sur l'organisme. Ne testez jamais une telle boisson lors d'une compétition. Et retenez ces conseils lorsque vous en ferez l'essai en entraînement:

- Choisissez une boisson préparée commercialement. Ces consommations sont absorbées plus facilement parce qu'elles contiennent des glucides, du sodium et d'autres minéraux que le corps peut absorber sans difficulté. Ne faites pas de mélanges à partir de recettes maisons. Les ingrédients sont difficiles à mesurer dans le rapport dose-performance.

- Suivez les directives du fabricant. En suivant le mode d'emploi du fabricant dans la préparation des mélanges en poudre, vous ajoutez le volume précis d'eau indiqué sur l'étiquette afin d'avoir les proportions précises de minéraux et de glucides.

- Buvez de petites quantités, à intervalles réguliers. Une absorption de trop fortes quantités en peu de temps peut provoquer le ballonnement et des crampes abdominales.

- Gardez le contenant au frais. Fraiches mais pas glaciales, les boissons seront plus faciles à ingérer en petites quantités.

Comment savoir si je consomme suffisamment de liquides?

10

Vous pouvez évaluer un certain nombre d'éléments:

1. Vérifiez votre urine. Les personnes qui s'hydratent adéquatement fabriquent une bonne quantité d'urine et se soulagent fréquemment. Examiner la couleur de votre urine donne une bonne indication de votre consommation; si votre consommation est suffisante, votre urine sera de couleur pâle, presque la couleur diluée d'une limonade.

2. Pesez-vous avant et après vos exercices. Si vous avez perdu du poids durant l'exercice, vous n'avez pas maigri. C'est une perte de liquide. N'oubliez pas que 0,454 kg (1lb) perdu signifie à peu près 500 ml (2 tasses) d'eau perdue et il est nécessaire de la remplacer.

3. Si l'on connaît les signes avant-coureurs de la déshydratation ou d'une insuffisance de liquides corporels, on peut prévenir ces conditions. La déshydratation est un ensemble de symptômes, subtils au début, mais qui progressent au fur

et à mesure que le corps perd de l'eau. Les symptômes de la déshydratation sont la soif, le mal de tête, la fatigue, l'irritabilité, les frissons, et la nausée. Arrêtez-vous immédiatement lorsque ces symptômes surviennent pendant une course et réhydratez-vous.

Caféine

Cédons la place aux experts! Lorsque il s'agit de nutrition ou de médecine sportive, nous, au Coin des coureurs, sommes associés avec plusieurs professionnels qui nous offrent une foule de connaissances récentes et précises. Susan Glen et Heidi Bates contribuent régulièrement au magazine et au site web du Coin des coureurs, en matières touchant la nutrition. Vous verrez fréquemment leurs noms dans ce chapitre, et nous les remercions de leur apport.

La caféine et la course
Par Susan Glen, M.Sc.

Le jour où nous avons mis en vente le Power Gel au centre Kinsmen du Coin des coureurs (nous en vendons une grande quantité parce que nous sommes situés dans un centre de conditionnement physique), nos clients nous ont demandé pourquoi il y avait de la caféine ajoutée à la saveur fraise-banane. Ceci a lancé tout un débat au centre sur la caféine et la course.

Plusieurs coureurs ont l'habitude de faire un petit café en préparation d'une course ou d'une compétition. Quels sont donc les effets de la caféine sur la performance d'un athlète?

La caféine améliore la performance de plusieurs façons dans les épreuves d'endurance. Elle stimule le système nerveux central pour faciliter les fonctions neuromusculaires en améliorant le temps de contraction – réaction. L'effet sur le système nerveux central peut mener à une sensation diminuée de fatigue.

Un autre bénéfice de la caféine chez les coureurs porte sur la concentration des acides gras dans le sang, et l'absorption et l'utilisation accrue de ceux-ci par les tissus musculaires. En retour, il permet de sauver la quantité limitée de glycogène des muscles.

L'importance de l'effet est illustrée dans l'expression «frapper le mur» lorsque tout le glycogène emmagasiné dans le corps du coureur est complètement épuisé.

Tout ceci semble indiquer que la caféine est le stimulant parfait des coureurs de longs parcours. Attention, il y a un mauvais côté à l'usage de caféine.

Le premier et le plus connu des effets pervers c'est que la caféine est un diurétique efficace. Demeurer hydraté est un des éléments clés d'une course de qualité à l'entraînement comme à la compétition. Il faut donc vous assurer d'accroître votre consommation de liquides avant un entraînement si vous prenez de la caféine. La caféine augmente également la sécrétion d'acide dans l'estomac, ce qui peut déclencher des crampes et des douleurs abdominales. Deux choses à éviter pendant une longue course.

Avant de consommer ou d'éviter la caféine, il sera bon de tenir compte des facteurs suivants; la tolérance s'accroît rapidement avec l'usage. L'effet de la caféine sur vos performances sera limité dans le cas où vous seriez un buveur régulier de café, de cola ou de thé. Laissez-vous deux ou trois jours sans café avant d'en faire l'essai dans votre programme. Bien entendu vous en faites l'essai en entraînement et non lors d'une épreuve.

Si vous décidez de consommer du café, la dose optimale pour des effets positifs est de 2 à 3 mg par kg de poids corporel (il y a environ 80 mg de caféine par tasse de café et 40 mg par cannette de Coke). L'effet est à son apogée 30 minutes après son ingestion et continu pendant 2 à 3 heures.

Caféine oui ou non? Vous connaissez maintenant les faits; il vous reste à décider.

Gestion du poids

Gérer son poids

Plus d'un coureur s'est inscrit à l'entraînement d'un marathon ou d'un demi-marathon dans l'espoir de perdre des kilos. Compte tenu de l'entraînement exigé pour un marathon, l'objectif semble tout à fait réalisable. Toutefois, ce que les coureurs ne semblent pas constater, c'est que la perte de poids oblige également un changement du régime alimentaire qui peut contrevenir à la performance et rendre plus difficile leur rêve de terminer un marathon ou demi-marathon.

La perte de poids est directement reliée à la consommation d'énergie (calories). Perdre du poids exige que vous preniez moins de calories chaque jour dont vous avez besoin pour votre métabolisme et vos activités quotidiennes. Malheureusement, réduire les calories pendant des périodes d'entraînement intense, peut nuire à la performance en ne permettant pas le stockage de glycogène, en modifiant les fonctions immunitaires et en réduisant la récupération musculaire. Il serait préférable de tenter de maigrir à une autre période, lorsque votre entraînement est modéré et que vous vous reposez suffisamment. Si ce n'est pas possible, il est important d'assouplir vos objectifs et de viser une perte graduelle et lente de poids sur une longue période.

Manger avant la course

Manger avant la course

Que manger avant une course ? Un mauvais choix d'aliments ou une alimentation au mauvais moment peut être la cause de nausées, de vomissements et de diarrhées, des réactions qui n'agrémentent pas une course.

Il y a de bonnes raisons de manger avant une activité ou de consommer avant une course; c'est ce que les nutritionnistes préconisent. Un bon repas ou une bonne collation avant la course peut:

- Augmenter l'endurance.
- Prévenir la faim et la déshydratation.
- Éveiller la capacité mentale.

Diverses personnes tolèrent différemment la nourriture avant une course. Si certains peuvent ingurgiter un déjeuner composé de crêpes, saucisses, et café avant une course, d'autres ont la nausée après avoir mangé une barre Granola et un jus.

Il est important d'expérimenter son alimentation avant la course de manière à découvrir la solution parfaite pour votre système, en termes de synchronisme et de choix de nourriture. Utilisez les courses d'entraînement sur long parcours pour expérimenter différents aliments ou combinaison d'aliments.

Il est très important de bien choisir le moment où l'on consomme la nourriture avant une course et de prévoir deux à quatre heures entre votre repas léger et le début d'un entraînement. Une collation ou un repas liquide peut être consommé jusqu'à une heure avant la course.

Les coureurs qui aiment s'entraîner le matin doivent prendre une collation avant de se coucher. Une collation nutritive consommée juste avant d'aller au lit aide à garder stable le niveau des glucides du sang. En ajoutant une légère collation dans l'heure précédant une course peut vous aider à dormir plus longtemps avant de vous entraîner.

Certains aliments offrent des avantages que d'autres n'ont pas, en préparation d'une course. Les aliments riches en glucides constituent un choix idéal avant les courses; ainsi le pain, les pâtes, les céréales et les grains de blé entier sont absorbés efficacement par le corps. Ils fournissent une source de glucose au corps. Les boissons comme l'eau, le lait et les jus aident à l'hydratation du corps et devraient être consommées avant une course.

Voici des aliments qui ne sont pas recommandés avant une course. Consommez ces aliments avec réserve (ou pas du tout) avant une course:

• Aliments riches en sucre: miel, boisson gazeuse, sirop, bonbon, sucre blanc. Ils peuvent causer des crampes abdominales et la diarrhée.

- Aliments riches en fibres: céréale au son, muffins, légumes (p.ex. pois, fèves, lentilles) et légumes crus. Les aliments riches en fibre peuvent provoquer des ballonnements, des gaz et la diarrhée.

- Aliments riches en matière grasse ou riches en protéine: beurre, margarine, sauce pour salade, beurre d'arachides, hamburger, hot-dogs, etc. Les gras et les protéines sont plus longs à digérer que les glucides et ne sont pas une source rapide d'énergie pendant les exercices.

Exemples:

Repas et collation avant la course

Petit déjeuner
    250 ml (1 tasse) Rice Krispies®
    250 ml (1 tasse) lait écrémé
    1 banane
    250-500 ml (1 à 2 tasses) d'eau fraîche nature

Collation
    1 bagel à la cannelle et au raisin
    250 ml (1 tasse) de jus d'orange
    250 ml (1 tasse) de yogourt léger
    125 ml (1 tasse) de fraises

Manger avant la course: la règle d'or

Que ce soit pour le plaisir ou la compétition, bien manger aide à rendre l'expérience d'une course agréable et positive. Avant une course, consommez les aliments que vous avez souvent mangés pendant une course et que le corps tolère bien. L'enthousiasme avant une course, jumelé à des aliments mal tolérés, pourrait vous placer dans la fâcheuse situation de rechercher une toilette ou un buisson au beau milieu de la course. Rappelez-vous la règle d'or «Ne jamais manger, la journée d'une course amicale ou de compétition, quelque chose que vous n'aurez pas consommé plusieurs fois déjà lors d'une marche ou d'une course récréative».

Entraînement pour marathon

Quoi manger...

par Susan Glen, MSc Nutrition

C'est à nouveau cette fameuse période de l'année. Les marathons du printemps s'annoncent un peu partout à travers le pays. Savoir quoi manger durant les jours menant à la course est parfois plus difficile que de courir un marathon de 42 kilomètres (26 mil), surtout quand on est un débutant. Voici un guide d'alimentation préparatoire avant la course.

Une semaine avant la course

C'est le temps où vous ralentissez beaucoup l'entraînement (cette attente vous rend un peu fou). Ce n'est pas parce que vous ralentissez les entraînements que vous devez vous empiffrer pour compenser l'absence de préparation à la course. En maintenant vos calories au même niveau, vous fournirez à votre corps les éléments additionnels dont il aura besoin durant la course. Pour optimiser l'entreposage de glycogène dans les muscles, il faudra peut-être augmenter un peu les glucides durant cette période. Visez à ce que 65% à 70% de vos calories proviennent de vos glucides durant cette période. Cette consommation de glucides et la diminution de l'utilisation des glycogènes dans les muscles (dû au ralentissement) garantiront que vos réserves de glycogènes soient au maximum pour la course. Il est important de noter que pour entreposer des glycogènes dans les muscles, il faut boire de l'eau. À chaque gramme de glycogène entreposé, 2 à 3 grammes d'eau doivent être absorbés par vos muscles. Ce qui nous amène au deuxième élément important en préparation, la semaine avant la course: hydratation, hydratation et hydratation! Durant la semaine précédant la course, visez à boire de 2 à 3 litres d'eau par jour et limitez votre consommation de caféine et d'alcool, qui vous font perdre vos liquides. De cette façon, vous assurez un niveau de liquide à pleine capacité pour courir (afin de réduire la déshydratation) et vous fournirez à votre corps l'eau dont il a besoin à l'entreposage des glycogènes dans les muscles.

La veille de la course

Ne mangez rien d'inhabituel la veille de la course; fiez-vous aux valeurs sûres. La pire chose à découvrir, c'est que la tourtière de tante Louise ne passe pas ou que le restaurant de sushi n'offre pas des produits aussi frais que sur les annonces. Après le petit-déjeuner, essayez de limiter le volume d'aliments fibreux. C'est un conseil qui s'adresse surtout aux sportifs de longs parcours qui ont tendance à ressentir des maux de ventre et la diarrhée durant les courses. La veille de la course, diminuez votre consommation de fibres, vous réduirez les quantités de résidus que vos intestins auront à éliminer. (Il est important d'avoir pris des fibres en quantité suffisante la veille afin de prévenir les constipations quand vous diminuez vos fibres.) Les gens qui ont besoin de contrôler leur ingestion de fibres avant une course prennent des pâtes natures, des bagels blanc ou du riz blanc. Aussi répétitif que cela puisse paraître, n'oubliez pas

de boire de l'eau. Votre bouteille d'eau ne devrait jamais vous quitter la veille de la course.

Il n'est pas nécessaire de manger un gros repas la veille de la course. La pire chose que vous souhaitez est de vous éveiller encore en train de digérer votre souper. Prenez un souper normal, riche en glucides, pas plus de 12 heures avant le début de la course. (si le départ est à 7h, il faut avoir fini votre repas à 19h, la veille)

Le jour de la course

Ce que vous mangez le matin du marathon aura peu de conséquence sur votre course. Il est important que vous ayez déjà mangé ce repas au moins une fois en entraînement. Si vous êtes sûr qu'un yogourt aux anges est le bon déjeuner de pré-marathon, assurez-vous de l'essayer en long parcours lors de vos entraînements afin de savoir si cela vous convient! Sachant que vous mangez des aliments familiers, ce qui vous a permis de franchir ces 28.97 km (18 mi) d'entraînement, cela vous donnera confiance pour courir le marathon. La plupart des gens considèrent qu'un petit repas, de 200 à 400 calories, est indiqué. Mais, la clé du succès, c'est de trouver ce qui vous convient à vous.

Pendant la course

Le jour de la course, vous devriez être prêt depuis longtemps. Faites un plan de ce que vous avez l'intention de manger et de boire pendant le marathon et essayez-le en entraînement. En prenant des glucides durant la course, vous épargnerez les glycogènes en réserve dans les muscles, et éviterez de «frapper le mur» (la même démarche s'applique à vos entraînements longs parcours). Visez une consommation de 0,5 à 1,0 g de glucide par kg de poids à chaque heure. Ceci peut être sous n'importe quelle forme: liquide, solide, gel ou une combinaison des trois. Le truc consiste à savoir ce qui vous convient. Vous devriez consommer 0,5 à 1,0 tasse d'eau ou des boissons sportives diluées toutes les 15 minutes, en commençant 5 minutes après le début de la course pour éviter les déshydratations. N'attendez pas d'être assoiffé. La clé de la nutrition avant et durant un marathon est la préparation. Vous pouvez être assuré qu'avec un plan et un essai lors des entraînements, vous serrez prêt pour courir et vous continuerez de courir le marathon.

Perte de poids

Comment perdre du poids?

En regardant le nombre incroyable de magazines, d'articles de revue et de sites Web, vous seriez porté à penser qu'il y a quelque chose de foncièrement déséquilibré dans la gestion du poids. En fait, la vérité est toute autre. Les diététistes et les chercheurs en nutrition ont une image claire de la démarche à suivre pour obtenir le meilleur résultat en perte de poids ainsi que les régimes qui ne fonctionnent pas:

- Commencez par refaire votre cible. Imaginez la perte de poids comme une petite partie d'un entraînement visant à «redéfinir» votre style de vie. Visez à adopter de bonnes habitudes alimentaires plutôt que de suivre des régimes contraignants juste pour perdre quelques kilos rapidement. Rappelez-vous que l'adoption de nouvelles habitudes est difficile et qu'il est normal de vivre quelques frustrations.

- Soyez réaliste. Ciblez une réduction de poids idéale pour vous. Il peut être différent du poids «idéal» inscrit sur un graphique ou celui de votre poids d'adulte le plus bas. Un objectif réaliste est un poids que vous pouvez maintenir sans recours constant au régime ou à un programme d'exercice extrême. Le poids idéal est celui qui vous permet de jouir pleinement des activités de la vie quotidienne et qui vous apporte un sens de bien-être.

- Ne cessez pas de bouger! L'exercice joue un rôle primordial dans la perte de poids et le maintien de ce poids à long terme. Les régimes amaigrissants traditionnels font souvent peu de cas entre l'exercice et la perte de poids pour le maintien du poids. Sans exercices réguliers, les personnes au régime ont tendance à perdre des tissus musculaires en même temps que les gras perdus. La perte de tissu musculaire crée un ralentissement du métabolisme (ou le rythme avec lequel vous brûlez vos calories). Il en résulte que les personnes sédentaires reprennent rapidement le poids perdu dès qu'elles sont inactives ou abandonnent leur régime sévère. Les exercices réguliers peuvent aider à prévenir la répétition de cette situation déprimante.

- Attention aux régimes à la mode. Ces régimes sont partout et, en dépit de leurs attraits marketing, ces plans d'alimentation ne durent pas pour un régime minceur qui vise le long terme. On ne peut vérifier les résultats miraculeux qu'ils nous présentent dans la plupart des cas et certains sont même potentiellement dangereux. En général les régimes qui sont à proscrire:

  - Promettent des pertes rapides de poids ou des résultats spectaculaires.
  - Restreign un ou plusieurs groupes alimentaires.
  - Promettent le supposé «miracle» d'un produit, des suppléments ou des types spécifiques de produits.
  - Encouragent des manières de manger ou des combinaisons alimentaires bizarres.
  - Suggèrent que leur méthode est sans douleur et facile.

- Visez les bonnes habitudes alimentaires de santé plutôt que les régimes. Les régimes amaigrissants traditionnels sont souvent déséquilibrés dans la valeur nutritive, très restrictifs au plan alimentaire et déplorablement infructueux. Il en résulte que peu de personnes peuvent suivre de tels régimes pour très longtemps. Il en découle aussi une impossibilité d'avoir un poids équilibré. Visez une alimentation riche en nutriments basés sur le Guide alimentaire canadien pour manger sainement; il est faible en calories, pour créer une perte graduelle de poids.

- Optez pour des changements graduels plutôt que des «chambardements complets» de votre style de vie. Le changement de comportement exige du travail et prendre de nouvelles habitudes alimentaires ou adopter un style de vie actif ne font pas exception à cette règle. Toutefois, vous pouvez vous rendre la vie facile en incorporant lentement ces changements et sur une période de temps raisonnable. La recherche démontre que les personnes s'adaptent mieux aux petits changements qu'aux chambardements radicaux de leur style de vie. Le sachant, ne visez pas à modifier vos habitudes alimentaires du jour au lendemain. Concentrez-vous sur la réforme d'un repas ou une sélection d'un aliment à la fois.

Donnez-vous le temps de vous familiariser avec votre nouvelle démarche avant d'ajouter des nouveautés.

Manger pendant la course

Manger durant une course est une stratégie conçue pour garder le niveau de sucre et de glucose élevé et développer l'endurance. Les recherches ont démontré que les athlètes qui consomment des aliments riches en glucides ainsi que des boissons durant des activités prolongées ont offert de meilleures performances.

Une grande variété de nourriture et de boissons, riches en glucides nécessaires au maintien du glucose à la normale, est disponible pour les marathoniens. Les boissons sportives, les gels, les barres riches en énergie et même les fruits séchés sont un choix possible d'aliments que vous pouvez consommer pour maximiser votre réserve en glucides pour la course.

Comme le repas idéal avant la course, la définition de la parfaite collation «pendant la course» varie d'un coureur à l'autre. Ayez en tête les points suivants lorsque vous êtes en quête de nourriture à consommer durant vos activités:

La portabilité a son importance. Les aliments idéaux sont non-périssables, légers et facilement transportables.

Le goût a son importance!

Les coureurs ont besoin de consommer entre 30 et 60 grammes de glucides par heure pour garder un niveau de glucose normal pendant l'activité. Traduit en choix de nourriture et de breuvage, cela est égal à:
- 1 à 2 enveloppes de gel sportif
- 1 barre de sportif
- 500 ml (2 tasses) de boisson sportive
- 60 ml à 80 ml (¼ à ⅓ de tasse) de raisins

Si vous n'aimez pas le goût de ces aliments, il sera difficile de consommer les quantités recommandées.

Faites des expériences. Votre tolérance au gel, barres et boissons sportives est très personnelle. Bien que certains coureurs soient des adeptes de ces produits, d'autres ne peuvent pas en tolérer même de petites quantités. Recherchez les collations riches en glucides et faites-en l'expérience pendant l'entraînement de long parcours.

Manger pendant la récupération

Un marathon est un exercice intensif et, après un long parcours, le corps a besoin d'autres sources d'énergie. Bien manger après une longue course aide à la récupération et permet de vous entraîner sur une base constante, à haut niveau.

Continuez de consommer des aliments à base de glucides! Le corps est avide de reprendre son glycogène après un entraînement long et ardu. Choisissez tout de suite après l'exercice des aliments riches en glucides. Continuez de grignoter des bagels, muffins, céréales, lait, fruits et jus de fruits pendant plusieurs heures afin de restaurer pleinement les glycogènes musculaires.

Continuez de consommer beaucoup de liquides. En maintenant la consommation de breuvages après les exercices, vous combattez la déshydratation en remplaçant l'eau perdue durant l'exercice.

10

Hyponatrémie et la course

Les rapports récents des médias sur les fluides et l'hydratation ont rendu le sujet plutôt confus, ce qui est dommage parce que c'est un problème très simple. Le College of Sport Medecine (ACSM) a fait cette déclaration au sujet de l'hydratation, que j'endosse sans réserve:

L'hyponatrémie est une condition dangereuse qui survient quand un athlète consomme trop d'eau ou de boissons énergiques qui diluent ou interrompent le niveau de sodium du corps. Les experts de l'ACSM en médecine sportive et en sciences sportives soulignent que, bien que l'hyponatrémie soit un problème sérieux, la consommation excessive de liquides à l'origine de l'hyponatrémie risque peu de se produire chez la majorité des athlètes et l'hydratation est importante pour tous les gens actifs. Bien que l'hyponatrémie ait reçu plus d'attention récemment, il n'en reste pas moins que plus d'athlètes sont atteints de déshydratation.

Un bon exemple nous vient d'une expérience au Marathon de Boston de 2004. Selon le Boston Globe «la tente principale contenant environ 240 lits était presque entièrement occupée par des coureurs déshydratés, souffrant de nausées, de diarrhées et de vomissements.» Les porte-parole de l'hôpital n'ont rapporté qu'un seul cas d'hyponatrémie cette année et le coureur a obtenu son congé près avoir été traité.

Il est donc regrettable que les médias et quelques personnes de la communauté sportive aient choisi de mettre l'accent sur l'hydratation excessive ou l'hyponatrémie, qu'ils affirmaient plus importante que la déshydratation. La réalité est tout autre.

Le Collège of American Sport Medicine reste sur sa position sur la question des liquides et de l'hydratation:

• Il est recommandé que les sportifs consomment environ 500 ml (17 onces) de liquides 2 heures avant l'exercice pour faciliter l'hydratation et qu'il ait le temps d'éliminer les surplus déjà ingérés.

• Durant l'exercice, l'athlète devrait commencer à boire tôt et à intervalles réguliers afin de remplacer à un rythme convenable l'eau perdue par la transpiration (c.à.d. le poids perdu), ou encore consommer le volume maximal toléré.

- Il est recommandé que les liquides consommés soient légèrement plus froids que la température ambiante (entre 15 et 22°C)

- Les liquides devraient être disponibles en abondance et distribués dans des contenants qui permettent la consommation de volumes adéquats avec facilité en limitant au minimum l'interruption de l'exercice.

- Il est recommandé d'ajouter un volume convenable de glucides ou d'électrolytes au liquide de remplacement pour des exercices plus longs qu'une heure parce qu'ils ne déséquilibrent pas de manière importante la circulation de l'eau au corps et peuvent améliorer la performance.

- Pendant les exercices de moins de 1 heure, il n'y a pas de preuve physiologique à l'effet que la consommation de boissons sucrées ou renfermant des électrolytes entraîne une différence dans la performance physique par rapport à la comsommation d'eau.

- Pendant l'exercice intense de plus de 1 heure, il est recommandé de consommer des glucides à un rythme de 30 à 60 g/h pour conserver l'oxydation des glucides et ralentir la fatigue. Cette consommation de glucide peut se faire sans compromettre la livraison de liquides en buvant 600 à 1 200 ml/h d'une solution contenant de 4 à 8% de glucides (c'est la norme pour la plupart des boissons sportives vendues sur le marché, conformément aux spécifications de l'industrie).

- L'inclusion de sodium (0,5 à 0,7 g/litre d'eau) dans la solution de réhydratation consommée pendant l'exercice de plus de 1 heure est recommandée parce que cela peut être avantageux pour améliorer la sapidité, augmenter la rétention d'eau et possiblement prévenir l'hyponatrémie chez certains coureurs qui consomment des quantités excessives de liquides.

Le guide complet peut-être consulté sur le site Web: http://www.acsm-msse.org/pt/pt-core/template-journal/msse/media/0196.htm

J'espère que ceci vous aidera et clarifiera la situation pour nos coureurs et nos marcheurs.

Heidi M. Bates, BSc, RD
Consultante en nutrition
Tri-Nutrition Consulting

Chapitre 11
Entraînement en force musculaire

Exercices de renforcement du corps

Les étirements aident à réduire les risques de blessures en prévenant la rigidité des muscles et des tissus fibreux, mais le renforcement des muscles aide également à réduire le risque de blessures en évitant que les muscles faibles soient suffoqués par les plus forts. Les trois groupes d'entraînements musculaires de base en opposition sont:

- Muscles abdominaux/bas du dos
- Quadriceps/tendon du jarret
- Muscles du devant de la jambe/mollet/tendon d'Achille

La bandelette de Maissiat est aussi importante parce qu'elle est essentielle pour stabiliser le bas de la jambe durant la course. Mis à part le genou, c'est la partie la plus souvent endolorie. Chez les coureurs, c'est souvent une cause de douleur et de maux aux hanches.

Le tendon du jarret est vulnérable aux entorses quand il est «dominé» par la force des quadriceps. Le programme complet doit contenir une section de renforcement des tendons du jarret. Les quadriceps sont déjà forts, mais ont avantage à profiter d'un renforcement qui pourrait prévenir les problèmes du surmenage articulaire du genou.

Les exercices de renforcement musculaire devraient être effectués après la course plutôt qu'avant. Il est recommandé de répéter ces exercices de 3 à 4 fois par semaine pour obtenir les meilleurs résultats.

Exercice des pieds

Pourquoi exercer les pieds? Les nervures longitudinales et transversales du pied encaissent durement pendant la course, surtout à l'atterrissage et la poussée. Les ligaments et les aponévroses plantaires superficielles qui supportent directement les deux parties latérales sont des tissus passifs qu'on ne peut entraîner. Il faut plutôt entraîner les muscles du pied pour réduire le risque de blessures. Vos pieds font énormément de travail pendant la course; accordez-leur donc une attention particulière chaque jour et observez le renforcement se produire.

Commencez par cet exercice simple: laissez tomber une serviette au sol, mettez un pied sur la serviette et l'autre à côté. Essayez de ramasser la serviette avec vos orteils. Après quelques semaines, faites l'exercice suivant, qui fortifiera les muscles du pied, les jointures des orteils, les chevilles et les genoux: Tenez-vous debout dans un seau rempli de sable ou de riz, pressez le sable ou le riz avec vos orteils pendant 10 minutes.

Exercice pour les chevilles

Vos chevilles agissent comme levier puissant pendant la course. Avec le temps, les coureurs développent des muscles spécifiques aux besoins d'une course mais négligent parfois de travailler à leur coordination. Consacrez du temps à ces deux exercices; non seulement ils amélioreront votre course de base mais aideront à prévenir les entorses aux chevilles pendant la course.

Le flamant

Commencez par vous équilibrer sur une jambe 30 secondes sans toucher le sol avec l'autre pied. Lorsque vous le faites facilement, essayez-le les yeux fermés. Vous remarquerez qu'il est plus difficile de garder l'équilibre sans repères visuels. Après avoir maîtrisé le flamant aveugle, essayez de plier la jambe légèrement levée au genou et levez le bout des orteils.

Avec les années, j'ai passé pas mal de temps dans les files d'attente des aéroports et j'ai découvert que le flamant est un exercice idéal. Non seulement on vous jette des regards intéressés, mais vous devez être prudent pour ne pas perdre votre place en ligne avec les yeux fermés (bien que le flamant exige une position sur une jambe, vous n'êtes pas tenu de porter des collants roses).

Coup de pied équilibré

Cet exercice peut être fait sur une surface plate ou pour accroître la complexité, essayez-le sur un panneau d'entraînement bombé. Debout sur une jambe, ruez l'autre vers l'arrière, équilibrez et tenez pendant 20 à 30 secondes. Changez de jambe et répétez. Répétez l'exercice avec des ruades en avant et de côté. Ces positions vous sembleront maladroites au début mais avec le temps votre équilibre s'améliorera et l'exercice deviendra plus coulant. Vous penserez même à vous inscrire avec les meneuses de claque des Alouettes de Montréal.

Traction

Oui, je suis désolé de vous l'apprendre mais votre professeur d'éducation physique avait raison. Les tractions sont bonnes pour vous parce qu'elles font travailler tous les muscles du haut du corps et améliorent ainsi le conditionnement pour la course et la posture. Nous savons tous comment faire l'exercice. Le problème c'est de s'y mettre. Ce simple exercice peut remplacer bien du temps dans la salle des poids et haltères, si seulement il n'était pas si ennuyeux. Faites-en à peu près 25 par jour. Assurez-vous de tenir le dos droit.

Redressement assis (la bonne méthode)

Nous avons tous vu ces infopubs sur les bénéfices du dernier équipement sur le marché pour abdominaux. Épargnez de l'argent et ajoutez ces redressements à vos exercices quotidiens et vous développerez des abdomens d'acier! Le grand avantage des redressements assis, c'est qu'il font travailler tous les muscles, de la cage thoracique à l'aine. Vous pourriez vous aussi avoir ce ventre des athlètes des infopubs.

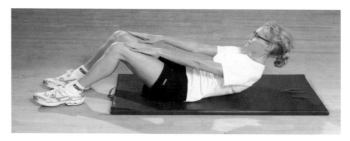

Étendez-vous sur le dos, les genoux pliés et les pieds plats au sol. Assurez-vous de rentrer l'abdomen pour que le bas du dos soit bien à plat contre le sol. Maintenant étendez les bras pour mettre vos mains sur vos cuisses et redressez partiellement en poussant le bout des doigts jusqu'aux genoux. Gardez le bas du dos plat au sol. Tenez cette position en comptant jusqu'à 10 puis relâchez. Commencez avec 25 répétitions et poursuivez à partir de là.

Marche sur escalier

Trouvez-vous un banc solide pour grimper qui ne soit pas trop haut (vos genoux ne devraient pas dépasser un angle de 90° en plaçant le pied sur le banc). Montez sur le banc et tenez-vous droit avant de redescendre. Changez de pied chaque fois. Cet exercice fait travailler les muscles du haut de la jambe et les fléchisseurs de la hanche.

Extension des mollets

Sur le bout d'une marche, avec le talon, tendu de manière à faire porter votre poids par vos orteils, montez lentement et redescendez. Commencez avec les deux pieds, puis avec un seul à la fois. Après plusieurs semaines de levée sur jambe simple, vous pouvez ajouter un poids léger. Cet exercice fortifie et rend flexibles les muscles du bas de la jambe.

Les bénéfices des exercices de renforcement

- Réduit le risque de blessures.
- Prépare vos muscles pour des courses plus rapides.
- Vous rend plus fort en côte.
- Accélère le rétablissement des blessures squelettiques et musculaires.

Un ventre d'acier

Atteindre vos objectifs personnels peut passer par l'amélioration de votre force en général. Alors, cessez de négliger la faiblesse du bassin et portez votre attention à l'ensemble des forces de la région lombaire et du bassin.

Les coureurs bénéficient de suffisamment de développement des jambes par la course. Plusieurs coureurs insèrent l'entraînement de côtes et d'intervalles pour obtenir de la force dans les jambes et l'entraînement avec poids pour le haut du corps. Les muscles du bassin sont continuellement stressés par la course. Pourtant, les coureurs ne tiennent pas compte des muscles abdominaux et psoas*.

Le bassin est la plate-forme sur laquelle repose le corps. Pendant la course, il absorbe l'impact et transfère le poids du torse et du haut du corps aux jambes. Plus forte est la plate-forme, meilleure sera sa capacité d'absorber l'impact de chaque pas. Notre corps absorbe trois à quatre fois son poids à chacun de ses pas, donc garder les muscles du bassin forts réduira les risques de blessures.

Les muscles abdominaux donnent de la stabilité au corps et les psoas créent l'impulsion d'énergie qui lance le mouvement des jambes. Les muscles abdominaux sont simples à identifier et à voir. Les psoas, vous ne pouvez pas les voir. Ce muscle long fonctionne à travers le bassin, s'attache à l'intérieur du haut de votre fémur et est l'initiateur principal du mouvement de la course. Pour prévenir le déséquilibre musculaire et toutes sortes de blessures, les muscles abdominaux et psoas doivent être renforcés.

*Muscles psoas: Muscles du bas du dos (lombes). Il y a 2 muscles psoas de chaque côté du dos. Le plus grand est appelé psoas majeur et le plus petit psoas mineur. Le mot psoas signifie lombe en grec, les muscles du bas du dos.

Détendez-vous et appréciez cet exercice. Couchez-vous sur le dos, genoux levés ensemble. Vos pieds devraient être à plat sur le plancher à environ un pied des fesses.

Demi-redressement assis

Mettez une serviette entre vos genoux et serrez en contractant les muscles de l'intérieur de la cuisse. Fléchissez le haut du dos vers vos muscles des cuisses tout en basculant le bassin, gardez le bas du dos au plancher. Tenir la position pendant 5 à 10 secondes. Retour à la position de départ, prenez une bonne respiration et détendez vous; répéter ensuite 10 fois au total en tenant de 5 à 10 secondes chaque fois. Ce demi-redressement assis fera travailler les muscles abdominaux, les psoas et les adducteurs de l'intérieur de la cuisse.

Les hanches

Asseyez vous droit perpendiculairement au plancher. Appuyez- vous sur les bras à l'arrière et placez les paumes des mains vers le bas, suivant la ligne des épaules. Tenez les genoux ensemble, étirez les

jambes droites devant et ramenez les genoux vers le thorax. Les talons restent à 6 pouces du sol pendant l'exercice. Répétez 20 fois avec un mouvement souple et soutenu. Ceci augmente la force des psoas, des muscles fléchisseurs de la hanche et des abdominaux inférieurs.

Demi-redressement avec jambes croisées

Placez votre cheville droite sur votre genou gauche. Roulez votre épaule gauche vers l'intérieur de votre genou serré. Maintenez le redressement pendant 5 à 10 secondes et répétez 5 à 10 fois. Croisez les jambes dans le sens inverse et répétez 10 fois l'exercice. Cet exercice renforcera les muscles obliques de l'estomac et aidera à prévenir la rotation du tronc supérieur pendant la course.

Glissement des genoux

Mettez les paumes des mains sur les cuisses. Glissez lentement les mains vers les genoux et levez le haut du dos. Contractez les abdominaux et gardez le bas du dos au plancher. Tenir de 5 à 10 secondes. Répétez 10 fois. Cet exercice renforce les abdominaux supérieurs.

Quadriceps
Extensions

Assis, pliez une jambe et étirez l'autre. Placez une serviette roulée sous le genou de la jambe étendue. Penchez-vous derrière sur les coudes. Redressez la jambe étirée et soulevez-la 2 pouces au-dessus de la serviette. Tenez 3 secondes. Complétez 10 fois et changez de jambe.

Tendon du jarret
Extensions de la hanche

Couché sur le ventre, jambes étendues. Soulevez une jambe à 6 pouces du sol en tenant le genou droit, tenir 3 secondes. Tenez les muscles de la hanche détendue. Complétez 10 fois et répétez avec l'autre jambe.

Muscle jambier antérieur
Cheville monte et descend

Assis, les jambes étendues et ensemble. Placez une boucle de Teraband autour d'un pied. Pliez un genou et tirez le pied en direction de votre tête. Tenez 3 secondes. Complétez 10 fois et répétez avec l'autre jambe. Cet exercice aide à prévenir le syndrome tibial douloureux.

Muscle jambier postérieur
Éversion de la cheville

Assis, les jambes étendues et ensemble. Placez une boucle de Teraband autour des pieds et tenez. Pointez les orteils vers le bas et l'extérieur.

Muscle péronier
Inversion de la cheville

Répétez l'exercice précédent avec vos jambes croisées.

Entraînement avec poids et haltères

Donnez un coup de pouce à votre course:

Un entraînement intelligent avec poids et haltères peut aider tout coureur.

Exercices de poids et haltères pour les coureurs

Il est important que votre programme de poids et haltères soit adapté à vos besoins de course – vous voulez développer la force et l'endurance musculaire pour valoriser votre course.

Choisissez des poids qui ne dépassent pas 70% du maximum que vous pouvez soulever. Visez à faire 12 répétitions de chaque mouvement, avec un repos n'excédant pas 1 minute entre chaque répétition. Faites 3 séries de 12 répétitions. Pour garder la flexibilité, faites la gamme des mouvements; vos mouvements doivent être réguliers, fluides et contrôlés. Une fois que vous avez complété vos 3 séries de 12 répétitions, vous pouvez augmenter les poids.

Avant de débuter votre entraînement aux poids, faites 10 minutes de vélo stationnaire pour vous réchauffer. Après votre entraînement, faites un autre 10 minutes de vélo stationnaire pour récupérer.

Faites vos exercices de force deux ou trois fois par semaine, en utilisant le système dur facile – charge et repos, charge et repos; il s vous rendront plus fort, plus rapide et plus énergique.

- Amélioration de la posture et de la mécanique corporelle – une bonne posture mène à la rapidité et à l'efficacité en course.

- Prévention ou rétablissement après une blessure – des muscles forts résistent mieux aux stress que des muscles faibles.

COMMENT FAIRE TRAVAILLER LES POIDS ET HALTÈRES À VOTRE AVANTAGE:

Vous voudrez développer une plus grande force musculaire d'endurance dans les jambes, les bras, le bas du dos et l'abdomen.

L'endurance musculaire est l'habileté des muscles ou groupes de muscles à exécuter des contractions répétées avec une charge légère, pour une période prolongée.

Les entraînement d'endurance musculaire vous permettront de développer votre force sans pour autant développer la carrure d'un culturiste.

Faites des entraînements avec des poids et haltères légers pour atteindre vos buts. Pas plus de 60% à 70% du poids maximum que vous pouvez soulever.

Travaillez ensuite à répéter:

• 3 séries de 12 à 20 répétitions.

• Exercices abdominaux: séries de 30 à 50 répétitions.

Démarrez votre programme pendant quelques semaines avec des poids légers, pour vous mettre en forme. Commencez avec moins de répétitions et graduellement répétez de 12 à 20 fois sur plusieurs séances. Si vous avez de la difficulté à lever les poids avant la fin de la série, c'est que les poids sont trop lourds. Si vous ne ressentez pas une légère sensation de «brûlure» dans les dernières répétitions, c'est que les poids sont trop légers. L'objectif est de garder le rythme et la gamme de mouvements pendant la série même si vous savez que vous devez travailler plus fort vers la fin de la série. Quand 3 séries de 20 deviennent faciles, c'est le temps d'augmenter le poids ou la résistance. Si vous décidez d'augmenter, n'oubliez pas de réduire vos répétitions et de suivre le même processus de nouveau.

Exercices avec poids et haltères

Balancer les groupes de muscles. Les muscles ou groupes de muscles travaillent en paire, l'un déplaçant un membre dans une direction et l'autre le replaçant dans la position initiale. Cela implique un certain équilibre entre le muscle qui fait le mouvement (l'agoniste) et le muscle qui le retourne au point de départ (l'antagoniste).

Progressez en utilisant la jambe la plus faible. Vous avez un côté fort et un côté faible. En fait, pratiquement personne n'y échappe. Quand vous êtes à l'entraînement avec les deux jambes, il y en a une qui travaille plus fort que l'autre. Ceci accentue la différence de force au départ.

Les coureurs et les marcheurs qui font des exercices de renforcement des jambes devraient éviter de garder cette différence. Toute différence importante entre les deux jambes vous nuira tôt ou tard, étant donné la nature cyclique de l'activité de milliers de contractions musculaires dans chaque jambe à chaque marche ou à chaque course.

Commencez les exercices des jambes avec les deux jambes pour vous familiariser avec le mouvement. Cependant, après quelques séances, vous voudrez peut-être faire ce que font plusieurs athlètes pour équilibrer leur force. Réduisez le poids et faites l'exercice une jambe à la fois. Vous trouverez vite la jambe la plus forte. Concentrez-vous sur la plus faible, amenez la au même niveau de force avant de reprendre l'exercice avec la jambe forte. Au moins faites plus de séries avec la plus faible. Au commencement, vos séances prendront un peu plus de temps, mais, avec du temps bien investi, vous atteindrez l'équilibre et cela en vaut le coup.

Flexion des jambes:

La flexion des jambes est très efficace pour renforcer les quadriceps, les muscles ischio-jambiers et les muscles fessiers. Il y a trois variations principales: faite selon les règles, aucune des variations ne pose de danger. En sport aérobique, la «flexion des jambes» est parfaitement adéquate pour nos besoins. Dans la flexion des jambes complète, les genoux sont pliés jusqu'à 90 degrés seulement. (Dans la flexion à demi des jambes, les genoux sont pliés un peu plus afin que les cuisses soient parallèles au sol. Dans une flexion complète des jambes, les genoux sont pliés davantage et les fesses plus près du sol.)

1. Utilisez un chevalet à squat ou au moins, deux pareurs pour poser la barre sur les épaules. Les appareils modernes sont conçus pour contrôler le poids si vous en êtes incapable.

2. Sortez la poitrine et les épaules en arrière. Ce mouvement ouvre une «plateforme» entre chaque épaule, sur laquelle la barre peut demeurer confortablement. Dans cette position, la barre n'a besoin que d'être mise en équilibre avec vos mains. Si vous empoignez la barre jusqu'à avoir les jointures blanches, trouvez une position plus confortable avant de commencer les exercices. Dans cette position, un coussinet ou une serviette autour de la barre n'est généralement pas nécessaire, mais soyez libres de vous en servir si cela vous met à l'aise. Ne placez pas la barre sur les vertèbres du cou.

3. Le mouvement de flexion des jambes est identique à celui de s'asseoir sur une chaise. L'écart entre vos pieds correspond à votre largeur d'épaules. Dans le cas où vous seriez incertain de votre équilibre, sentez-vous libre d'installer une chaise pour vous asseoir si besoin est.

4. Si vous désirez être plus en équilibre, essayez de placer chaque talon sur des disques de poids avant le début de l'exercice. Gardez le poids sur les talons.

5. Descendez les poids lentement et remontez plus rapidement.

Développé des jambes et extensions:

Comme la flexion des jambes, le développé des jambes est un exercice relié directement à la marche et à la course. Vous poussez un contrepoids avec les pieds, comme pour la marche et la course. L'appareil de développement des jambes vient en plusieurs modèles. En général, vous êtes assis et vous poussez des pédales loin de vous avec vos jambes; on commence en position pliée jusqu'à leur extension complète. Certains appareils vous permettent de vous coucher et de pousser les poids vers le haut en utilisant un soutien additionnel pour le dos.

Un exercice particulièrement efficace pour les coureurs et les marcheurs est le changement de jambes, disponible sur certains appareils. Dans le changement de jambes, vous vous tenez dos aux pédales en empoignant une barre derrière le siège. Vous pouvez alors mettre un pied dans l'étrier et pousser le poids loin de vous dans un mouvement similaire à celui du ski de fond classique.

Flexion des jambes (muscle ischio-jambier):

Si vous faites des flexions de jambes ou des développés de jambes, vous travaillez les muscles avant de la cuisse (quadriceps). Pour garder un équilibre, vous devez faire travailler les muscles en arrière de la jambe (ischio-jambier). On le fait grâce à la flexion arrière des jambes ou la flexion de l'ischio-jambier. La flexion de l'ischio-jambier est faite étendue sur le banc. Les pieds sont placés en dessous des coussinets pour vous permettre de lever les poids au bout du banc en pliant les genoux. Les bancs de meilleure qualité sont soulevés au milieu ou sont ajustables en longueur. Ceci réduit la maladresse de certains sur un banc plat. Vous pouvez même trouver des équipements qui vous permettent de vous asseoir et de fléchir les jambes en dessous de vous. Vous isolez ainsi l'ischio-jambier en retirant le muscle arrière qui tend à s'insérer dans l'exercice quand vous êtes allongé.

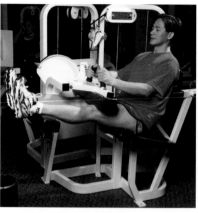

Développé des mollets:

Levez la barre aux épaules comme si vous faisiez un exercice de flexion des jambes en gardant le dos droit et la tête haute. Mettez-vous sur la pointe des pieds aussi haut que possible, puis redescendez. L'exercice sert à développer les muscles des mollets (gastrocnémien et soléaire).

Haltère à la volée:

Couchez-vous sur un banc d'exercice avec un haltère dans chaque main et les bras étendus au-dessus de la poitrine. Descendez lentement les haltères directement sur les côtés jusqu'à ce que lesbras soient parallèles au sol. Ramenez lentement les bras à la position de départ toujours avec les bras tendus.

Haltère de côté:

Debout, droit avec les bras à vos côtés, un haltère dans chaque main. Levez les haltères de chaque côté, bras pleinement étendus jusqu'à dépasser légèrement la hauteur des épaules. L'exercice sert à développer les deltoïdes et les trapèzes.

Flexion des avant-bras:

Debout dos droit, tête droite, pieds légèrement écartés. Empoignez la barre en dessous (paumes vers le haut) bras pleinement étendu. Pliez lentement la barre jusqu'à la poitrine. Maintenez le compte jusqu'à deux, revenez à la position de départ. Ne laissez pas tomber la barre de son propre poids mais descendez-là lentement en position. Gardez le

contrôle de la barre en tout temps. L'exercice vise à développer les biceps.

Développé couché:

Étendu sur le dos du banc ou couché sur le dos au plancher, le dos plat contre la surface et la barre sur la poitrine. Montez lentement jusqu'à l'extension des bras droit en l'air et redescendez à la position de départ. L'exercice sert à développer les pectoraux.

Développé aligné courbé:

Penché jusqu'à la ceinture, tenir le dos droit la tête regardant vers l'avant. Saisissez la barre avec un écart correspondant à la largeur des épaules et levez lentement jusqu'à la poitrine. Descendez-la jusqu'au sol et répétez. Plier les genoux s'il le faut. L'exercice permet de développer les muscles du dos (latissimus dorsi).

Développé derrière le cou:

Debout droit, la barre reposant sur vos épaules. Levez la barre pointant directement au-dessus de la tête et descendez lentement à la position de départ. L'exercice vise à développer les muscles deltoïdes (épaules).

Développé aligné droit:

Debout dos droit et la tête droit devant. Tenez la barre dans une prise par-dessus l'épaule avec les bras complètement étendus. Tenez les mains écartées de 6 pouces. Levez la barre lentement en avant le long du corps jusqu'au menton. Descendez à la position de départ et répétez. L'exercice permet de développer les muscles des épaules et du cou.

Développé des triceps:

Debout droit, la barre élevée au-dessus de la tête. Vos mains devraient être séparées de 8 pouces. Descendez la barre derrière la tête en pliant les coudes. Montez la barre lentement à la position de départ et répétez. L'exercice sert à développer les triceps.

Les exercices de poids libre en démonstration dans le présent chapitre vous permettent d'exercer vos groupes musculaires importants et de les utiliser ensemble pour permettre un bon tonus musculaire général. Si vous n'êtes pas certain de comment faire un de ces exercices demandez à un entraîneur qualifié ou à un instructeur de vous montrer comment vous y prendre.

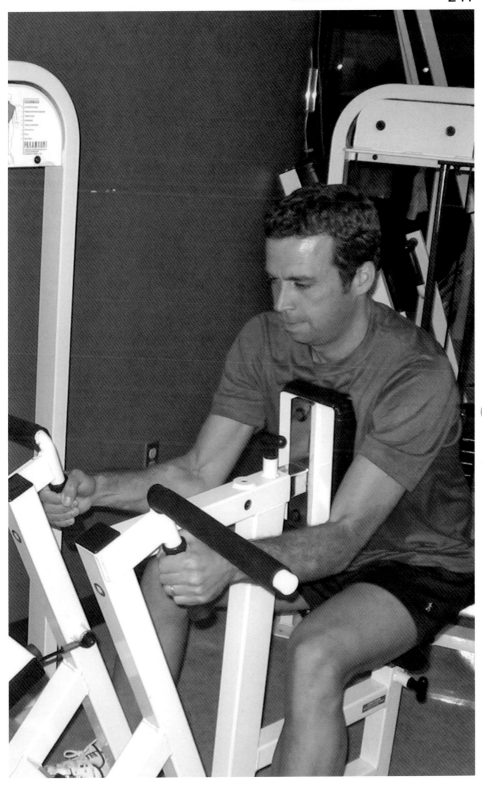

Chapitre 12
Entraînement parallèle

Qu'est-ce que l'entraînement parallèle et pourquoi en faire?

L'entraînement parallèle est simplement l'utilisation d'un ou de plusieurs sports pour améliorer sa condition physique. En ajoutant la natation ou le ski de fond à votre horaire d'entraînement, vous ajoutez de la puissance, ce qui améliore votre performance.

Est-ce que l'entraînement parallèle fonctionne?

Bien sûr! L'entraînement parallèle renforce tous les muscles de votre corps, pas seulement les jambes. Il vous permet de demeurer en très bonne forme physique sans vous efforcer ou vous luxer des muscles et des jointures. De plus, les entraînements parallèles se révèlent une addition divertissante aux séances quotidiennes d'exercices, une variation qui vous permet de garder l'allure pendant des mois.

Quels avantages retire-t-on de l'entraînement parallalèle?

1. Amélioration de la qualité de l'entraînement tout en permettant des résultats optimaux rapidement.

2. Réduction des risques de blessures.

3. Ajout de variété à votre horaire d'entraînement.

4. Aide à demeurer en condition physique même si vous vous êtes blessé à un muscle ou à une jointure.

5. Renforcement des muscles individuels et de la force du corps.

6. Encouragement à une action harmonieuse entre les groupes de muscles.

7. Amélioration de l'endurance.

Fonctionnement

Les sceptiques se posent la question: «comment la natation peut-elle améliorer ma course?» C'est très simple à expliquer. Mais, d'abord, vous devez en savoir un peu sur les adaptations en entraînement. Normalement, par l'entraînement, nous apprenons à notre corps à respirer plus efficacement et à amener l'oxygène aux muscles pour les renforcer. On peut diviser les entraînements en deux catégories:

Cardiovasculaires:

Cœur, poumons, sang

Musculaires:

Muscles utilisés dans l'exercice

Tous les exercices aérobiques d'une certaine intensité et d'une certaine durée favorisent l'adaptation aux deux catégories. Les diverses adaptations musculaires changent selon l'activité. La course demande l'usage des jambes. La natation requiert plutôt l'usage des bras. Dans ces deux sports, l'adaptation musculaire à l'entraînement agira sur des groupes musculaires très différents. Mais la course et la natation sont de super activités aérobiques. Les deux sports favorisent l'adaptation du système cardiovasculaire.

Retour à la question. Comment la natation peut-elle améliorer ma course?

La natation améliorera l'efficacité du système cardiovasculaire, une condition essentielle à la course. Ces adaptations du cœur, des poumons et du sang seront transmises d'un sport à l'autre. L'adaptation musculaire n'est pas reportée. Cependant, les bénéfices qui en découlent favorisent le conditionnement physique complet plutôt que de cibler la force et l'efficacité de certaines parties de l'anatomie, ce qui, à la longue, est préférable pour la santé.

- Le meilleur régime d'entraînement parallèle utilise une large gamme d'activités.

- La natation et la course sont les meilleurs exemples d'utilisation de différents groupes musculaires. Trouver diverses activités qui activeront différents muscles.

- Éviter les activités trop similaires, ce qui ne permettrait pas au groupe prédominant de muscles de se reposer suffisamment, risquant ainsi la fatigue ou des blessures.

- Essayer de combiner des activités avec mise en appui et d'autres sans mise en appui. Exemple la natation et la course, le cyclisme et la course et l'aviron et la course. Ce combiné donne aux jointures la chance de se reposer et de se réparer du martelage constant des séances de mises en appui.

Entraînement de résistance

L'entraînement combiné fonctionne le mieux lorsque plusieurs activités aérobiques sont pratiquées pendant la semaine. L'entraînement de résistance, ou avec poids, améliore l'entraînement combiné. L'entraînement de résistance augmente la force du corps entier. Les adaptations à l'entraînement en force sont très différentes de celles de l'entraînement aérobique. N'attendez donc pas d'immenses améliorations de vos performances de course avec ce type d'entraînement. Cependant, les bienfaits de l'entraînement de résistance modéré quelques fois par semaine sont énormes. Le fait d'avoir des muscles et des tendons plus forts et des articulations plus solides aide à diminuer les chances de blessures et à tonifier les parties du corps que l'entraînement aérobique pourrait avoir oublié.

Bienfaits

- Amélioration de la qualité de votre entraînement, pour que vous puissiez bénéficier de résultats optimaux en un minimum de temps.
- Réduction des risques de blessures.
- Ajout de variété à votre horaire d'entraînement.
- Aide à rester en forme même pendant une blessure ou une douleur.
- Renforcement des muscles individuels et de la force générale.
- Promotion du fonctionnement adéquat des groupes de muscles.

Trois activités sportives aérobiques formidables

1. Le cyclisme:

Que vous ayez un vélo de montagne aux lignes pures ou un modèle tout terrain robuste, le cyclisme peut...

- Augmenter l'équilibre musculaire entre les quadriceps et les muscles ischio-jambiers.

- Rehausser la flexibilité des hanches et des genoux.

- Augmenter votre capacité pour les courses en côte.

- Accroître la vitesse des jambes.

- Favoriser l'endurance cardiovasculaire.

Mais si vous n'avez pas fait de bicyclette depuis vos années d'études, il se peut que vous trouviez l'expérience un peu ardue, surtout aux mains, au fessier, aux épaules, au cou et aux muscles des jambes. En l'occurrence, la chose la plus sensible et agréable est de commencer ce programme très lentement.

Pour rendre la randonnée de long parcours agréable, prenez une bicyclette à votre mesure. Vos muscles, jointures et cardiovasculaire s'en sentiront beaucoup mieux.

Si vous courez cinq ou six fois par semaine, commencez par substituer une sortie en vélo une ou deux fois. Au début, vous devriez rouler seulement 10 à 15 km (6,2 mi à 9,3 mi). Assez tôt, vous serez en mesure de rouler 25 à 30 kilomètres (15,5 mi à 18,5 mi) en un peu plus d'une heure sur un terrain plat.

En conditionnement physique, quatre kilomètres (2,5 mi) en vélo équivalent à 1 kilomètre (0,6 mi) de course.

2. Natation:

La natation est un sport qui solidifie les muscles et donne un excellent entraînement. En ajoutant la natation à votre entraînement, vous améliorerez votre conditionnement physique aérobique, la force du haut du corps et l'endurance musculaire.

Si vous n'êtes pas déjà un nageur expérimenté, vos premières brasses dans la piscine pourraient être laborieuses. Faites le donc progressivement.

Un premier objectif consisterait à nager une longueur de piscine de 25 mètres. Éventuellement, vous voudrez nager 1 kilomètre (40 longueurs de piscine de 25 mètres) sans arrêt. La vitesse n'est pas un élément important au début, mais vous devriez travailler systématiquement à accroître votre vitesse. Nager en brasse libre est la meilleure façon d'obtenir le meilleur entraînement.

Un kilomètre de natation équivaut à cinq kilomètres (3 mi) de course.

3. Ski de fond:

Le ski de fond fait mieux que remplacer le martelage de la course par un coup et un glissement agréables des jambes sur la neige. Il donne un entraînement cardiovasculaire inégalable. Il fait travailler les gros muscles de vos bras, du torse ainsi que les muscles des jambes.

Mais, comme toutes les autres activités, il est préférable de commencer en douceur le ski de fond et d'augmenter la distance progressivement à mesure que vous vous sentirez à l'aise.

Pour faciliter le départ, rendez-vous à un centre Nordic qui possède des sentiers de skis tracés d'avance. Ces sentiers sont en ligne droite, ce qui vous permettra de vous concentrer sur votre entraînement et votre conditionnement plutôt que de chercher la piste.

Même le débutant a besoin d'équipement spécial: skis, bottes, fixations, bâtons de ski et vêtements chauds et légers. Au départ, il serait sage de louer l'équipement pour vous assurer que vous aimerez ce sport. Une fois que vous en serez certain, consultez un skieur expérimenté et demandez dans plusieurs boutiques Nordic de trouver les skis, bâtons, fixations qui correspondent à votre taille et niveau de skieur de fond.

Course dans l'eau

Les athlètes d'aujourd'hui recherchent des façons de s'entraîner plus intelligemment et de permettre au corps de récupérer par des entraînements de qualité. La course dans l'eau est une bonne solution de rechange parce qu'elle imite la course et permet à l'athlète de faire le même effort qu'il déploie lorsqu'il court sur la terre ferme, mais sans l'impact répétitif de la jambe frappant le sol.

Plusieurs athlètes ont découvert les bénéfices de la course dans l'eau en l'essayant alors qu'ils étaient blessés. On peut courir dans l'eau pendant qu'une blessure nous empêche de faire du vélo ou de la course. La plupart continuent la course dans l'eau en l'incorporant dans leur entraînement comme exercice parallèle. C'est une bonne manière de travailler sur sa forme. Vous pouvez en tirer un entraînement de qualité sans l'impact des jambes sur un terrain. Plusieurs blessures peuvent guérir rapidement en courant dans l'eau. Courir dans l'eau aide à conserver la mobilité des mouvements, la flexibilité et le conditionnement cardiovasculaire. N'oubliez pas de vérifier auprès de votre médecin, car plusieurs blessures vous permettront toujours de vous entraîner dans l'eau.

Vous devriez choisir une piscine dont l'eau du bassin passe par-dessus la tête. Certains sportifs s'entraînent sans dispositif de flottaison. Toutefois, vous serez mieux concentré sur votre condition physique si vous en portez un. Le Coin des coureurs recommande le «Aqua Jogger». Il vous aidera à conserver la bonne forme.

Le dispositif de flottaison devrait vous tenir hors de l'eau à la hauteur du cou. Vous devez garder une position droite et démarrer le mouvement de course. L'erreur commune consiste à trop s'incliner devant; concentrez-vous donc à garder une posture droite, les épaules vers l'arrière. En courant, remontez les genoux et remontez les talons jusqu'aux fesses. Gardez le synchronisme des bras et des jambes et concentrez-vous à lancer les coudes à l'arrière et à pointer les orteils devant. La forme du sprinter vous aidera à améliorer la gamme de mouvements lorsque vous courez. Vous deviendrez plus coulant à la jointure de la hanche. Les genoux et mollets deviendront plus forts et souples. La plupart des sportifs qui ont eu recours à la course dans l'eau ont noté une amélioration de leur forme physique et de leur performance sur le terrain.

Vous pouvez faire des entraînements longs et lents dans l'eau ainsi que des entraînements de forte intensité. Une bonne façon de récupérer d'une longue course est de faire 45 minutes de course dans l'eau. Vous découvrirez que l'entraînement dans l'eau est quelque peu déconcertant parce qu'au départ, vous n'avez pas l'impression de faire de l'exercice. La course dans l'eau vous rendra fatigué mais pas endolori. Au Coin des coureurs on vous recommande que les premiers entraînements soient d'une durée de 30 à 40 minutes, selon votre niveau de conditionnement. Les longs parcours d'entraînement peuvent aller jusqu'à 2 heures.

Qu'ils utilisent la course dans l'eau ou une autre solution comme alternative à la course au sol en raison d'une blessure ou comme entraînement parallèle supplémentaire, la plupart des sportifs ont noté que la course dans l'eau peut devenir une partie intégrante de leur entraînement global.

Conseils pour la course dans l'eau

1. Utilisez un dispositif de flottaison
2. Position debout droite
3. Genoux élevés
4. Groupez les talons sous les fesses
5. Lancez les coudes en arrière
6. Pointez les orteils
7. Pensez posture de sprinter
8. Concentrez sur la forme
9. Détendez-vous
10. Démarrez

Entraînement en intensité élevée

Commencez les séances d'entraînement difficiles par 4 intervalles de 15 secondes avec une pause de 15 secondes entre chaque poussée. Ensuite commencez l'échelle en faisant 4 intervalles de 30 secondes avec 20 secondes de récupération; puis 45 secondes avec 30 secondes de récupération; 4 intervalles de 60 secondes avec 30 secondes de récupération et de retour en bas de l'échelle – 4x45, 4x30 et 4x15.

Faites 10 minutes d'échauffement et 10 minutes de récupération.

Il s'agit d'une séance de 45 minutes avec 16 minutes d'entraînement anaérobique.

Cet exercice est beaucoup plus long que si vous le faites sur la terre ferme. Le gain additionnel est un entraînement de haute qualité avec un minimum de risque de blessures, en plus d'être un entraînement alternatif agréable.

Bonne posture pour la course dans l'eau

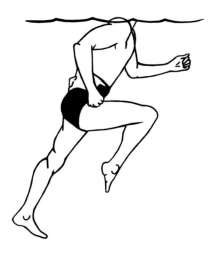

Chapitre 13
Les femmes et la course

Questions de santé touchant les athlètes féminines

Tout le monde à besoin de faire de l'exercice pour rester en santé. Les femmes posent souvent des questions sur l'entraînement et ses répercussions sur le cycle menstruel et la reproduction. Elles peuvent bénéficier d'un programme d'entraînement complet en connaissant les réponses à ces questions, ce qui les aidera à résoudre les difficultés.

Les exercices réguliers offrent aux hommes et aux femmes l'occasion de perdre du poids, de réduire le mauvais cholestérol, de diminuer le nombre de jours de maladie et d'acquérir une plus grande confiance en soi. Ceux qui font de l'exercice ont moins mal au dos, moins de maux de tête, d'angoisse, de dépression et de fatigue. Les exercices de mise en appui permettent aux femmes comme aux hommes d'avoir des os plus résistants. Les points à souligner sur les différences entre les hommes et les femmes au sujet des exercices sont:

- Symptômes menstruels, notamment un groupe appelé molimen (changement d'appétit, sensibilité des seins, rétention des liquides et changements d'humeur).

- Les os renforcés par des exercices de mise en appui peuvent prévenir l'ostéoporose après la ménopause.

- La femme a généralement un cœur plus petit que l'homme et une capacité pulmonaire plus limitée. Leurs muscles sont plus petits et elles emmagasinent plus de graisses. Malgré tout, les femmes peuvent réussir à avoir un rythme cardiaque plus bas, une pression artérielle plus basse, à perdre des graisses et à augmenter leur force musculaire par des exercices aérobiques.

La dame de fer

Le fer, carburant des femmes actives

Le fer est un nutriment critique pour une bonne santé. Malheureusement, plusieurs femmes n'en consomment pas suffisamment et cela se traduit par l'anémie ou un faible taux de fer dans le sang, surtout chez les femmes actives.

Le fer est un composant vital de l'hémoglobine, l'élément du sang qui apporte l'oxygène aux cellules. Si le corps ne consomme pas de portions adéquates de fer, il ne pourra pas fabriquer suffisamment d'hémoglobine pour que les cellules soient chargées d'oxygène. Le corps ne peut donc pas se régénérer lors du repos et de l'activité. Les symptômes comme la fatigue chronique, l'apathie, l'irritabilité, et la difficulté de se concentrer sont fréquents chez les femmes souffrant d'une carence en fer.

La physiologie nous apprend que les femmes sont plus à risque de déficience en fer que les hommes. Les femmes de 13 à 49 ans sont en tête de liste quant aux besoins en fer. Les menstruations exigent beaucoup de fer, perdu pendant le cycle mensuel. Si ces pertes ne sont pas remplacées, il peut facilement y avoir carence.

Les activités, surtout intenses, peuvent augmenter la nécessité d'accroître la consommation de fer chez les femmes. Le fer est perdu dans les sueurs produites durant les exercices. De plus, les activités peuvent causer la dégradation des cellules rouges et des tissus musculaires, ce qui peut causer la perte d'un important volume de fer. Ces pertes doivent êtres compensées ou une carence en fer peut se produire.

Absorption de fer

Nourriture riche en fer

Une alimentation adéquate peut vous aider à obtenir tout le fer dont vous aurez besoin pour demeurer en bonne santé. Il faut choisir une grande variété d'aliments riches en fer pour répondre à vos besoins en fer.

Le fer que l'on retrouve dans les aliments se présente sous deux formes: le fer hémique et le fer non-hémique. Le fer hémique est absorbé directement et utilisé par le corps. On le trouve dans les viandes rouges, le poisson et la volaille. Tous les autres aliments, y compris les œufs, les légumes, les fruits et les produits de grains entiers contiennent du fer non-hémique. Cette forme n'est pas aussi bien absorbée que la forme hémique.

Augmenter votre consommation de fer

Utilisez la stratégie suivante pour assurer une consommation adéquate de fer:

1. Évitez les régimes chroniques et les diètes faibles en calories. 70% des femmes suivent un régime pour perdre du poids. L'obsession des régimes faibles en calories peut rendre difficile, sinon impossible, d'obtenir tout le fer nécessaire pour être en bonne santé. Plusieurs régimes faibles en calories ne donnent pas assez d'aliments riches en fer pour répondre aux besoins des femmes. Optez pour un régime bien équilibré, des exercices réguliers comme la course si la gestion de votre poids est un problème.

13

2. Assurez-vous d'inclure régulièrement des sources de fer hémique dans votre diète (p.ex. de 3 à 4 fois par semaine). Les aliments riches en fer hémique comprennent: les viandes rouges, les poissons et la volaille. Contrairement aux reportages dans les médias, les viandes rouges peuvent constituer un aliment nutritif pour les femmes. Il n'est pas nécessaire d'exclure les viandes rouges de la diète au nom de la bonne santé.

3. Consommez de la vitamine C avec des sources de fer non-hémique. La vitamine C aide le corps à consommer le fer non-hémique plus efficacement. Les aliments riches en vitamine C comprennent: les agrumes, les jus, les tomates, le brocoli et les poivrons. Cette méthode s'avère excellente pour les végétariens qui ne consomment aucune source de fer hémique.

4. Faites la cuisson dans des chaudrons et des casseroles en fonte. Une partie du fer de ces poêlons est transféré dans les aliments.

5. Soyez attentifs aux signes de carence en fer. Si vous êtes constamment fatigué ou sans énergie, consultez votre médecin. Une simple prise de sang peut vous informer de votre état.

Référence:
1. Site Web du National Eating Disorder Information Centre. www.nedic.on.ca

Manger santé

Des os renforcés par une alimentation saine

Manger santé est la pierre angulaire de la santé des os et est essentielle pour la prévention de l'ostéoporose. Deux nutriments, le calcium et la vitamine D, sont indispensables à toutes les étapes de la vie. Malheureusement, la recherche démontre que beaucoup de femmes ne consomment pas suffisamment de ces nutriments.

Le calcium est un nutriment nécessaire pour le corps tous les jours pour rester en santé. Quatre-vingt-dix-neuf pour cent du calcium de notre corps est emmagasiné dans les os. Le un pour cent qui reste est dans le sang et est utilisé pour régler le rythme cardiaque, la pression artérielle, le coagulum et la contraction musculaire. Une carence de calcium dans le régime alimentaire oblige le corps à faire le plein de calcium en retirant du calcium des os, de la même manière que nous retirons notre argent de notre compte d'épargne. Au fil du temps, trop de retraits peuvent mener à une dégradation des os jusqu'à la fracture. Absorber suffisamment de calcium peut prévenir ce problème.

Santé Canada recommande que les femmes âgées 19 à 49 ans consomment 1000 milligrammes de calcium par jour, donc de 3 à 4 portions d'aliments riches en calcium par jour. Exemple:

Aliments	Portion en calcium	Teneur
Lait (Entier, 2%, 1% , écrémé, ou chocolat)	250 ml (1 tasse)	300 mg
Yogourt (Nature ou aromatisé)	175 ml (²/₃ de tasse)	250 mg
Boissons fortifiées au calcium (p.ex le soya, le riz)	250 ml (1 tasse)	300 mg
Fromage à pâte ferme (p.ex Cheddar, Suisse régulier ou faible en gras)	1 pouce cube	250 mg
Fromage modifié tranché	2 tranches	250 mg
Saumon en conserve (avec les arêtes)	1 conserve	250 mg
Sardines en conserve (avec les arêtes)	1 conserve	250 mg

Les suppléments sont importants

Suppléments de calcium

Il est important de penser «nourriture en premier» chaque fois qu'il est possible pour répondre aux besoins en nutriments. Le corps est conçu pour extraire les nutriments des aliments d'une façon que les suppléments ne peuvent compenser.

De plus, les aliments contribuent à votre santé globale en fournissant de multiples nutriments dans une seule portion.

Demandez conseil à votre médecin, votre diététiste professionnel ou un pharmacien si vous envisagez de consommer des suppléments de calcium. Une grande variété de suppléments en posologie diverse et à divers prix existe sur le marché. Un professionnel de la santé peut vous aider à choisir les suppléments qui vous conviennent.

Vitamine D

La vitamine D est le partenaire du calcium pour la santé des os. Sans volume suffisant en vitamine D, le corps ne peut utiliser le calcium qu'il reçoit de la nourriture. Comme en ce qui concerne le calcium, beaucoup de Canadiens ne consomment pas un volume suffisant de vitamine D.

Pendant notre enfance, nous apprenons que notre corps fabrique toute la vitamine D nécessaire grâce au soleil. C'est en partie vrai. En fait, la recherche démontre qu'entre octobre et mars, au Canada, nous ne fabriquons pas suffisamment de vitamine D à partir du soleil en raison de la faible exposition et de l'angle des rayons du soleil. Les écrans solaires peuvent aussi entrer en conflit avec ce processus et la tendance au port d'écrans solaires signifie que le soleil n'est pas une source fiable de vitamine D pour plusieurs personnes.

La vitamine D trouvée dans les aliments est essentielle aux besoins des femmes. Les sources adéquates de vitamine D se trouvent dans le lait enrichi, les boissons soya enrichies et les poissons gras comme le saumon. Choisissez 1 à 2 portions tous les jours afin d'obtenir toute la vitamine D dont vous avez besoin.

L'ostéoporose est un problème de santé qu'aucune femme ne veut envisager. Convenez que vous pouvez faire énormément pour prévenir cette condition. Soyez active et mangez bien, Vos os vous en remercieront.

La course fortifie les os

Course pour les femmes: Fortifier les os pour courir

Au cours de la dernière décennie, la prévention de l'ostéoporose est devenue un sujet de grande inquiétude pour les femmes. L'ostéoporose est une condition chronique qui, avec le temps, affaiblit, rend fragiles et provoque la fracture des os. Selon la Société d'ostéoporose du Canada une femme sur quatre sera atteinte de cette condition qui peut être débilitante.

Le style de vie joue un rôle important dans le renforcement des os. Une vie active et une alimentation santé aident tous deux à réduire les risques d'ostéoporose chez les femmes.

La course fortifie les os

Une activité physique constante aide à stimuler la croissance des os et leur développement. Les femmes habituellement actives ont des os plus forts et un risque moins élevé d'être atteintes d'ostéoporose. Bien que toute activité physique aide à la santé des os, les activités de mises en appui, qui demandent de supporter son propre corps, sont plus importantes. Ces activités, la course ou la marche, exercent un stress faible sur les os et aident le corps à les fortifier pour résister à l'usure du temps.

13

Changements hormonaux

Effet sur le cycle menstruel

Chez certaines femmes, surtout celles qui ont très peu de graisse, trop d'exercice peut réduire le niveau d'hormones (oestrogène et progestérone) qui contrôle les menstruations. Les résultats peuvent varier: règles normales sans œuf, menstruations peu fréquentes, menstruations légères (oligoménorrhée) ou absence de règles (aménorrhée). Pour les jeunes filles près de la puberté, l'arrivée des règles peut être retardée par des entraînements intenses. Les changements du cycle menstruel peuvent avoir des effets sur la fertilité, bien que cela ne se produise que dans les cas d'entraînements excessifs.

Effet sur les os

L'oestrogène et la progestérone aident à la croissance des os. Si les niveaux d'hormone sont bas pendant une longue période, comme c'est le cas pendant une période prolongée d'exercice, le calcium disparaît des os. Cette perte est indentique à ce qui se produit aptrès la mènopause. Cette perte peut-être la cause de fractures, notamment de la colonne vertébrale ou des hanches. Toutefois, il n'en demeure pas moins que l'exercice favorise la croissance des os.

13

Inversion des effets

Les motifs des exercices reliés aux changements hormonaux sont complexes et mal compris. On sait que ces changements peuvent êtres inversés avec une réduction d'entraînement ou une légère augmentation de poids. Les femmes qui ont des règles irrégulières, indépendamment de la cause, devraient consulter un médecin. Les femmes qui ont des antécédents de règles irrégulières pourraient demander la vérification de leur densité osseuse pour savoir s'il y a une perte équivalente de l'ossature.

Niveau en fer

Les femmes actives doivent garder un niveau en fer approprié. Le fer se trouve dans l'hémoglobine, les cellules rouges qui transportent l'oxygène dans le sang des poumons aux tissus. Le fer constitue une partie importante des protéines et des cellules. Celles qui ont encore des menstruations risquent d'avoir un faible taux de fer dans le sang parce qu'elles perdent du sang (donc du fer) chaque mois. Les femmes très actives sont plus à risque parce que leur corps absorbe moins de fer. Elles perdent aussi du fer par la sueur et peuvent observer une diminution du nombre de cellules rouges dans certains tissus.

La viande rouge est la meilleure source de fer. Toutes les viandes rouges et la viande brune de la volaille sont source de fer appelé hème. Il est plus facilement absorbé que le fer des légumes ou des grains. Il est plus efficace quand il est mélangé aux protéines végétales. Par exemple, la soupe aux pois et jambon, ou la soupe au poulet et lentilles sont riches en fer. La vitamine C, qu'on trouve en abondance dans les fruits, sert aussi à l'absorption de fer.

Les personnes, qui limitent la consommation de viande dans leur régime, comptent également les calories. Elles peuvent également couper d'autres groupes alimentaires riches en fer. Une façon d'augmenter le fer, surtout si les calories sont limitées, consiste à vérifier l'étiquetage des aliments enrichis comme le pain, les céréale et les pâtes.

Une carence en fer peut-être la cause de la perte ou la combinaison des pertes de fer provoquées par les menstruations, l'exercice et les régimes alimentaires. Les symptômes d'un niveau faible en fer comprennent les fatigues rapides et les rendements moyens. Un faible niveau en fer provoque l'anémie, qui se traduit par des pâleurs, une plus grande fatigue et le souffle court.

Toutes les femmes devraient suivre un régime contenant suffisamment de fer (voir le tableau). Il est aussi important qu'un médecin vérifie régulièrement les niveaux d'hémoglobine. Celles qui sont à risque de faible quantité de fer devraient faire mesurer leur taux de fer.

Augmenter la consommation de fer

Pour assurer une consommation suffisante dans votre alimentation essayez:

À chaque repas, manger des aliments riches en vitamine C. La vitamine C aide le corps à absorber le fer. Boire du jus d'orange avec une céréale enrichie en fer, ou des pâtes et du brocoli, des tomates, des poivrons.

Source de fer	Volume	Fer (mg)
(contient du hème)		
Côtelette de porc	3,5 onces	4,0
Bœuf haché maigre	3,5 onces	3,4
Agneau (gigot)	3,0 onces	2,1
Dinde (brune)	3,0 onces	1,9
Poulet	3,0 onces	1,0
Thon	3,0 onces	1,0
(Ne contient pas de hème)		
Abricots secs	12	6,0
Dattes	9	5,0
Fèves au four	½ tasse	3,0
Haricots rouge	½ tasse	3,0
Raisin	½ tasse	2,0
Épinards	½ tasse	2,0
Haricots verts	½ tasse	1,0
Pâtes enrichies	½ tasse	1,0

13

Risque de blessures

Une question revient souvent: les femmes sont-elles plus à risque de se blesser que les hommes? Cette inquiétude est sans fondement mais a tenu à l'écart les femmes d'une participation à tous les niveaux sportifs jusqu'à tout récemment. Par exemple, les femmes n'ont pas eu le droit de courir le marathon avant les Olympiques de 1984.

La réaction du corps à l'exercice est la même pour les deux sexes. Chaque sport impose sa propre exigence sur le corps et comporte ses propres risques de blessures. Les femmes n'ont pas de facteurs de risque plus élevés que les hommes et peuvent participer à tous les sports.

Si le programme d'entraînement est satisfaisant pour le niveau de conditionnement physique d'une personne, les femmes ne courent pas plus de risques que les hommes d'être blessées. Toute blessure sportive devrait être traitée promptement par un médecin.

Exercices pendant la grossesse

Une inquiétude chez les femmes est l'exercice pendant la grossesse. Pour ce cas spécial, la femme devrait discuter de la chose avec son médecin.

Conclusion

L'exercice est un élément important d'une bonne santé pour toutes et tous. Les femmes devraient faire régulièrement des exercices et participer aux sports, non seulement pour leur santé mais pour le plaisir de participer.

Aménorrhée

C'est le terme employé pour décrire l'absence de règles après avoir eu des menstruations normales. Ce phénomène se produit en général chez les femmes de moins de 30 ans, mais peut également affecter toute femme jusqu'à la ménopause. L'aménorrhée peut être nocive pour le corps, en particulier pour les os et pour le système reproducteur – s'il n'est pas soigné pendant une période prolongée d'un an ou plus. Les effets sont réversibles quand ils sont traités.

Le cycle menstruel est une «menstruation normale» si l'intervalle entre les menstruations est de 25 à 30 jours. Si la fréquence est plus grande ou plus petite que ces intervalles, on dit que les menstruations sont irrégulières. Dans cette situation, la femme peut ne pas ovuler mais le corps continue d'avoir ces règles en réaction hormonale comme celles qui ont des menstruations normales. Cet état est généralement un problème si la femme veut devenir enceinte.

13

Les effets nocifs

En plus des problèmes associés à l'infertilité qui se produisent avec les règles irrégulières et l'aménorrhée, l'autre effet nocif est la diminution de la masse osseuse menant à l'augmentation des risques d'ostéoporose. Les volumes d'œstrogènes associés à la réduction de menstruation, rendent ces femmes plus vulnérables aux risques de fractures des os et du squelette. Le déséquilibre hormonal a aussi été associé à un risque plus élevé du cancer de l'utérus et du sein.

La théorie du poids trop faible

On croyait autrefois que l'aménorrhée athlétique était le résultat d'un taux trop faible de gras combiné avec le kilométrage d'entraînement. Cette théorie n'a pas résisté à l'examen des chercheurs et, même si on continue à établir un rapport de causalité entre ces facteurs et le dysfonctionnement menstruel, la relation n'est pas causale. Ainsi certaines femmes qui ont un faible taux de gras corporel continuent d'avoir des règles régulières et d'autres qui courent sur de longues distances continuent aussi d'avoir des menstruations régulières. Certains chercheurs ont suggéré que le stress perçu ou la tension mentale aurait aussi un effet important. L'intensité de l'entraînement ou de la compétition peut aussi contribuer à provoquer l'aménorrhée parce qu'en période de stress intense (physique ou mental), certaines femmes cessent leurs menstruations. En fin de compte, chaque femme est tellement différente au plan de la personnalité et de l'expérience que l'on ne peut prédire les effets des fonctions menstruelles. Il faut cependant retenir un point important: l'adaptation graduelle à l'entraînement peut réduire à la fois le stress physique et la tension mentale de la personne, et ainsi minimiser les risques d'interruption du cycle menstruel.

Que faire?

Presque tous les problèmes associés à l'aménorrhée sont réversibles une fois que les menstruations reprennent. La réduction de l'entraînement est généralement suffisante pour ramener le cycle menstruel à la normale. Un médecin peut également prescrire des suppléments de calcium et d'autres médicaments hormonaux, comme la pilule contraceptive. Un régime riche en calcium, composé de produits laitiers, de légumes verts, de fruits de mer, etc. devrait aussi aider.

Enfin, il est très important que les femmes restent à l'écoute de leurs corps, peu importe le programme d'entraînement qu'elles suivent, tout en demeurant éveillées aux problèmes sérieux des effets secondaires reliés aux menstruations irrégulières ou à leur interruption complète. Elles devraient surveiller les perturbations de leur cycle comme signe avant-coureur d'une anomalie. Les facteurs associés à l'aménorrhée sont:

1. Perte de poids rapide ou faible taux de gras

2. Entraînement ou volume de haute intensité

3. Incapacité de s'adapter aux entraînements

4. La perception mentale de l'entraînement

5. La pression interne (auto-imposée) de performance

6. Le désir de répondre aux attentes (externes)

7. Changement soudain du stress total dans la vie d'une personne

Une fois identifiés, les mesures peuvent être prises pour éliminer les facteurs évidents pour redonner à la femme sa santé et ses fonctions menstruelles.

La grossesse et les exercices

Maman en forme

Introduction

L'objectif de cette section consiste à établir un guide d'exercices pour les femmes actives pendant la grossesse. L'intention n'est pas de rédiger un manuel. Vous n'aurez pas une gamme complète d'exercices mais simplement quelques exemples pour faciliter la planification d'exercices adéquats durant la grossesse. Planifier et créer un régime d'exercice lors de la grossesse sous la supervision étroite de votre médecin.

On connaît très peu de choses sur les effets de l'exercice sur le foetus. Des précautions doivent être prises lors d'exercice pendant la grossesse parce que les exercices ajoutent un stress supplémentaire au corps, en particulier au dos, aux hanches, aux genoux, aux jointures et aux muscles. Dans la plupart des cas un programme d'exercices raisonnables, non compétitifs, fondé sur votre forme physique peut-être le début d'une mise en forme pour la vie. Si vous êtes déjà active, vous pouvez probablement continuer vos exercices en modifiant votre entraînement à mesure de la progression, en portant attention à votre condition et en suivant les conseils de votre médecin. Pendant la grossesse, la femme doit s'assurer que le plancher pelvien et les muscles abdominaux soient bien appuyés avant de commencer un programme de course. Consultez votre médecin avant de commencer.

Advantages

On ne connaît pas très bien les avantages de poursuivre un programme d'exercice pendant la grossesse, mais cela ne devrait pas vous distraire de vos propres attentes; les avantages d'un programme d'exercice peuvent de façon générale aider le stress physique et psychologique durant la grossesse et l'accouchement.
Les bénéfices signalés sont:

1. Conservation de la capacité aérobique
2. Augmentation de sensibilité à l'insuline
3. Amélioration de la force musculaire
4. Diminution de la perception de la douleur
5. Bien-être positif
6. Acceptation de soi

L'exercice augmente non seulement la capacité aérobique, il accroît la sensibilité des muscles à l'insuline, ce qui signifie que le corps peut mobiliser et oxyder les gras plus rapidement, réduire la perte des glycogènes des muscles pendant les exercices.

Certaines recherches scientifiques ont rapporté que les femmes qui gardaient leur forme physique pendant la grossesse enregistraient des niveaux plus élevés d'endorphine B pendant le travail et l'accouchement. La perception de la douleur chez les femmes qui font de l'exercice pendant la grossesse est réduite. L'amélioration des forces musculaires peut aider à garder l'agilité et peut être particulièrement bénéfique dans le transport d'une charge supplémentaire et dans la gestion d'un changement du centre de gravité qui descend plus bas et en avant pendant la grossesse, prévenant ainsi les maux de dos.

Les changements physiologiques et anatomiques du corps de la femme pendant la grossesse sont généralement considérés comme une entrave à l'exercice. Les changements anatomiques tels la laxité des jointures et des ligaments en plus de l'augmentation du poids et des changements du centre de gravité signifient que les femmes enceintes sont à plus grand risque de foulures et d'entorses que la population en général. L'importance des ajustements du corps à ces changements dépend de plusieurs facteurs internes et externes. Au nombre des facteurs individuels, on compte l'âge, le poids du corps, la condition de santé, le type d'exercice entrepris et l'environnement dans lequel ils peuvent être pratiqué.

Assurez-vous d'en parler avec votre médecin.

Les bénéfices psychologiques pendant la grossesse

Un des plus grands avantages de l'exercice pendant la grossesse est le bien-être psychologique et émotif que cela apporte. Pour la femme enceinte, cela aide à poursuivre un programme de conditionnement physique. Votre désir de rester active dans le passé peut avoir été conscient ou inconscient. Quelques exemples:

1. Capacité de mesurer vos réalisations (essentiel à l'estime de soi).
2. L'extériorisation et la diversion des conflits (le changement d'attention des conflits internes à celui de relever des défis externes).
3. L'amélioration du sens de la maîtrise de la situation (vous ressentez de la satisfaction en vous engageant dans une activité qui, vous le savez, sera bénéfique).
4. L'exercice physique comme travail difficile (la sensation d'accomplir quelque chose après avoir complété un entraînement difficile).
5. Un exutoire à l'agressivité (faire passer l'agressivité accumulée et l'hostilité par l'activité physique).
6. L'occasion de rencontres (l'interaction avec des personnes ayant des intérêts et motivations similaires).

Le plaisir devrait inciter une femme à être active pendant la grossesse, pour le plaisir de la chose et non la peur (peur de paraître enceinte, d'engraisser, de perdre de l'endurance). L'exercice contribue au bien-être, à la confiance et à donner plus de souplesse émotive et physique. C'est une bonne occasion de faire mentir l'adage: «Pas de douleur, pas de gain». Dites plutôt: «Pas de douleur, plus de réflexion». Gardez vos niveaux d'intensité dans vos limites.

Il ne fait pas de doute que l'amélioration de l'endurance, de la tolérance, du bien-être physique et une plus grande autosuffisance, prépareront la femme aux défis réels, physiques et émotifs, inhérents à sa grossesse, à la maternité et plus encore.

Conseils pour la conservation d'un environnement d'exercice sécuritaire

Posez-vous ces questions:

1. L'endroit se prête-t-il à l'activité?
2. La sécurité est-elle relativement bonne et l'endroit libre de vices cachés ou de dangers?
3. S'agit-il d'un endroit qui n'est pas sujet à des changements dramatiques des conditions environnementales?
4. L'endroit est-il sécuritaire et sans activité criminelle?
5. Est-ce un endroit achalandé?
6. L'endroit est-il près des services d'urgences?
7. L'endroit est-il près d'un refuge où on peut obtenir de l'aide?

Risques

Les principes de réalisation d'un programme d'exercice pendant la grossesse varient. Que les femmes soient des athlètes super entraînées ou qu'elles aient simplement participé à des programmes d'entraînement en conditionnement physique pendant une courte période, la prévention des risques est la même pour les deux groupes, elles doivent suivre l'avis de leur médecin. La sécurité de la mère et du foetus devrait être la seule préoccupation. Voici une liste des risques potentiels pour celles qui entreprennent une activité physique pendant la grossesse:

Risques maternels

1. Hausse des risques de blessures musculosquelettiques
2. Complications cardiovasculaires
   a. Hypotension en supination
   b. Syndrome aortacaval, arythmie
   c. Insuffisance cardiaque
3. Fausse-couche
4. Accouchement prématuré
5. Hypoglycémie

Risques fœtaux

1. Douleurs fœtales
2. Retard de croissance intra-utérine
3. Malformations fœtales
4. Prématurité

Risques néo-nataux

1. Décroissance des tissus adipeux
2. Hyperthermie

Certains des risques énumérés sont théoriques; cependant, la prudence devrait être de mise pour éviter des complications. Si vous ressentez un des symptômes suivants, cessez vos exercices et appelez immédiatement votre médecin.

- Douleur
- Saignements
- Vertige
- Dorsalgie
- Palpitations
- Tachycardie (accélération anormale du rythme cardiaque)

- Souffle court
- Évanouissement
- Difficulté à marcher
- Douleur pubienne (ou crampe)

Guide d'exercice pendant la grossesse

Le «American College of Obstetricians and Gynecologists» (ACOG) a publié ces conseils comme guide d'exercice pour la période de grossesse. De façon générale, le guide est fondé sur les changements physiologiques qui se produisent au moment de la grossesse. Votre médecin devrait être informé que vous entreprenez un programme de conditionnement physique et il vous conseillera sur les limites, contre-indications, dangers et toutes considérations particulières.

1. L'exercice régulier (au moins trois fois par semaine) est préférable aux activités intermittentes. Les activités de compétitions ne sont pas conseillées.

2. Des exercices vigoureux ne doivent pas être entrepris lorsqu'il fait chaud et humide ou pendant les périodes de maladie fébrile.

3. Éviter les mouvements balistiques (réactions brusques, mouvements de rebond). Les exercices doivent être faits sur des surfaces absorbantes pour réduire le choc et assurer un bon ancrage des pieds.

4. Éviter les flexions profondes ou extensions des jointures à cause de la laxité des tissus conjonctifs. Les activités qui exigent de sauter, d'être secoué ou des changements rapides de direction doivent être évitées à cause de l'instabilité des jointures.

5. Les exercices vigoureux doivent être précédés de 5 minutes d'échauffement musculaire. Cela peut se faire par une marche lente ou sur bicyclette stationnaire à faible résistance.

6. Les exercices vigoureux doivent être suivis d'une diminution progressive de l'activité, comprenant des étirements stationnaires faibles. Parce que la laxité des tissus conjonctifs augmente les risques de blessure des jointures, les étirements ne doivent pas être amenés au point de résistance maximale.

7. La fréquence cardiaque doit être mesurée au sommet de l'activité. Les fréquences cardiaques cibles et les limites établies en consultation avec le médecin ne devraient pas être franchies.

8. Des précautions doivent être prises lorsqu'on se lève pour prévenir l'hypotension orthostatique. Un type d'activité avec les jambes devrait être poursuivie pendant une courte période de temps.

9. Il faut consommer beaucoup de liquides avant et après l'exercice pour prévenir la déshydratation. Au besoin, faire une pause durant l'activité pour vous réhydrater.

10. Les femmes qui ont mené des vies sédentaires doivent commencer par des activités physiques de très faible intensité et progresser très lentement.

11. Cessez l'activité immédiatement et consultez un médecin si des symptômes anormaux apparaissent.

Développer un programme pour l'exercice pendant la grossesse

Le but de l'exercice pendant la grossesse devrait être de garder le plus haut niveau de forme physique avec le maximum de sécurité. Tenant compte de ces contraintes, il n'est pas possible de conserver un conditionnement cardiovasculaire optimal ni de conserver les niveaux de force d'entraînement atteints pendant l'état normal sans grossesse.

La fréquence cardiaque pour mesurer l'intensité

Pour toute activité, votre fréquence cardiaque est le meilleur indicateur de votre niveau d'entraînement. Autrefois, vous vous êtes fié à votre zone cible pour tous les entraînements dans la zone limite. En utilisant la fréquence cardiaque de cette manière, vous assuriez que votre entraînement atteignait son niveau d'efficacité mais pas suffisamment fort pour que la fatigue s'installe et s'accumule pendant plusieurs journées d'entraînement.

Pendant la grossesse, la fréquence cardiaque sera un des outils les plus utiles dans l'évaluation de la réaction du corps aux effets de l'entraînement. Il est important de noter que l'angoisse supplémentaire de la grossesse est reflétée par des changements de fréquences cardiaques au repos et en exercice.

Votre fréquence cardiaque réagit à l'intensité de l'augmentation à l'exercice pendant la grossesse, tout comme la fréquence cardiaque au repos. Cette modification a d'importantes conséquences si vous utilisez fréquemment votre rythme cardiaque comme moyen d'atteindre les niveaux d'intensité dans votre routine d'exercice.

Conseils

Sans supervision, l'intensité de l'exercice devrait être réduit d'environ 25%, le rythme cardiaque ne pas dépasser 140 bpm et la période d'efforts ne pas dépasser 15 à 20 minutes, intercalées d'exercices de faible intensité et de repos. En surveillant l'activité de cette manière, on peut réduire considérablement les risques.

La création du programme personnalisé

Que vous continuiez à participer aux mêmes activités ou que vous changiez, des ajustements devront être faits à l'intensité, la fréquence et la période de temps consacrée à l'exercice.

Il existe plusieurs bienfaits supposés, mais non prouvés, des exercices pour les femmes enceintes. L'accouchement est plus court, la prévention de varices, de thrombose et des crampes aux jambes sont meilleurs. On note également une meilleure attitude mentale. Les exercices aident certaines femmes à faire face aux douleurs de l'accouchement. Lorsque les exercices appropriés sont faits, il peut y avoir certains bienfaits pendant la grossesse, comme le maintien d'une bonne posture, la prévention de maux du bas du dos et, après la naissance, un rétablissement plus facile. Certaines routines d'étirements doivent être modifiées pour prévenir les blessures.

Les femmes enceintes participant aux programmes d'exercices devraient être examinées périodiquement pour évaluer l'effet de leur programme d'exercice sur le développement du foetus et ajuster leurs programmes en regard de leur niveau de tolérance ou l'interrompre, au besoin.

La modération et la personnalisation sont à conseiller et il n'y a pas de raison de ne pas modifier une activité si elle est trop difficile à réaliser dans sa conception originale. Exemple: le redressement assis d'une position semi-couchée est bon pour les abdominaux, mais lorsque l'abdomen grossit, il est peut-être indiqué que la femme commence l'exercice en position droite et qu'elle se couche lentement en position semi-couchée.

Les exercices en position couchée ne devraient être entrepris sous aucun prétexte pendant la grossesse. Il s'agit de prévenir les incidents d'hypotension orthostatique et du syndrome de compression aortocaval. Il faut se rappeler qu'il y a déjà un grand stress au bas du dos chez une femme enceinte en raison du poids de la région avant de l'estomac. Donc, tous les exercices qui demandent que la mère soit sur le dos doivent se faire en position semi-couchée ou préférablement en position assise avec les jambes pliées et les genoux levés.

La constance est la partie la plus importante d'un programme d'exercice. Si la personne ne veut pas faire d'exercices réguliers, elle devrait probablement diminuer beaucoup l'intensité de son programme d'exercice. Elle préviendra ainsi les blessures associées à des exercices difficiles.

La grossesse est l'occasion idéale de changer ses comportements.

Échauffement et récupération

Chaque activité devrait commencer par 10 à 15 minutes d'échauffement et se terminer par 10 à 15 minutes de récupération. Pendant l'exercice, la fréquence cardiaque maternelle ne doit pas dépasser 140 bpm. Les changements cardiorespiratoires ainsi que les changements aux ligaments et aux jointures demandent des soins particuliers pour effectuer les exercices de façon sécuritaire.

Activités sportives récréatives

On ne sait pas si la femme enceinte est plus à risque d'entorses et de foulures que la population en général. Il est à noter qu'il y a un risque orthopédique associé à certaines de ces activités et la poursuite de ces activités pendant la grossesse peut augmenter les risques de complications.

La femme enceinte devrait éviter toutes activités qui implique des contacts physiques pour réduire le risque de blessures à l'abdomen. Elle doit aussi réduire l'intensité d'autres sports comme ceux où on utilise une raquette et les sports dans les terrains de jeux pour réduire les risques de blessures aux extrémités.

La course

Voilà un exercice qui ne devrait pas être entrepris par une femme une fois qu'elle a obtenu un résultat positif d'un test de grossesse. Celles qui veulent poursuivre leur programme pendant la grossesse le peuvent, mais doivent prendre certaines précautions pendant le premier trimestre advenant certaines complications p.ex. la nausée, les vomissements, une faible augmentation de poids.

La cétose et l'hypoglycémie sont plus susceptibles de se manifester durant les exercices ardus et prolongés.

La nausée, les vomissements et un sentiment général de fatigue ou de léthargie habituels chez la femme enceinte en empêcheront plusieurs de courir de longues distances.

Recommandations

Pendant le premier trimestre, les femmes enceintes devraient réduire leurs distances à pas plus de 3 km (2 mi) par jour pour réduire le risque d'hyperthermie et de déshydratation. L'objectif de la course pendant la grossesse consiste à garder sa forme physique et non à se préparer à la compétition; de plus courtes distances devraient donc suffire. Si l'on veut aller au-delà de ces recommandations, il faut le faire avec les conseils de votre médecin.

Pendant les deuxième et troisième trimestres, l'augmentation du poids peut rendre la course encore plus difficile et occasionner des tuméfactions, varices, la laxité des jointures; donc une diminution des performances.

En raison de la laxité des jointures, les femmes devraient être très prudentes dans leur parcours de course.

La marche

La marche est toujours une façon plus raisonnable et un bon substitut à la course, particulièrement si la course devient difficile durant la grossesse.

Un programme de marche peut comprendre de 6 à 10 km (4 à 6 mi) de marche selon le terrain et la température. Les mêmes précautions devraient êtres suivies pour prévenir la déshydratation et l'hyperthermie.

Conseils pour la course ou la marche

1. Ne commencez pas un programme de course pendant que vous êtes enceinte.

2. Réduisez le kilométrage à un maximum de 3 km (2 mi) par jour.

3. Ne faites pas d'exercices s'il fait chaud et humide (au-dessus de 39°C (100°F)).

4. Portez des chaussures de course ou de marche avec un support approprié.

Conseils pour éviter l'hyperthermie

Voici plusieurs précautions à prendre pour une femme enceinte pour éviter l'hyperthermie pendant l'exercice;

1. Habituez-vous graduellement à la température.
2. Évitez le pire de la chaleur en vous entraînant tôt le matin ou dans un endroit climatisé.
3. Portez des vêtements qui permettent l'évaporation de la transpiration.
4. Buvez beaucoup de liquides.
5. Ne faites pas d'exercice si vous êtes malade.
6. Le système de camaraderie fonctionne bien pour détecter les détresses attribuables à la chaleur.

Cours de conditionnement physique

Avantages

1. Possibilité de s'entraîner en groupe
2. Maintien de l'endurance cardiovasculaire
3. Garder son endurance et sa force musculaire

Parce que l'aérobie est une activité de mise en appui, les mêmes préoccupations associées à la course devraient être prises en compte par la future mère (stress dû à la chaleur, blessures possibles aux jointures et ligaments, souffrance fœtale non diagnostiquée). À mesure du progrès de la grossesse, certains mouvements aérobiques en classe devraient être modifiés pour s'adapter aux changements.

Conseils

1. Les exercices particuliers à éviter comprennent la surextension et les exercices sur le dos (position couchée).
2. Éviter les exercices sur les surfaces dures. Limitez à 10 la répétition de mouvements.
3. Échauffez-vous et récupérez graduellement. Modifiez l'intensité des exercices (changez l'intensité d'élevée à faible, ne visez pas le podium).
4. Évitez les classes où la compétition règne.

La bicyclette pendant la grossesse

Le cyclisme est une activité qui est sans mise en appui. Les risques de blessures musculosqueltiques sont beaucoup moins grands que pour les activités de mise en appui comme la course ou l'aérobie.

Le cyclisme n'est pas cependant sans risque, surtout le cyclisme stationnaire. La possibilité pour le corps de disperser la chaleur est compromise à cause du manque de circulation d'air. De plus, le cyclisme peut ajouter un stress au bas du dos s'il est en position aérodynamique comme sur les 10 vitesses. Ces risques peuvent être réduits en:

1. Faisant du vélo stationnaire avec un ventilateur.
2. Adoptant une position plus droite.
3. Fortifiant les parois abdominales.
4. Essayant, dans la mesure du possible, les nouveaux vélos couchés (assis en position inclinée lorsque vous pédalez). Les femmes enceintes les trouvent particulièrement confortables.

Conseils

1. Le programme peut commencer à la grossesse.
2. Le vélo stationnaire est préférable au vélo normal en raison

des changements de poids et d'équilibre, surtout après le septième mois.

3. Faire du vélo peut causer du stress au bas du dos.
4. À éviter à l'extérieur par température très chaude et par grande pollution.

Les entraînements avec poids pendant la grossesse

Les appareils de poids et haltères sont utilisés plus souvent que les haltères libres et les risques de blesser le bébé en échappant un poids sont réduites. On peut quand même se servir des poids libres, mais le besoin d'un observateur est plus important.

Des précautions doivent être prises pour l'entraînement aux poids et haltères pour la femme enceinte. Car, compte tenu de la condition du corps, il est facile de tordre un disque de la colonne vertébrale en conséquence de la relaxation des jointures et des ligaments.

Tout programme qui fait travailler l'ensemble du corps, tonifie et développe la flexibilité peut être recommandé dans des limites raisonnables.

Un problème possible est l'hypertension transitoire causée par la manœuvre de Valsalva. Les techniques de bonne respiration (expiration lors de la levée) éviteront que le problème survienne.

La manœuvre de Valsalva* causée par une mauvaise respiration engendre:

1. L'hypotension orthostatique
2. Une perfusion amoindrie de l'utérus

Des poids légers et des répétitions modérées peuvent constituer un programme suffisant pour garder la flexibilité tout en tonifiant les muscles. Dans votre programme d'entraînement au poids et haltères, assurez-vous que vous:

*Manœuvre de Valsalva : une manœuvre augmentant la pression intra-abdominale. La personne tente d'expirer avec force avec la glotte (la trachée) fermée, ne permettant pas à l'air de passer, soit par la bouche ou par le nez, par exemple, tout comme lors d'une toux violente, forcer comme pour aller à la selle, ou soulever un poids lourd. Cette manœuvre entrave le retour du sang veineux vers le cœur.

1. Diminuez la charge avec l'évolution de la grossesse.
2. Ne faites pas d'exercice en position couchée.

Conseils

1. L'entraînement aux poids et haltères peut être poursuivi avec précaution pendant la grossesse.
2. Trop de résistance sur les appareils est déconseillé.
3. L'usage de poids libres lourds est déconseillé.
4. La respiration appropriée est nécessaire pour éviter la manœuvre de Valsalva.

La course et la gymnastique dans l'eau pendant la grossesse

Courir dans l'eau est un exercice tellement efficace que plusieurs athlètes victimes de blessures qui l'ont pratiqué ont couru leur meilleur temps personnel sans avoir couru au sol pendant au moins un mois. Courir dans l'eau vous permet les mêmes gestes que la course sur terre ferme, en vous servant de la résistance de l'eau mais sans la force de l'impact sur les os et les tissus mous des jambes. Pour la plupart des gens, les séances de course dans la piscine amélioreront beaucoup de mouvements, faciliteront la flexibilité et protégeront le système cardiovasculaire.

Que faire pendant la grossesse? La course dans l'eau est une bonne façon de diminuer le stress de la course normale. L'eau fraîche aide à garder la température à un niveau normal et la différence des bienfaits cardiovasculaires est minime. Par contre la technique utilisée pour courir dans l'eau change. Normalement la course dans l'eau est faite en eau profonde. Avec l'aide d'une ceinture de flottaison ou d'un gilet de sauvetage, vous restez au-dessus de l'eau et en position droite. Un appareil de flottaison peut être inconfortable pour une femme enceinte; l'exercice se fera alors dans la zone où l'eau arrive aux épaules. Dans cette situation, vous marchez dans l'eau. Balancez vos bras naturellement dans l'eau. Cela donnera un entraînement au haut du corps. Pour tromper l'ennui, marchez de côté, à reculons et en avant. Vous pouvez même essayer quelques pas de danse aérobique.

Les exercices dans l'eau et les entraînements en eau profonde sont plus agréables lorsqu'ils sont pratiqués en groupe. Vérifiez auprès de votre piscine communautaire ou auprès du Coin des coureurs pour le programme d'eau le plus près de chez vous.

Lorsque vous courez en eau profonde, vous devriez simuler le mouvement de la course autant que possible. Ne penchez pas trop vers l'avant. Ramenez les épaules en arrière et gardez les genoux bien hauts en les pliant bien sous les fesses. Les bras doivent bouger en même temps que les jambes. Commencez par 15 à 30 minutes dans la piscine selon votre niveau de conditionnement physique.

La nutrition pendant la grossesse

Renseignements fournis par Santé Alberta

Votre bébé et vous

La maternité est une période de neuf mois pendant laquelle votre corps subit de profondes modifications. La nourriture que vous consommez offre les nutriments adéquats pour la croissance et le développement de votre bébé et de vos propres tissus. En mangeant adéquatement vous avez plus de chances d'avoir une maternité et un bébé en santé.

Augmentation du poids

Il se peut que vous vous inquiétiez de savoir si vous mangez suf-fisamment pour le bébé. La manière la plus facile de le vérifier est de consulter votre augmentation de poids. Normalement la femme gagne de 9 kg à 16 kg (20 lb à 35 lb). Les femmes maigres avant la grossesse devraient être dans la zone supérieure de ce barème et celles ayant un excédent de poids devraient au contraire se trouver dans la zone inférieure de l'échelle. Votre médecin peut recommander un poids cible.

Pendant les trois premiers mois de la maternité, votre poids n'augmentera que très peu, probablement de 1 kg à 2 kg (2 lb à 4 lb). Le gain de poids survient dans les derniers six mois, à un rythme de 0.4 à 0.5 kg à 1 kg (¾ lb à 1 lb) par semaine.

Si vous gagnez 11 kg (24 lb) pendant la grossesse, le poids sera distribué parmi plusieurs composants. Comme vous vous en doutiez, votre bébé, le placenta qui le nourrit et le liquide amniotique qui l'entoure et le préserve comptent pour la plus grosse partie avec 5 kg (10,5 lb). L'augmentation de sang maternel et de stockage d'énergie (comme le gras) pour nourrir le bébé est la deuxième plus grande partie, avec 2 kg (4,4 lb) chacun. Les seins et l'utérus ensemble augmentent d'environ 1.3 kg (2,9 lb). Finalement il y a une augmentation de 1 kg (2,2 lb) des liquides des tissus.

L'augmentation de poids devrait être graduelle et soutenue. Une augmentation rapide de poids causée par la rétention d'eau à environ la 20e semaine est appelée une pré-éclampsie. C'est une complication d'origine inconnue. Elle se manifeste par une augmentation de l'hypertension artérielle et des pertes de protéines dans le sang. Vous devez informer votre médecin de toute augmentation rapide de votre poids.

Choisissez la qualité

Votre appétit peut augmenter dans les trois premiers mois de la grossesse et même davantage dans les derniers six mois. Mais manger pour vous et le bébé ne signifie pas manger deux fois plus qu'avant.
En fait l'augmentation quotidienne d'énergie nécessaire est très faible. Vous avez besoin de 100 calories de plus par jour dans les trois premiers mois et de 300 calories par jour pour le reste de la grossesse. (100 calories, c'est une banane moyenne, 200 ml (¾ de tasse) de yogourt nature, 30 g (1 on) de fromage, six craquelins, ou un verre de jus).

- Si vous utilisez le système métrique, 1 calorie = 4,184 kj (kilojoule)

Parce que vos besoins en nutriments augmentent, l'énergie additionnelle se retrouve dans des aliments riches en nutriments. Vous devez choisir des aliments de qualité pendant toute votre grossesse. Vérifiez votre diète, servez-vous du Guide alimentaire canadien pour manger sainement en qualité et en quantité.

Et la mauvaise alimentation? Que faites-vous lorsque vous essayez de bien vous alimenter mais ce que vous désirez réellement c'est un beigne ou un sac de croustilles? Voyez d'abord si vous pouvez substituer. Pouvez-vous satisfaire votre besoin pour des croustilles en prenant des craquelins? Est-ce qu'un muffin aux noix et banane remplacera votre beigne? Est-ce qu'une beigne au blé entier ferait l'affaire?

Si vous ne pouvez changer, mangez- en (mais essayez de vous en tenir à une petite portion). La valeur nutritive de votre diète ne sera pas ruinée en mangeant des aliments moins bons pour vous. Se régaler à l'occasion peut éviter que votre besoin devienne une obsession.

Essayez de placer tout cela en perspective. Oui, vous devez bien vous alimenter. Mais vous devez obtenir un certain plaisir à manger. Vous pouvez avoir les deux.

Les besoins spéciaux en nutriments

Comme vous vous y attendiez, il vous faut une augmentation de nutriments pendant la grossesse. Les éléments suivants sont particulièrement importants pour le développement du bébé.

1. Protéines: pour la croissance de toutes les cellules, les os inclus, les muscles et les vaisseaux sanguins.

2. Fer et acide folique: parce que votre corps a plus de sang pour amener les nutriments au bébé.

3. Calcium et vitamine D: pour des os et des dents solides.

4. Vitamine C: une bonne santé de la peau et des gencives, et de bonnes parois des vaisseaux sanguins.

Troubles de la digestion

La nausée peut se produire à n'importe quelle heure de la journée. Les motifs de la nausée et des vomissement, fréquents au premier trimestre, ne sont pas très bien compris. Les suggestions de diètes comprennent:

- Manger des aliments secs comme des craquelins, rôties sèches, céréales juste avant de sortir du lit le matin.
- Manger de petites quantités de nourriture fréquemment, par exemple, six à huit fois par jour. Essayez d'inclure de petites quantités de protéines comme la viande, le poisson, les œufs, le fromage à ces collations.
- Boire des liquides une demi-heure après le repas ou boire entre les repas plutôt que pendant le repas.
- Limiter la quantité de gras et d'aliments riches en gras.
- Limiter la consommation de café, de thé et d'alcool.
- Éviter les odeurs des aliments en consommant des aliments froids ou à la température de la pièce.

Suggestions additionnelles en cas de nausées:

- Éviter les ceintures et les sous-vêtements serrés.
- Éviter l'angoisse et profitez de soutien affectif.
- Se reposer suffisamment.
- Employer des techniques de réduction du stress, p.ex. les exercices de respiration, le yoga.
- Avoir suffisamment d'air frais dans la pièce où vous reposez et dans la cuisine lors de la cuisson.

Les brûlures d'estomac, l'indigestion et l'éructation sont fréquents pendant les deuxième et troisième trimestres lorsque le bébé grossit dans l'estomac. Pour soulager l'inconfort:

- Manger de plus petites quantités de nourriture plus fréquemment et mangez lentement.
- Éviter les aliments épicés, gras et frits, et tous les aliments nocifs. Tous les aliments n'affectent pas les personnes de la même manière.
- Éviter les cafés, thés et alcools.
- Boire des liquides entre les repas plutôt que pendant le repas.
- Éviter de vous pencher ou de vous coucher 1 à 2 heures après le repas. Si vous désirez vous coucher, garder la tête haute.

Les antiacides nuisent à l'absorption d'importants minéraux comme le calcium et le fer. Le bicarbonate de sodium contient un taux élevé de sodium et n'est pas recommandé.

Constipation

La constipation est un problème fréquent dans la deuxième moitié de la grossesse. C'est que le système digestif fonctionne au ralenti pour augmenter l'absorbtion des nutriments des aliments, et le foetus en croissance exerce une pression sur les tubes digestifs. Les suppléments de fer peuvent contribuer à augmenter la constipation. Pour atténuer la constipation:

- Prenez suffisamment de liquides dans votre diète: au moins 1,5 à 2 litres (6 à 8 tasses) par jour d'eau, de lait, de jus et de soupe (le jus de prune peut aider).

13

- Consommez des aliments riches en fibres aux repas; fruits crus ou secs, légumes, son et autres céréales de grains entiers; pains, noix et graines, pois cuits et secs, fèves et lentilles.
- N'oubliez pas que les repas qui ne sont pas consommés à heures fixes favorisent la constipation.
- Le café et le thé peuvent favoriser la constipation.

De plus...

- Faites de l'exercice modéré chaque jour en prenant une marche.
- Évitez les laxatifs ou l'huile minérale. Ces produits peuvent réduire l'absorption de nutriments alimentaires. Si vous avez besoin d'un laxatif, consultez votre médecin ou pharmacien.
- Bien qu'un passage régulier et tranquille à la toilette puisse exiger une petite réorganisation de l'horaire, cela aide à prévenir la constipation, tout comme une réponse immédiate au besoin de déféquer.

L'écart entre les maternités

D'un point de vue nutritif, il devrait y avoir au moins 24 mois entre la fin d'une maternité et le début d'une autre. Ce temps est requis pour permettre au corps se remettre de la grossesse, de l'allaitement au sein et de reconstituer de l'approvisionnement en nutriments dans le corps.

En pratique ce n'est pas toujours possible. Discutez-en avec votre médecin.

Certaines unités de santé offrent les services de nutritionnistes et d'infirmières en santé publique qui peuvent répondre à vos questions pendant la grossesse. Contactez votre CLSC pour plus de renseignements.

Fixer des objectifs pendant la grossesse

Fixer des objectifs, créer un plan de conditionnement physique pendant la grossesse doivent avant tout tenir compte de vos sentiments, de l'avis de votre médecin et de votre forme personnelle.

A. Conditionnement pré-natal

Que faire pour être en bonne condition physique avant la grossesse?

S'il-vous-plaît, écrivez vos réponses. Énumérez le nombre de fois par semaine et le temps de chaque séance:

_____
_____
_____
_____
_____

Votre niveau de conditionnement physique prénatal vous aidera à développer des buts réalistes pendant la grossesse.

B. Fixer des objectifs pendant la grossesse

Quel est mon objectif de mise en forme pendant la grossesse?

1. Objectif à long terme

Maintenir un carnet d'entraînement

_____
_____
_____
_____

2. Objectif à court terme

Premier trimestre

Avis du médecin

_____
_____

Mes objectifs

_____
_____

Modifier

_____
_____

Deuxième trimestre

Avis du médecin

_____

_____

Mes objectifs

_____

_____

Modifier

_____

_____

Troisièmes trimestre (le poids et la gravité auront un effet)

Avis du médecin

_____

_____

Mes objectifs

_____

_____

_____

Les bébés arrivent rarement à la date prévue.
Nous avons dépassé la date prévue!

Modifier

_____

_____

_____

C. Objectifs après la naissance

Pendant cette période, vous traversez plusieurs changements. Votre corps se transforme et votre style de vie change. Ne vous découragez pas si vous sentez que vos objectifs de forme physique à long terme vous semblent lointains. Tout doit être modifié.

D. *Enfin je fais quelque chose*

1. Démarrez lentement.

2. Établissez de nouveaux buts à court terme et long terme.

3. Décidez des meilleurs jours et moments pour l'entraînement.

4. Écrivez tout et rappelez vous que les objectifs visés changent constamment.

1er Trimestre

Jours	Marcher	Courir
Lundi	Repos	Repos
Mardi	20 à 30 min	30 à 45 min
Mercredi	Repos	Repos
Jeudi	20 à 30 min	30 à 45 min
Vendredi	Repos	Repos
Samedi	35 à 45 min	30 à 40 min
Dimanche	20 à 30 min	60 min (Marcher 1 min Courir 4 à 10min)

2e Trimestre

Lundi	Repos	Repos
Mardi	20 à 45 min	30 à 45 min (Marcher 1 min Courir 4 à 10min)
Mercredi	Repos	Repos
Jeudi	20 à 45 min	30 à 45 min (Marcher 1 min Courir 4 à 10min)
Vendredi	Repos	Repos
Samedi	45 à 60 min	40 à 60 min (Marcher 1 min Courir 4 à 10min)
Dimanche	20 à 45 min	20 à 45 min (Marcher 1 min Courir 4 à 10min)

3e Trimestre

Lundi	Repos	Repos
Mardi	20 à 30 min	30 à 45 min (Marcher 1 min Courir 4 à 10min)
Mercredi	Repos	Repos
Jeudi	20 à 30 min	20 à 30 min (Marcher 1 min Courir 4 à 10min)
Vendredi	Repos	Repos
Samedi	35 à 45 min	30 à 45 min (Marcher 1 min Courir 4 à 10min)
Dimanche	Repos	Repos

13

Chapitre 14
Blessures

Blessures pendant la course

La plupart des coureurs sont très motivés et engagés dans leur sport. Ils pensent que s'ils ne s'inscrivent pas à une course, il leur manquera quelque chose. Ils courent de longs kilomètres, mais oublient souvent d'écouter leur corps.

Vous pouvez éviter les blessures en prêtant attention à vos techniques d'entraînement et n'en faites pas trop, trop tôt. Le meilleur moyen pour prévenir les blessures repose sur le maintien d'une bonne force musculaire et d'une bonne flexibilité.

La plupart des blessures de course proviennent du surmenage; soyez à l'écoute de votre corps et sachez reconnaître les alertes. Si vous êtes de mauvaise humeur ou plus impatient que d'habitude, il se peut que vous ayez besoin de quelques jours de repos. Autres signes de fatigue: susceptibilité aux rhumes et aux grippes, insomnie, difficultés à s'endormir, pouls élevé au repos ou plus de maux et de douleurs aux membres. N'oubliez pas: la douleur résulte souvent du manque de réflexion.

Les causes fréquentes de blessures

- Trop de kilomètres, trop rapidement.
- Courir dans des chaussures usées ou qui ne conviennent pas.
- Manque de repos, par exemple courir trop les jours «allégés».
- Absence d'une bonne base de kilomètres.
- Poursuivre la course lorsqu'on est fatigué.
- S'exercer avec trop d'intensité pendant les intervalles et les courses tempo.
- Trop d'entraînement en vitesse ou trop de côtes.

Biomécanique

Le style de course et le choix de chaussure sont deux facteurs qui peuvent causer des blessures. Nous avons parlé du bon choix de chaussure dans le présent guide; maintenant nous allons expliquer comment fonctionne le pied et comment le lien se fait avec le reste du corps.

Plusieurs personnes ne souffrent que de petites blessures ou n'ont pas de blessures. D'autres ont constamment des douleurs. La clé du rétablissement et de la guérison des blessures consiste à se rappeler qu'il y a une cause aux blessures (chaussures inadéquates, changement radical dans le volume et l'intensité de l'entraînement, etc.) et si la cause n'est pas corrigée, le traitement (repos, médicaments, etc.) ne sera pas efficace.

14

Voici quelques renseignements importants sur la biomécanique:

1. Dirigez le corps avec les hanches.

2. Gardez le corps droit, la tête haute et évitez de vous incliner vers l'avant.

3. Frappez d'abord le sol avec le talon puis, élancez-vous sur la pointe des orteils avec un mouvement harmonieux.

4. Ne vous crispez pas. La crispation (mains, pieds, yeux) transfère le stress à d'autres parties du corps et rend la course très désagréable.

5. Évitez le balancement excessif des bras, de trop lever les genoux, etc. Ces mouvements occasionnent des pertes d'énergie et rendent la course plus difficile.

Questions fréquentes à propos des blessures

Question: J'ai l'impression de perdre le combat contre mes blessures de course; les personnes à qui j'en ai parlé semblent tous avoir une opinion différente sur ce que je devrais faire. Je ne suis pas certain de savoir qui écouter.

Réponse: Vous n'êtes pas seul dans cette situation. Il semble qu'en ce qui concerne les blessures de course, tout le monde est un expert. Votre meilleur atout est de consulter un professionnel de la médecine qui traite les coureurs (médecine sportive, physiothérapeute, chiropraticien, etc.) et de lui demander une évaluation de votre condition. Si vous trouvez la cause de vos blessures, il ne vous faudra pas beaucoup de temps avant de pouvoir courir en bonne santé.

Liste de contrôle pour courir avec blessures

Vous pouvez courir si:

1. Vous ne ressentez aucune douleur en marchant ou en montant et descendant des escaliers.
2. La douleur ou la raideur n'est présente qu'au début de la course.

3. La douleur ne s'aggrave pas si vous continuez de courir chaque jour.
4. Les étirements ou la pose de glace avant la course gardent la douleur sous contrôle.
5. Les bénéfices de la course dépassent les effets négatifs et vous ne créez pas un problème chronique qui vous affectera tous les jours.

Ne courez pas si:

1. Il y a de l'enflure ou une ecchymose importante.
2. La douleur est intense et s'aggrave en courant.
3. La douleur après la course est grave.
4. Vous avez un problème des voies respiratoires supérieures, concentré autour de votre poitrine.
5. Vous devez modifier sensiblement votre style de course pour pouvoir courir.

Si la douleur est présente au début de la course mais qu'elle disparaît ensuite:

1. Continuez de courir mais passez plus de temps à faire des étirements pendant la période d'échauffement.
2. Commencez votre course à une cadence plus lente.
3. Échauffez-vous avec la marche, la bicyclette ou tout autre activité aérobique avec peu de mise en appui.
4. Envisagez de courir plus tard dans la journée si vous courez normalement le matin.

14

Si la douleur se manifeste une fois la course commencée:

1. Continuez si la douleur ne s'aggrave pas.
2. Si la douleur est intense au début, arrêtez de courir et faites des étirements ou marchez et essayez de reprendre la course.
3. Essayez d'arrêter de courir avant que la douleur ne commence si vous savez qu'elle n'arrêtera pas tant que vous ne cesserez pas de courir (p.ex. le syndrome douloureux tibial).
4. Faites une partie de votre entraînement par la course et le reste en entraînement parallèle.

Si la douleur apparaît après la course:

1. Réduisez de moitié votre parcours jusqu'à ce que le problème soit résolu.
2. Assurez-vous de faire vos étirements et d'appliquer de la glace après la course avant l'apparition de la douleur ou de la raideur.

Recommencer après une blessure ou un arrêt:

1. Commencez par 50% de votre programme.
2. Si tout va bien augmentez la routine de 10% par semaine.
3. Prenez des jours de repos et faites des entraînements parallèles.
4. Ne faites pas de compétition avant d'être prêt.

Point de côté

Question:

J'ai fait une pause cet hiver et j'ai arrêté de courir. Puis, quand j'ai voulu revenir à mon entraînement ce printemps, j'ai commencé

à souffrir de points au côté droit, au même endroit et au même moment, à chaque course. Si j'arrête et que je fais des étirements, le point disparaît mais revient plus tard. J'ai tenté diverses techniques de respiration, tenu mes bras au-dessus de ma tête quand je le sentais venir, appliqué un massage sur la partie qui fait mal, mais rien ne semble fonctionner. Avez-vous des suggestions?

Réponse:

Vous faites des exercices qui, d'habitude, allègent ce qu'on appelle communément le «point du coureur». À vrai dire, les spécialistes de la médecine sportive ne s'entendent pas sur la cause de ce malaise. En travaillant avec les coureurs, j'ai découvert qu'il faut les faire commencer la course très lentement et graduellement augmenter l'intensité. Plusieurs se sont rendus compte qu'au début d'une course, les 10 premières minutes et le démarrage accéléré étaient la source de leur problème. La respiration est un autre élément sur lequel il faut travailler. Concentrez votre respiration à soulever le diaphragme plutôt que de respirer par le haut du thorax. Arrondir les lèvres quand vous expirez aide à vidanger l'air des poumons et à détendre le diaphragme. Restez calme et concentrez-vous à diriger votre respiration pour qu'elle soit contrôlée et détendue. Nous avons tous l'habitude de commencer la courses avec trop d'intensité plutôt que de travailler à augmenter lentement l'intensité.

Irritation

Question:

Quand je fais un long parcours, J'ai des douleurs aux mamelons (je suis un homme de 47 ans). À ma dernière course, ils ont fait tellement mal qu'ils ont commencé à saigner au 18e km. Deux jours plus tard, ils sont toujours sensibles. Est-ce anormal? Que puis-je faire pour corriger cette situation?

Réponse:

Votre situation est très fréquente parmi les coureurs, surtout lorsqu'ils augmentent leurs distances. L'irritation est provoquée par les sels minéraux générés par la transpiration. Dans les longs parcours, on transpire plus longtemps; remarquez que fréquemment, la sueur et le sel coulent sur le visage, etc. Le sel peut être la cause de l'irritation dans la région du mamelon, à l'aine et, chez les femmes, au contour du soutien-gorge.

Un lubrifiant comme le Bodyglide aidera. Porter un textile du genre Coolmax plutôt que du coton peut être bénéfique. Le coton retient la sueur et le sel alors que le Coolmax transporte la sueur à la couche extérieure, d'où elle s'évapore.

Dans les cas graves et dans le cas de mamelons irrités, utilisez un produit liquide comme le Second Skin qui est un pansement liquide. Ces produits couvrent les parties blessées d'une fine couche protectrice et aident à guérir les blessures. Le NipGuard et les pansements constituent le meilleur choix pour prévenir l'irritation des mamelons.

Les blessures reliées à la vitesse

Pour beaucoup de coureurs, écouter leur corps est la meilleure façon d'éviter les blessures. Pendant les périodes de stress, notre corps nous envoie des signaux et nous apprenons la différence entre une douleur résiduelle après une bonne course, et la sensation d'un resserrement aigu qui indique qu'une blessure a été subie ou va bientôt l'être. La technique, la prise de pied et l'intensité, conjuguées avec la surface sur laquelle nous courons, contribuent à la prévention des blessures aux muscles, aux cartilages et aux os.

Conseils pour la prévention des blessures

14

1. Surveillez les premiers signes du surentraînement, faites très attention à la course rapide, à la course en descente de côte, aux surfaces courbes ou accidentées.

2. Les journées de forte intensité devraient être suivies par des journées de faible intensité. Ce système difficile/facile s'applique tous les jours de la semaine et du mois pendant l'entraînement. Tout comme nous avons des journées difficiles/faciles, après 4 semaines d'intensité élevée, nous avons besoin d'une semaine facile pour modérer l'intensité.

3. Vous remarquerez que dans ma recommandation concernant la vitesse, nous vous faisons courir de 85% à 90% de votre fréquence cardiaque maximale. Courir à 100% peut poser un risque sérieux de blessure. Les entraînements en vitesse animent votre rendement en course, mais soyez prudent.

4. Incorporez une période de réchauffement et de refroidissement dans toutes séances d'intensité élevée. Les séances d'exercices de haute intensité incluent les côtes, les séances de vitesse, les courses tempo et les courses fartlek.

5. Le réchauffement avant la course habitue le corps aux rigueurs de la course en augmentant le débit sanguin vers les muscles qui travaillent. Le réchauffement devrait être fait entre 40% et 50% de votre fréquence cardiaque maximale.

6. Un refroidissement d'au moins 10 minutes aide à dissiper l'acide lactique accumulé dans les muscles, réduit lentement la fréquence cardiaque jusqu'à son niveau de repos, et rétablit l'état d'équilibre de votre corps.

7. Les muscles et les tendons flexibles sont importants dans la prévention de blessures et pour vous permettre de réussir vos meilleurs chronos. L'étirement ne devrait jamais faire souffrir; soyez doux. Travaillez la flexibilité et l'amplitude des mouvements.

8. Faites preuve de patience; l'amélioration du rendement vient avec le temps. Une blessure interrompt un des aspects important de votre programme, la fréquence.

9. Quand vous ressentez une douleur aigue, consultez votre médecin.

10. Continuez à avoir du plaisir pendant l'entraînement en essayant d'aller au delà du niveau de confort. Vous constaterez un rendement amélioré et l'absence de blessures, si vous équilibrez les séances d'intensité élevée et le repos.

Surmenage articulaire et traumatisme

Définition

Il existe deux sortes de blessures qu'un athlète peut s'infliger: l'une est provoquée par un traumatisme, l'autre par le surmenage des muscles.

Traumatisme

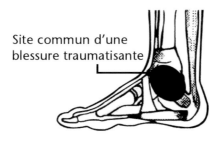

Site commun d'une blessure traumatisante

Les blessures traumatiques sont violentes et soudaines; entorse, lacération, claquage du ligament, élongation musculaire, fracture causée par une chute. Ces sortes de blessures exigent habituellement un traitement professionnel immédiat. Si la blessure produit une douleur immédiate, une enflure, l'incapacité d'utiliser la partie blessée du corps, ou des douleurs intenses qui ne se résorbent pas dans 30 à 40 minutes, la blessure doit être soignée. Si l'athlète entend un cassement, un déchirement, ou un claquement et que la douleur persiste, il faut tout de suite demander de l'aide.

Le surmenage des muscles

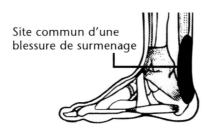

Site commun d'une blessure de surmenage

Le surmenage des muscles est fréquent et se développe sur une longue période à partir de stress léger, répétitif et d'intensité faible. Le surentraînement cause le surmenage des muscles et parfois ce type de blessures sera associé à une particularité anatomique comme les pieds plats, une cambrure exagérée du pied ou encore une rotule de grandeur anormale ou hors position. Les genoux (p.ex.: syndrome de la bandelette de Maissiat, genou de coureur) et le tendon d'Achille (p.ex.: la tendinite) sont les plus souvent affectés par le surentraînement.

Les causes du surmenage des muscles

- Les variations anatomiques, telles la cambrure exagérée du pied peuvent créer des problèmes biomécaniques qui mèneront au surmenage des muscles.

- La moitié des blessures reliées à la course est attribuable à des erreurs d'entraînement. Chaque course exerce un stress sur le corps. Des entraînements d'intensité élevée tous les jours ne donnent pas au corps le temps de s'ajuster et de récupérer. Un déséquilibre entre les entraînements difficiles et faciles peut également provoquer des blessures.

Soins personnels pour les blessures de surmenage

- Diminuez la distance et l'intensité pendant 7 à 10 jours; ne courez pas si vous avez mal. Évaluez vos habitudes d'entraînement.

- Si la douleur est intense au commencement et pendant l'activité, il faut arrêter. Si la douleur est présente au commencement de l'activité, mais s'allège graduellement et ne revient que quelques heures plus tard, l'intensité du niveau d'activité devrait être réduite. D'autres activités aérobiques devraient être entreprises pour conserver la capacité cardiovasculaire.

- Réduisez l'inflammation avec de la glace appliquée sur la partie douloureuse après l'activité et prenez des comprimés d'aspirine ou d'ibuprofène pendant toute la journée. Favorisez la guérison en utilisant un bain à remous, un massage ou une thérapie d'application de glace et de chaleur.

Prévention des blessures de surmenage

- Suivez les directives pour les soins personnels.
- Comprenez l'effet sur les os, les jointures et les muscles, d'un programme d'exercice à long terme.
- Élaborez un programme comprenant des étirements, des exercices de renforcement et des entraînements parallèles.
- Chaussez-vous correctement, et choisissez des chaussettes appropriées.

Résumé des blessures de course

Prévention des blessures

1. Courir un jour sur deux.
2. Ne pas augmenter le kilométrage de plus de 10% par semaine.
3. Ne pas sprinter (courir à plein régime).
4. Y aller doucement avec les longs parcours ou les plus rapides.
5. Ne pas faire de course de long parcours et une compétition le même week-end.
6. Courir les longs parcours très lentement.
7. Ne jamais courir rapidement à la fin d'un parcours et prendre le temps de récupérer lentement.
8. Ne pas faire trop d'étirements ou des étirements inadéquats.
9. Surveiller l'usure des semelles intercalaires.
10. Courir sur des surfaces stables.
11. Ne pas faire de grandes enjambées (en particulier en montant ou en descendant, ou quand vous êtes fatigué).
12. Être attentif aux «liens faibles».
13. En cas de doute, s'abstenir de courir pendant 2 ou 3 jours.
14. Si votre condition ne s'améliore pas, consultez un médecin.

Qu'est-ce qu'une blessure?

1. Enflure.
2. Perte d'une fonction.

3. La douleur dure une semaine.
4. La douleur augmente.

Traitements

1. Ne pas faires d'étirements dans la région blessée.
2. Massage avec glace.
3. Utilisez des compresses lorsqu'il y a inflammation.
4. Demandez au médecin des anti-inflammatoires si l'enflure persiste.

Demeurer actif

1. Choisir des exercices de remplacement qui n'aggraveront pas la blessure.
2. Plus l'exercice de substitution se rapprochera de la course, plus vous garderez la forme pendant votre rétablissement.
3. Informez-vous auprès de votre médecin à propos des massages.

Comment éviter les blessures répétitives

Au moment où la douleur au genou commence à diminuer, votre hanche vous cause des problèmes, puis vos chevilles, puis de nouveau vos genoux, etc. Les blessures répétitives ne frappent pas nécessairement au même endroit deux fois mais comme toute blessure, elles vous empêchent d'atteindre vos objectifs.

Le cycle de blessures se produit parce qu'une partie du corps compense pour l'autre, créant un syndrome biomécanique. Pensez à votre corps comme à une chaîne en mouvement. Si une jointure ou un complexe musculaire n'est pas stable, est endommagé ou est faible, ou qu'un tissu cicatriciel nuit à sa fonction normale, il se créera alors un stress sur la structure adjacente. Ce stress peut être exercé par la force de gravité, la force d'impact ou les forces qui créent la stabilité ou celles qui favorisent un mouvement souple et coordonné. Ces forces additionnelles peuvent provoquer des blessures aux éléments avoisinants, et ainsi le cycle recommence.

Un cycle de blessures indique que vous ne vous êtes pas complètement remis des blessures précédentes. Si vous donnez priorité à une blessure, il peut s'en développer une autre, ailleurs. Une façon de casser ce cycle consiste à remplacer la course par un autre sport aérobique qui met l'accent sur le stress biomécanique, loin de la blessure. Le cyclisme, la natation et l'aviron sont un bon substitut à la course.

Si vous souffrez d'un cycle de blessures, vous devrez peut-être trouver le maillon faible de la chaîne locomotrice: le pied, la cheville, le genou ou une autre partie de votre anatomie. Traitez le maillon faible par les soins appropriés et des exercices de rétablissement. Si vous souffrez d'un déséquilibre connu, pieds plats, quadriceps affaiblis, jambes de longueur inégale, etc. ou de blessures qui reviennent, tentez d'abord d'éliminer ces faiblesses.

Portez toujours les chaussures qui conviennent pour vous stabiliser et vous protéger. Soyez à l'écoute de votre corps et suivez un programme d'entraînement approprié à vos besoins. Assurez-vous que votre équipe d'entraînement comprend un médecin en médecine sportive, un physiothérapeute et un nutritionniste.

Soins élémentaires aux blessures

La douleur associée aux blessures de surmenage est habituellement peu violente. Souvent, les athlètes n'en tiennent pas compte. Il est ainsi plus difficile de déterminer si une blessure due au surmenage nécessite des soins de la part d'un professionnel. Si la douleur persiste plus de 10 à 14 jours après les soins élémentaires que vous vous êtes administré, notamment la diminution du niveau d'activité, l'application de glace, la consommation d'aspirines ou d'ibuprofènes et les exercices d'étirement, vous devriez consulter un professionnel de la santé.

Principes de base à retenir pour l'auto traitement des blessures

1. Repos:

Cessez les activités qui peuvent aggraver la blessure.

2. Glace:

Mettre Immédiatement de la glace sur la blessure pour améliorer le traitement.

3. Compresse:

Utiliser habituellement un pansement compressif en enveloppant vers le cœur.

4. Élévation:

Pendant et après l'application de glace, la partie blessée du corps devrait être surélevée au-dessus du cœur.

Régime de traitement suggéré

- Faites une évaluation initiale de la partie blessée.
- Dans les 5 à 10 minutes suivant la blessure, appliquez un massage de glace ou un sac de glace directement sur la blessure.
- Le sac de glace devrait enrober fermement la blessure au moyen d'un bandage élastique large (assurez-vous de ne pas nuire à la circulation sanguine).
- La partie blessée du corps doit alors être élevée au-dessus au niveau du coeur.
- Laisser en place de 15 à 20 minutes.
- Après avoir retiré le sac, enrober la blessure d'un pansement élastique pour compresser et gardez-la élévée au-dessus du cœur.
- La glace doit être appliquée toutes les heures, pour le plus grand nombre d'heures possible pendant les premières 48 heures.
- Mettre des pansements compressifs en tout temps sauf quand vous dormez.
- L'élévation de la blessure au-dessus du niveau du cœur doit continuer aussi souvent que possible pendant cette période.

Pourquoi mettre de la glace?

Quand vous vous blessez, vous endommagez les tissus à l'endroit même de la blessure. Les vaisseaux sanguins à l'intérieur sont en rupture et saignent.

Le froid de la glace a deux effets positifs. Premièrement, le froid contracte, les vaisseaux se referment rapidement et le sang arrête de couler. C'est pour cette raison que l'on ne place pas de chaleur sur une plaie. La chaleur élargit les vaisseaux.

Mais le sang est également un agent curatif. Nous ne voulons pas qu'il se répande dans les endroits où il ne doit pas être, mais qu'il coule dans les petits vaisseaux intacts du tissu. Le froid amène le sang dans une zone froide pour la réchauffer. C'est pour cela que nos joues rougissent en hiver. La glace déclenche ce mécanisme de protection. En même temps que les vaisseaux sanguins fractionnés se referment, ceux non atteints se remplissent. Vous noterez la rougeur de la zone sous glace après seulement quelques minutes. Une bonne circulation sanguine commence le processus de guérison presque immédiatement. Toutefois, on ne peut déjouer le corps que pour un certain temps. En effet, le corps a aussi un autre mécanisme de défense dans les cas de froid extrême. Après avoir tenté sans succès de réchauffer la zone, le sang abandonne le ravitaillement de la zone de surface froide de surface et se concentre sur la protection des parties vitales du corps (c'est ce qui arrive à ceux qui ont des engelures).

Il ne faut donc pas garder la glace très longtemps en place. Quinze minutes par heure sont suffisantes. Mais, pour les premières 48 heures après la blessure, appliquez la glace pendant 15 minutes le plus d'heures possible.

Comment appliquer la glace

1. Il faut qu'il y ait une isolation entre la glace et la peau sinon, la peau peut geler et vous souffrirez d'une engelure. Les sacs de plastique ne permettent pas cette isolation. L'eau de la glace fondante convient. Vous pouvez appliquer la glace directement sur la peau sans problème en autant que vous la déplaciez continuellement. Vous pouvez enrober des glaçons

dans une serviette de bain ou une débarbouillette humide. Si la glace dans un sac de plastique est appliquée sur la peau elle gèlera en très peu de temps. Plusieurs athlètes conservent des verres en styromousse pleins d'eau dans le congélateur. Ils sont faciles à manipuler et peuvent être ouverts pour exposer la glace en cas de besoin. Ils fournissent une surface de glace adéquate.

En général, un massage de glace appliqué directement sur la peau au-dessus de la zone blessée dans un mouvement circulaire, s'avère une thérapie efficace.

2. Vous ressentirez trois étapes durant votre application de glace. Premièrement, de manière évidente, votre peau est froide. Deuxièmement, la blessure pourrait faire un peu mal, en particulier autour de la blessure quand vous pressez légèrement (une légère pression est préférable à tapoter la zone). La troisième étape surviendra après 10 minutes. La glace agit comme un léger anesthésique. Fermez les yeux et demandez à quelqu'un de tapoter légèrement l'endroit où est la glace. Vous ne sentirez rien.

3. L'engourdissement est l'effet que vous recherchez. Pendant quelques minutes, vous pouvez retirer la glace et, doucement, exécuter le plus de mouvements possible sans ressentir de la douleur. Pendant que la blessure reste aiguë, la glace vous permet d'accomplir cet exercice. En général, cela dure 48 heures environ, peut-être plus. Si un simple mouvement provoque une douleur intense, votre blessure est toujours grave.

Quand vous sentirez que la douleur aiguë a été remplacée par une douleur sourde et une restriction évidente du mouvement normal, vous pouvez passer à l'étape suivante de votre rétablissement. Si vous avez consulté un thérapeute, suivez ses conseils. Si vous traitez vous-même votre blessure, commencez doucement à exécuter une série de mouvements en ajoutant autant de possibilités que possible, sans que vous ressentiez de la douleur. La douleur est le système d'alarme du corps. La douleur indique que vous causez davantage de dommages et que vous retardez votre retour.

Tendinite du Tendon d'Achille

Définition

La tendinite du tendon d'Achille est l'une des blessures les plus communes et les plus difficiles à traiter. Chez l'athlète, elle se présente sous forme d'inflammation, de dégénérescence ou de rupture du tendon d'Achille. Le tendon d'Achille est situé à l'arrière du talon et s'insère dans la partie arrière de l'os du talon. Il est entouré d'une gaine vasculaire qui alimente le tendon en sang.

Symptômes

Les symptômes de cette blessure se manifestent par étapes ou en degré d'intensité.

1ere Étape

L'athlète ressent une brûlure ou une douleur au tendon d'Achille à environ 2 à 3 pouces (5 à 7 cm) au haut de l'os du talon. Il s'agit du résultat de l'inflammation de l'axe vasculaire; elle peut avoir été provoquée par l'irritation de la chaussure.

2e Étape

Le tendon d'Achille commence à se détériorer (tendinite) et la douleur se transforme en une douleur aiguë et intense. Elle se manifeste durant l'activité surtout quand le coureur change de direction ou qu'il monte une côte.

3e Étape

Le collagène du tendon d'Achille s'affaiblit au point que le tendon se romp ou claque et il enfle visiblement. La cause principale des dommages au tendon provient d'un trop grand étirement soudain. Le tendon d'Achille doit au préalable être conditionné pour accepter ces étirements soudains et la tension du poids du corps pendant l'activité. Si on ne tient pas compte d'une tendinite chronique et que le tendon se rompt, les cellules qui réparent le tendon ne peuvent pas faire leur travail rapidement pour réparer les dommages provoqués par un athlète trop enthousiaste.

Les causes de blessures

- Le positionnement du tendon par rapport au mollet le rend sensible aux blessures.
- La surpronation froisse le tendon soléaire.
- La supination excessive ou la cambrure exagérée du pied froisse les fibres des muscles jumeaux de la jambe à l'intérieur du mollet. Les deux causent des blessures, dans la partie élevée du tendon d'Achille.
- Le frottement constant de l'arrière de la chaussure contre le tendon.
- Un mauvais choix de chaussures.
- Des échauffements inappropriés.
- Un traumatisme.
- Une hausse soudaine et importante de l'activité ou de l'intensité de l'activité.
- Déformation du calcanéum.
- Un kilométrage élevé, partie d'un programme à long terme de courses qui ne comporte assez de repos pour le corps.

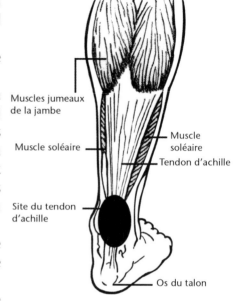

Muscles jumeaux de la jambe

Muscle soléaire

Muscle soléaire

Tendon d'achille

Site du tendon d'achille

Os du talon

Traitement à court terme

- Réduisez les distances et l'intensité pendant 7 à 10 jours; ne courez pas si vous ressentez de la douleur.
- Évitez les côtes pendant le rétablissement.
- Réduisez l'inflammation par l'application de glace après la course.
- Créez un programme de conditionnement de flexibilité, concentré sur les muscles soléaires et les jumeaux de la jambe, notamment des étirements et des soulèvements avec les talons.
- Prendre de l'aspirine ou de l'ibuprofène pour réduire l'inflammation.

- Choisir les bonnes chaussures ou obtenir des orthèses.
Si les blessures persistent plus de deux semaines, il est
recommandé de consulter un médecin.

Traitement à long terme

- Un programme continu d'entraînement de la flexibilité.
- Orthèses.
- Il pourrait être nécessaire d'être traité par un médecin.

Tout athlète devrait reconnaître la détérioration de ses espadrilles
et se procurer des chaussures conçues pour corriger les problèmes
d'enjambées, tels la pronation ou la supination.

Syndrome de la bandelette de Maissiat

Définition

Le syndrome de la bandelette de Maissiat est une des principales causes
de la douleur latérale du genou chez les coureurs. La bandelette de
Maissiat est une enflure superficielle des tissus à l'extérieur de la cuisse
qui s'étend jusqu'au bassin, en passant par-dessus les hanches et le
genou et se termine juste sous le genou. La bandelette est essentielle
à la stabilisation du genou durant la course, se déplaçant de l'arrière
à l'avant du fémur durant le cycle d'une enjambée. Le frottement
continu de la bandelette sur les os, conjugué à la flexion répétée et
l'extension du genou pendant la course, peut causer l'enflure de la
zone ou l'irritation de la bandelette de Maissiat.

Symptômes

Les symptômes varient de la sensation de brûlure juste au-dessus de
la rotule et à l'extérieur du genou, l'enflure le long de la bandelette
de Maissiat, ou l'épaississement des tissus et du point de rencontre
de la bandelette qui bouge par-dessus le fémur. La douleur peut ne
pas être ressentie immédiatement, mais s'aggraver durant l'activité
quand le pied frappera le sol si vous faites des enjambées trop longues
ou courez en descente de côte. Et la douleur risque de persister. Un
seul entraînement en distance excessive ou en une augmentation
rapide des parcours hebdomadaire peut aggraver l'état.

Les causes de blessures

- Le syndrome de la bandelette de Maissiat est le résultat de mauvaises habitudes d'entraînement et d'anomalies anatomiques.
- Courir sur une section de piste inclinée, tels les bords de routes ou piste intérieure, amène la jambe plus basse à fléchir légèrement dans cette direction et provoque l'élongation extrême de la bandelette contre le fémur.
- Périodes de réchauffement ou refroidissement insuffisantes.
- Courir des distances excessives ou augmenter le kilométrage trop rapidement peut aggraver la situation ou provoquer une blessure.
- Les anomalies anatomiques comme les jambes arquées ou une oppression de la zone de la bandelette de Maissiat.

Quadriceps

Tendon du jarret

Fémur

Site du sydrome de la bandelette de maissiat

Rotule

Tracte de la bandlette de maissiat

Traitement à court terme

Pour traiter les blessures liées à l'activité et découlant d'un programme d'entraînement médiocre:

- Diminuer les distances.
- Metter de la glace sur le genou après l'activité.
- Alterner la direction sur les surfaces inclinées.
- Réduiser la pression au genou avec un talon compensé.
- S'étirer tant que ce soit tolérable.

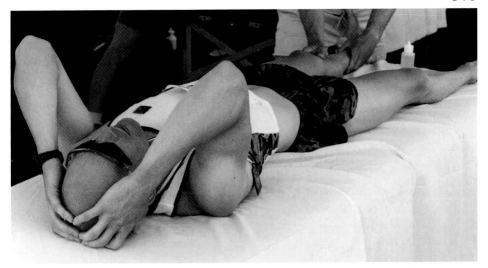

Traitement à long terme

Traitez les anomalies anatomiques telle l'oppression de la bandelette de Maissiat:

- Faites des étirements, surtout avant l'entraînement, afin de rendre plus flexible la bandelette et la rendre moins susceptible aux blessures.
- Dans les cas extrêmes, aller en chirurgie pour soulager l'oppression.
- Il faut tenir compte des facteurs liés à l'activité et à l'anatomie avant de traiter la bandelette de Maissiat.

Fasciite plantaire

14

Définition

La fasciite plantaire est une douleur persistante située sur la partie plantaire (dessous) du talon et le médial (intérieur) du pied. L'aponévrose plantaire forme une structure similaire à celle du tendon et s'étend sur toute la longueur du dessous du pied. Elle commence à l'os du talon et se termine à la base des orteils. L'aponévrose plantaire superficielle s'irrite, s'enflamme et peut même se déchirer durant un stress répété lors d'activités excessives. Le contact du talon, pendant l'enjambée, met en exposition la zone de stress. Cette zone est connue comme l'aponévrose plantaire superficielle médiale du talon.

La douleur qui résulte de ce type de blessure est perceptible surtout le matin quand on fait ses premiers pas et s'apaise au fur et à mesure qu'on se déplace. De la même façon, il y aura douleur au début de l'exercice puis un apaisement par la suite.

Les causes de blessures

- La fasciite plantaire est plus fréquente chez les athlètes qui ont une cambrure exagérée de l'arche, le pied rigide, le pied plat ou le pied en pronation. Durant le mouvement, le fasciite plantaire encaisse un stress continu, qui se traduit par des élongations excessives, d'où l'inflammation et la douleur.

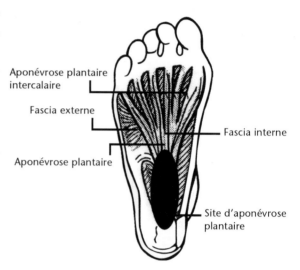

Aponévrose plantaire intercalaire

Fascia externe

Fascia interne

Aponévrose plantaire

Site d'aponévrose plantaire

- Une cambrure exagérée de l'arche du pied résultera en une bandelette opprimée similaire au fasciite plantaire rigide durant le cycle de l'enjambée.
- La fasciite plantaire est allongée dans la pronation du pied par un mouvement exagéré.
- Une chaussure inadéquate peut causer des blessures; le type de pied et le type d'enjambées doivent être évalués.
- Les chaussures avec une semelle rigide provoquent l'élongation du fasciite plantaire.
- Les chaussures trop usées provoquent une pronation du pied encore plus accentuée et peuvent endommager la fasciite plantaire.
- La cause la plus commune est l'augmentation soudaine de l'intensité de l'activité pendant une courte période de temps.

Traitement à court terme

Avant de choisir le traitement qui convient, il est important

14

que l'athlète reconnaisse les facteurs de blessures qui ont contribué à la fasciite plantaire. On recommande une analyse complète de l'historique médical, l'examen des pieds, l'analyse de l'enjambée et les rayons X afin de vérifier l'épine calcanéum.

- Une application de glace et de bandage
- Repos complet ou une réduction des l'intensité de l'exercice.
- Des physiothérapies avec hydromassage et ultrasons.
- Un médicament anti-inflammatoire ou une injection de cortisone peut alléger la douleur aiguë dans certains cas. On ne fait appel à ces traitements qu'en dernier ressort, dans les cas chroniques.

Traitement à long terme

Des orthèses aident à corriger les problèmes biomécaniques et allègent le stress et l'élongation de l'aponévrose plantaire superficielle dans les cas persistants.

- Une cambrure exagérée de l'arche requiert des orthèses malléables absorbant le choc.
- Les pieds plats auront besoin d'une orthèse plus rigide pour contrôler la pronation.
- Il faudra faire des étirements de l'aponévrose plantaire et des muscles du mollet pour prévenir la récurrence.

La plupart des patients réagissent bien à ces formes de traitement. Seul un petit pourcentage a recours à une chirurgie.

Fracture de stress

Définition

La fracture de stress est une série de petites fractures incomplètes ou fissures dans l'os normal, infligée par des traumas aigus ou des martelages répétés. Ces fractures sont parmi les moins bien diagnostiquées des blessures sportives; elles peuvent se produire après une courte période de stress, mais habituellement après une longue période de traumatismes. Quand les cellules osseuses ne peuvent pas se régénérer aussi rapidement que les dommages répétés provoqués par les traumatismes répétitifs et que l'os n'est plus capable d'absorber d'autres stress, la fracture apparaît. Les fractures de stress peuvent se produire au haut du corps comme au bas mais on les retrouve plus fréquemment dans les pieds.

Symptômes

La douleur reliée aux fractures de stress commence graduellement et s'intensifie avec la poursuite de l'activité. La douleur n'est pas toujours présente comme signe avant-coureur et c'est pourquoi l'athlète ne s'en rend pas compte. Les enflures et la sensibilité au toucher sont aussi présentes dans la zone affectée. Une des façons qu'a le médecin de confirmer une fracture de stress consiste à appliquer une pression au-dessus et en dessous de la fracture pour savoir s'il y a douleur. On fait passer la partie blessée aux rayons X, bien que la fracture puisse ne pas être apparente avant 10 à 15 jours après l'accident. Les conséquences peuvent être très sérieuses lorsqu'on ne tient pas compte des fractures de stress. Des fractures complètes à l'os des hanches peuvent obliger une chirurgie ou une convalescence prolongée.

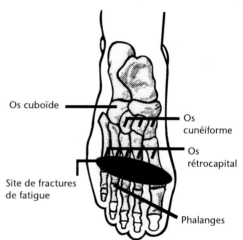

Os cuboïde

Os cunéiforme

Os rétrocapital

Site de fractures de fatigue

Phalanges

Les causes de blessures

- Passer à une surface de course plus dure.
- Augmenter rapidement les vitesses et les distances.
- Retourner à des activités intenses après une suspension.
- Ne pas se reposer suffisamment et stress excessif.
- Changer de chaussures sans période d'ajustement suffisant.
- Choisir des chaussures peu convenables au type de pied.

La plupart des athlètes qui vivent une fracture de stress sont en bonne condition physique et n'ont pas eu de malaise systémique auparavant, ce qui les prédispose aux blessures.

Traitement à court terme

- Cessez immédiatement l'activité qui provoque la blessure.
- Repos
- Glace
- Élévation

Si la douleur et l'enflure n'ont pas diminué après quelques jours de soins autogérés et que les activités normales et sportives deviennent difficiles, il faudra songer à consulter un médecin.

Traitement à long terme

- Aérobie sans martelage, à savoir la natation, l'aviron, le ski de fond, la marche ou le cyclisme pour préserver le conditionnement cardio-vasculaire.
- Un plâtre peut être requis pour les fractures de stress du tibia (bas de jambe). La fracture de stress du métatarsien (pied) peut requérir de 4 à 6 semaines de plâtre parce que les os sont plus difficiles à immobiliser.
- Une coque talonnière ou un rembourrage particulier de protection pour les fractures de stress du talon.
- Des béquilles pour alléger la pression et le poids de la jambe.
- Un médicament oral anti-inflammatoire non stéroïdique pour alléger la douleur et l'enflure.

Le retour à l'entraînement devrait être retardé le plus longtemps possible – de 4 à 8 semaines – selon l'endroit et la gravité de la blessure. Bien que la douleur puisse s'adoucir après la deuxième semaine de traitement, reprendre l'entraînement normal peut ralentir la guérison et provoquer des dommages permanents.

Contraction douloureuse du tibia

Définition

La contraction douloureuse du tibia est le résultat de petits déchirements dans le muscle à son point d'attachement à l'os. Il y en a deux types:

1. Le syndrome douloureux tibial antérieur se produit sur la partie avant de la jambe (tibia).

2. Le syndrome douloureux tibial postérieur se produit à la partie intérieure (médiale) de la jambe, le long du tibia.

Le syndrome douloureux tibial antérieur est dû aux déséquilibres musculaires, à l'insuffisance d'absorption du choc ou à la course sur le bout des pieds. Les pronations excessives contribuent également aux syndromes douloureux tibiaux antérieur et postérieur.

Symptômes

La douleur commence par une sensation sourde après une course. Elle peut devenir plus intense, même durant la marche, si on ne s'en occupe pas. Les parties sensibles se présentent sous forme d'une ou de plusieurs petites bosses le long d'un des côtés de la jambe.

Les causes de blessures

• Le muscle postérieur opprimé, qui force l'inclinaison du corps en avant, exerce une pression additionnelle sur le muscle avant du bas de la jambe, dont le rôle est de lever le pied, et également le préparer à frapper la surface du sol.

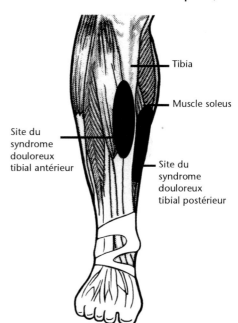

Tibia

Muscle soleus

Site du syndrome douloureux tibial antérieur

Site du syndrome douloureux tibial postérieur

• La course sur surface dure, des chaussures usées ou des chaussures inadéquates augmentent le stress sur le muscle antérieur de la jambe. Une surface plus molle, un rembourrage dans la chaussure pour absorber le choc et ainsi il y en a moins à transférer au tibia.
• Le muscle du bas de la jambe encaisse énormément de stress quand le coureur atterrit seulement sur le

bout des pieds (courir sur la pointe des orteils) sans poser le talon au sol.

- Le surmenage des muscles du pied et de la jambe dans leur tentative de stabiliser la pronation du pied et le stress répété causent des déchirements du muscle au point d'ancrage au tibia.
- L'augmentation rapide de la vitesse et de la distance.

Traitement à court terme

- Aspirine ou ibuprofène pour réduire l'inflammation et alléger la douleur.
- Glace immédiatement après la course, jamais avant.
- Réduire les distances et l'intensité pendant 7 à 10 jours. Ne jamais courir quand vous ressentez de la douleur.
- Éviter les côtes et les surfaces dures.
- Appuyer l'intérieur du pied avec un compensateur du Varus et réduire le degré de pronation.
- Étirements délicats du muscle postérieur de la jambe et de la cuisse.

Comme dans toutes les blessures de surmenage, les traitements du syndrome douloureux tibial réussissent quand ils ont auto-administrés par le coureur.

Traitement à long terme

Les problèmes persistants peuvent justifier une visite chez un spécialiste de la médecine sportive qui saurait prescrire les traitements suivants:

- Un programme d'entraînement sur la flexibilité et la force pour corriger le déséquilibre musculaire. Ces exercices ne doivent être faits qu'en l'absence de douleur.
- Orthèses
- Médicaments anti-inflammatoires.
- La physiothérapie comprenant notamment la glace, le massage, les ultrasons, le stimulateur électrique et la chaleur pour réduire l'inflammation et la douleur.

Les meilleurs moyens de prévenir les blessures athlétiques sérieuses demeurent le maintien d'une bonne force musculaire et d'une bonne flexibilité.

Genou de coureur

Définition

La chondromalacie de la rotule ou la maladie du « genou de coureur » survient quand le stress répété sur le genou cause de l'inflammation et un assouplissement graduel du cartilage sous la rotule (patella). L'inflammation du cartilage empêche la rotule de glisser doucement sur le bout du fémur, provoquant ainsi une douleur et l'enflure du genou. La face antérieure de la rotule devrait être lisse et en mesure de glisser dans le rebord fémoral. Si la rotule est tirée sur le côté, elle devient rugueuse comme du papier abrasif et les symptômes se manifestent.

Symptômes

Le genou de coureur est généralement associé à une douleur qui augmente graduellement sur une période de temps, souvent un an et plus, jusqu'à ce qu'elle soit suffisamment aiguë pour que l'athlète consulte un médecin. Les symptômes apparaissent en dessous ou de chaque côté de la rotule. La douleur peut s'intensifier lors d'activités comme de petites courses, les manœuvres de l'accroupissement ou le saut. La raideur peut s'installer simplement en restant assis trop longtemps ou en descendant des escaliers.

Les causes de blessures

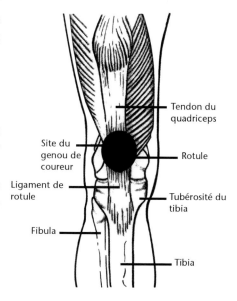

Tendon du quadriceps

Site du genou de coureur

Rotule

Ligament de rotule

Tubérosité du tibia

Fibula

Tibia

- La surpronation force le bas de la jambe à virer vers l'intérieur en raison de la pronation instable d'un pied. La rotule bouge de manière anormale d'un côté à l'autre au lieu de glisser à l'intérieur du rebord fémoral du fémur.
- Des quadriceps affaiblis

peuvent contribuer à la blessure parce que les muscles de la cuisse aident au mouvement normal de l'articulation de la rotule.

- Déséquilibre musculaire.
- Traumatisme direct et répété.
- Une déchirure d'un ligament non soigné.
- Certains athlètes peuvent ressentir des douleurs dans le même genou s'ils courent tout le temps du même côté de la route. L'inclinaison de la route accentue la pronation du pied et ainsi provoque une anomalie dans l'articulation du genou.
- Des antécédents de traumatisme.

Traitement à court terme

- Réduisez l'activité et envisagez la natation. Quand vous vous rétablissez, évitez tout exercice où on place un poids sur un genou plié.
- Reposez-vous si votre genou fait mal et est enflé.
- Effectuez un traitement avec de la glace pendant 15 minutes, deux fois par jour, après l'activité, pour réduire la douleur et l'inflammation.
- Aspirine ou ibuprofène. Ou consultez votre médecin pour obtenir des anti-inflammatoires plus efficaces et puissants.

Traitement à long terme

- La physiothérapie comprend notamment des étirements et des exercices de renforcement des quadriceps, des muscles ischio-jambiers et des chevilles.
- Des orthèses pour la correction de défauts mécaniques du pied.
- Une fois que les problèmes ont été identifiés et que les traitements appropriés ont été entrepris, le genou du coureur ne devrait pas empêcher l'athlète de s'exercer à ses activités.

Chapitre 15
Les courses de 5 et 10 km

Depuis quelques années, la popularité grandissante de la course sur route de 5 km et de 10 km tient au fait qu'il faut moins d'entraînement, qu'elle permet de courir malgré un horaire chargé et de récupérer rapidement après une épreuve. Pour la plupart d'entre nous, c'est un événement agréable. On termine le plus souvent l'épreuve avec un nouveau tee-shirt, des conversations intéressantes avec d'autres coureurs, de la nourriture et un sens de l'accomplissement. L'épreuve de 5 km ou de 10 km peut être un banc d'essai pour juger de sa condition physique ou être un vrai test des compétences athlétiques et de compétition. La distance est suffisamment courte pour que les coureurs n'aient qu'à modifier légèrement leur entraînement normal pour y participer.

Vous vous apercevrez que de courir parfois le 5 km ou le 10 km ajoutera un peu d'intérêt à votre entraînement. Cela peut aussi servir de motivation pour vous faire sortir régulièrement.

Les journées où vous n'avez vraiment pas envie de courir, l'idée de courir avec un compagnon dans une épreuve de fin de semaine vous gardera à l'entraînement pendant la semaine. La plupart des coureurs peuvent facilement courir un 5 km ou un 10 km toutes les deux semaines. Combiner les courses avec un programme d'entraînement intelligent qui reflète votre niveau actuel de forme physique vous permet d'améliorer vos temps de course. À l'occasion, garder une légère avance sur un compagnon peut être la motivation nécessaire pour vous pousser un peu plus. Si un objectif de temps n'est pas une priorité, alors courir plus confortablement et profiter de la course sera peut être votre but. Si vous gardez les choses plaisantes et intelligentes, vous aurez probablement des résultats satisfaisants.

Les horaires d'entraînements des pages qui suivent vous aideront à vous préparer pour une course de 5 km ou de 10 km. Choisissez l'horaire qui reflète le mieux vos objectifs de temps.

Si vous courez votre premier 5 km ou 10 km, terminer debout et avec le sourire devrait être au premier plan de vos pensées – debout avec le sourire donne toujours les meilleures photos. Pour tous les coureurs, le meilleur conseil pour le 5 km ou le 10 km est d'avoir du plaisir! Plus vous êtes détendus et concentrés au début de la course, meilleures sont vos chances d'atteindre votre objectif pour cette course.

Lorsque vous participez à votre premier 5 ou 10 km, votre confiance sera plus grande si vous avez déjà couru la distance. Pendant vos entraînements si vous n'avez pas réussi à parcourir la distance, n'oubliez pas d'ajouter des repos de marche d'une minute pour chaque 10 minutes de course si votre programme est celui du 10 km, ou des intervalles de course plus courts si votre programme est le 5 km.

Préparation au 5 km

Les horaires suivants devraient comprendre une course au moins trois fois par semaine. Toutes les courses doivent se faire à une vitesse permettant la conversation, et toutes les marches doivent être rapides. Un bon réchauffement et une bonne période de refroidissement sont évidemment essentiels.

Votre objectif consiste à vous préparer à une course de 5 km qui sera entrecoupée de quelques périodes de marches.

Entraînement 5 km

Semaine	Dim	Lun	Mar	Mer	Jeu	Ven	Sam	Total
1	0h:25 min.	Repos	Repos	0h:25 min.	Repos	0h:25 min.	Repos	Marche/Course 1h:15
	Entraînement: marchez 1 min., courez 5 min., x4 répétitions, pluis marchez 1 min. = 25 min.							
2	0h:25 min.	Repos	Repos	0h:25 min.	Repos	0h:25 min.	Repos	Marche/Course 1h:15
	Entraînement: marchez 1 min., courez 7 min., x3 répétitions, pluis marchez 1 min. = 25 min.							
3	0h:23 min.	Repos	Repos	0h:23 min.	Repos	0h:23 min.	Repos	Marche/Course 1h:09
	Entraînement: marchez 1 min., courez 10 min., x2 répétitions, pluis marchez1 min. = 23 min.							
4	0h:23 min.	Repos	Repos	0h:23 min.	Repos	0h:23 min.	Repos	Marche/Course 1h:09
	Entraînement: marchez 1 min., courez 10 min., x2 répétitions, pluis marchez1 min. = 23 min.							
5	0h:26 min.	Repos	Repos	0h:26 min.	Repos	0h:26 min.	Repos	Marche/Course 1h:18
	Entraînement: marchez 1 min., courez 10 min., x2 répétitions, marchez 1 min., courez 2 min., puis marchez 1 min. = 26 min.							
6	0h:28 min.	Repos	Repos	0h:28 min.	Repos	0h:28 min.	Repos	Marche/Course 1h:24
	Entraînement: marchez 1 min., courez 10 min., x2 répétitions, marchez 1 min., courez 4 min., pluis marchez 1 min. = 28 min.							
7	0h:29 min.	Repos	Repos	0h:29 min.	Repos	0h:29 min.	Repos	Marche/Course 1h:27
	Entraînement: marchez 1 min., courez 10 min., x2 répétitions, marchez 1 min., courez 5 min., pluis marchez 1 min. = 29 min.							
8	0h:30 min.	Repos	Repos	0h:30 min.	Repos	0h:30 min.	Repos	Marche/Course 1h:30
	Entraînement: marchez 1 min., courez 10 min., x2 répétitions, marchez 1 min., courez 6 min., pluis marchez 1 min. = 30 min.							
9	0h:32 min.	Repos	Repos	0h:32 min.	Repos	0h:32 min.	Repos	Marche/Course 1h:36
	Entraînement: marchez 1 min., courez 10 min., x2 répétitions, marchez 1 min., courez 8 min., pluis marchez 1 min. = 32 min.							
10	0h:23 min.	Repos	0h:34 min.	0h:34 min.	Repos	0h:34 min.	Repos	Marche/Course 2h:05
	Entraînement: marchez 1 min., courez 10 min., x2 répétitions, pluis marchez 1 min. = 23 min.							
	Entraînement: marchez 1 min., courez 10 min., x3 répétitions, pluis marchez 1 min. = 34 min.							
11	Cadence de Compétition 5K Marche1/ Course10							Marche/Course 0h30-0h40

Programme de cadences	Ne vous inquiétez pas de la cadence ou de la distance, car l'objectif et d'augmenter l'intervalle de course/marche. Semaine 1 va incorporer une marche de 1 min/course de 5 min Semaine 2 augmentera à une marche de 1 min /course de 7 min Toutes les autres semaines feront progression vers la formule marche 1 min/ course 10 min.

15

Entraînement supérieur 5 km

Semaine	Dim	Lun	Mar	Mer	Jeu	Ven	Sam	Total
1	0h:23 min.	Repos	Repos	0h:23 min.	Repos	0h:23 min.	Repos	Marche/ Course 1h:09
	Entraînement: marchez 1 min., courez 10 min., x2 répétitions, pluis marchez1 min. = 23 min.							
2	0h:23 min.	Repos	Repos	0h:23 min.	Repos	0h:23 min.	Repos	Marche/ Course 1h:09
	Entraînement: marchez 1 min., courez 10 min., x2 répétitions, pluis marchez1 min. = 23 min.							
3	0h:29 min.	Repos	Repos	0h:29 min.	Repos	0h:29 min.	Repos	Marche/ Course 1h:27
	Entraînement: marchez 1 min., courez 10 min., x2 répétitions, marchez 1 min., courez 5 min., pluis marchez 1 min. = 29 min.							
4	0h:36 min.	Repos	Repos	0h:36 min.	Repos	0h:36 min.	Repos	Marche/ Course 1h:48
	Entraînement: marchez 1 min., courez 10 min., x3 répétitions, marchez 1 min., courez 1min., pluis marchez 1 min. = 36 min.							
5	0h:32 min.	Repos	Repos	0h:32 min.	Repos	0h:32 min.	Repos	Marche/ Course 1h:36
	Entraînement: marchez 1 min., courez 10 min., x2 répétitions, marchez 1 min., courez 8 min., pluis marchez 1 min. = 32 min.							
6	0h:34 min.	Repos	0h:34 min.	0h:23 min.	Repos	0h:34 min.	Repos	Marche/ Course 2h:05
	Entraînement: marchez 1 min., courez 10 min., x2 répétitions, pluis marchez 1 min. = 23 min.							
	Entraînement: marchez 1 min., courez 10 min., x3 répétitions, pluis marchez 1 min. = 34 min.							
7	0h:34 min.	Repos	0h:34 min.	0h:23 min.	Repos	0h:34 min.	Repos	Marche/ Course 2h:05
	Entraînement: marchez 1 min., courez 10 min., x3 répétitions, pluis marchez 1 min. = 34 min.							
8	0h:34 min.	Repos	0h:34 min.	0h:23 min.	Repos	0h:34 min.	Repos	Marche/ Course 2h:05
	Entraînement: marchez 1 min., courez 10 min., x2 répétitions, pluis marchez 1 min. = 23 min.							
	Entraînement: marchez 1 min., courez 10 min., x3 répétitions, pluis marchez 1 min. = 34 min.							
9	0h:34 min.	Repos	0h:34 min.	0h:29 min.	Repos	0h:34 min.	Repos	Marche/ Course 2h:11
	Entraînement: marchez 1 min., courez 10 min., x3 répétitions, pluis marchez 1 min. = 34 min.							
	Entraînement: marchez 1 min., courez 10 min., x2 répétitions, marchez 1 min., courez 5 min., pluis marchez 1 min. = 29 min.							
10	0h:23 min.	Repos	0h:34 min.	0h:26 min.	Repos	0h:34 min.	0h:26 min.	Marche/ Course 2h:23
	Entraînement: marchez 1 min., courez 10 min., x2 répétitions, pluis marchez 1 min. = 23 min.							
	Entraînement: marchez 1 min., courez 10 min., x3 répétitions, pluis marchez 1 min. = 34 min.							
	Entraînement: marchez 1 min., courez 10 min., x2 répétitions, marchez 1 min., courez 2 min., puis marchez 1 min. = 26 min.							
11	Cadence de compétition 5K Marche 1/Course 10							Marche/ Course 0h25-0h35

Programme de cadences	La cadence et la distance ne sont pas une préoccupation. L'objectif est d'augmenter la durée de la course par rapport à la marche, et d'ajouter lentement des jours additionnels d'entraînement. Tout entraînement utilise le principe course 10 min/marche 1 min.

Préparation au 10 km

Plusieurs coureurs s'aperçoivent que lorsque la saison du 10 km (6 mi) approche, ils se demandent comment améliorer leur temps de course alors qu'ils n'ont jamais le temps d'aller à la piste pour des entraînements de vitesse. Voici un entraînement simple que vous pouvez faire une fois la semaine pendant 8 semaines pour améliorer votre temps.

Semaines impaires
- Échauffement avec 10 à 15 minutes de course légère.
- Faire des enjambés légères pour accroître la vitesse.
- Courir 4 minutes à cadence légèrement plus rapide que celle de vos 10 km (6 mi) actuels.
- Récupérer par 5 minutes de course légère.
- Commencez avec 4 intervalles; ajouter 1 intervalle par semaine; ne pas faire plus de huit intervalles.

Semaines paires
- Échauffement avec 10 à 15 minutes de course légère.
- Faire des enjambés légères pour accroître la vitesse.
- Courir 8 minutes à cadence de course de 5 km (3 mi).
- Récupérer par 5 minutes de course légère.
- Commencez avec 4 intervalles; ajouter 1 intervalle par semaine; ne pas faire plus de 5 intervalles.

Si vous avez assez bien choisi vos parents pour pouvoir courir le 10 km en moins de 38 minutes (qui ne comporte pas d'horaire), suivez la règle du 80%: lorsque vous pouvez courir 80% de la distance à la cadence visée, vous êtes prêt à courir la distance et à soutenir cette cadence le jour de la course. Commencez par des séances de course une fois par semaine à la cadence de la course, en augmentant progressivement la distance jusqu'à ce que vous couriez 80% de la distance de la course à la cadence visée.

Détails du programme d'entraînement pour le 10 km

Les pages qui suivent proposent une variété d'horaires d'entraînement. Ces horaires ont été conçus pour aider les coureurs à terminer l'épreuve, ou à atteindre des objectifs de temps spécifiques. Tous les programmes suivent la structure progressive, détaillée au chapitre 2

«Élaborer son propre programme». Les courses longues incorporent le principe de course/marche 10/1, qui a fait le grand succès des programmes du Coin des coureurs. De plus, vous verrez au bas de chaque horaire d'entraînement un graphique de cadences qui vous donnera la cadence de chaque course. Veuillez trouver plus bas la description des divers types d'entraînements des horaires d'entraînement. Vous pouvez vous référer au chapitre *2*, «*Élaborer son propre programme*», pour une description plus détaillée des «Méthodes d'entraînement». De plus, le *chapitre 9, «Types d'entraînement»*, décrit les diverses exigences d'un programme de course réussi.

Séances du programme d'entraînement pour le 10 km

Courses lentes de longues distances (DLL – Course/Marche)

Les courses lentes de longues distances sont la première pierre de n'importe quel programme de course de distance. Faites une minute de marche complète pour chaque dix minute de course. Ces courses sont destinées à être faites à une cadence beaucoup plus lente que celle de la course (60% à 70% fréquence cardiaque maximale); ne vous inquiétez donc pas de votre cadence. Le but de ces courses consiste à améliorer le réseau capillaire et le seuil d'anaérobie du corps. Elles vous préparent aussi mentalement pour les longues courses.

Commentaire sur la cadence DLL

La cadence indiquée au graphique inclut le temps de marche. Ce programme vous donne le sommet (lent) et le minimum (rapide) de la cadence à titre de guide. La cadence lente est préférable car elle vous empêchera de vous blesser. Une erreur fréquemment commise par beaucoup de coureurs consiste à courir à la fréquence de cadence maximum, ce qui est une invitation aux blessures. Je connais très peu de coureurs qui se sont blessés en courant trop lentement, mais beaucoup en courant trop vite. Dans les phases préliminaires du programme, il est très facile de courir les courses longues trop rapidement, mais tout comme le marathon et le demi-marathon, les courses longues exigent de la discipline et de la patience. Pratiquez votre sens de la cadence en ralentissant vos courses longues, ce qui vous permettra de récupérer plus vite et d'éviter les blessures.

Course soutenue

La course soutenue est une course au-dessous de votre objectif de cadence de course (70% de la fréquence cardiaque maximale). Courez à une allure confortable; si vous avez des doutes, allez y lentement. La course est divisée en éléments de course et de marche. Nous vous encourageons à utiliser la méthode course/marche. Les repos de marche sont une bonne façon de bien suivre votre entraînement.

Les côtes

La distance pour la journée est calculée comme étant la distance approximative parcourue pour monter et descendre la côte. Vous devrez probablement courir jusqu'à la côte, et revenir, à moins d'y aller en automobile. Vous devrez ajouter votre total de la distance d'échauffement et de refroidissement au total indiqué à l'horaire d'entraînement. Je recommande une distance allez retour de 3 km, pour vous assurer d'un bon réchauffement et d'une bonne récupération, car les côtes constituent un stress important pour le corps. Les côtes se font à la cadence tempo (80% de la fréquence cardiaque maximale) et doivent inclure un retour à une fréquence cardiaque de 120 bpm au bas de la côte à chaque répétition.

VO2 max

C'est le volume d'oxygène dont le corps a besoin pendant l'entraînement à la fréquence cardiaque maximale. Un niveau de VO2 max élevé indique une bonne santé, ce qui permet aux athlètes en excellente forme de s'entraîner plus vigoureusement que les débutants. Des entraînements d'intervalles tempo, fartlek et de séances de vitesses améliorent l'efficacité de votre corps pour transférer le sang riche en oxygène à vos muscles au travail.

Tempo

Avant de commencer des courses tempo, ajoutez plusieurs semaines d'entraînement en côte pour augmenter la force, améliorer la forme et votre confiance. Puis, commencez les courses tempo, à un niveau de 80% de la fréquence cardiaque maximale pour 60% à 80% de votre distance de course planifiée, pour améliorer votre coordination et votre fréquence d'enjambées. Intégrez une période de réchauffement et de refroidissement d'environ 3 à 5 minutes. Ces courses simulent les conditions et l'effort nécessaires le jour de la course.

Fartlek

Les courses fartlek sont des courses spontanées d'intensité et de distances variées. Des poussées brusques à 70% à 80% de votre fréquence cardiaque maximale, si vous portez un moniteur de fréquence cardiaque. Pendant que vous allez à cette vitesse, la conversation est possible mais vous aurez une respiration et une fréquence cardiaque plus rapides, et plus de transpiration. Entre ces poussées brusques d'effort difficile, pas plus longues que 3 minutes, ajoutez des périodes de récupération par une course facile, qui permettent de réduire la fréquence cardiaque à 120 bpm. Les pointes de vitesse augmentent le rendement. Les périodes additionnelles de récupération/repos rendent la séance réalisable et amusante.

Vitesse

En faisant un retour à notre analogie de la pyramide d'entraînement, l'entraînement en vitesse est l'une des dernières choses que nous faisons. Il faut une période d'entraînement de base et de force suffisante, avant de faire de la vitesse. La séance de vitesse consiste en courses rapides sur des distances courtes, habituellement avec une période de récupération assez longue, pour permettre aux effets désagréables de l'anaérobie de se dissiper, p.ex. 5 x 400 m. Dans nos programmes d'entraînement, nous tenons compte d'une période de réchauffement de 3 km ainsi que d'une période de refroidissement de 3 km, dans la distance totale à parcourir. J'ai vu beaucoup de coureurs se blesser en tentant des pointes de vitesses. Dans les programmes d'entraînement, j'ai diminué exprès la cadence de votre entraînement de vitesse, de la 110% fréquence cardiaque maximale habituel, à 95% de la fréquence cardiaque maximale, pour éviter les blessures. Dans ces programmes, nous utilisons la vitesse pour aiguiser et non pour endommager, ce qui a assuré le succès de tous nos programmes.

Cadence de course ajustée à la marche

Comment calculer la cadence de course ajustée à la marche ? Lorsque vous marchez, vous allez moins vite que votre «cadence de course moyenne». Quand vous courez, vous allez plus vite que votre «cadence de marche moyenne». La cadence de course ajustée tient compte des variations entre la vitesse de la marche et la vitesse de course. Il s'agit de connaître la vitesse moyenne de votre cadence de marche. Nous avons trouvé une formule qui nous permet de calculer une cadence de marche modérée, ce qui nous permet de déterminer avec certitude les intervalles exacts, incluant la cadence de course et la cadence de marche. L'effet de ce calcul est que la cadence est plus rapide par km/h que la «cadence de course» moyenne. Toutefois, quand le calcul est fait avec votre «cadence de marche», le résultat est votre «cadence d'objectif de course». Vous pouvez aller en ligne à Runningroom.com et imprimer vos bandes de cadence «ajustées à la course» pour le jour de la course!

15

Bâtir progressivement 10 Km (Noté en kilomètres)

Semaine	Dim	Lun	Mar	Mer	Jeu	Ven	Sam	Total
1	Repos	Repos	3 Course /Marche	4 Course /Marche	Repos	3 Course /Marche	Repos	10 Course /Marche
2	5 DLL Course /Marche	Repos	3 Course /Marche	4 Course /Marche	Repos	3 Course /Marche	Repos	15 Course /Marche
3	6 DLL Course /Marche	Repos	4 Course /Marche	4 Course /Marche	Repos	4 Course /Marche	Repos	18 Course /Marche
4	7 DLL Course /Marche	Repos	4 Course /Marche	4 Course /Marche	Repos	4 Course /Marche	Repos	19 Course /Marche
5	8 DLL Course /Marche	Repos	3 Course /Marche	3 Côtes (400 m côtes) 2.5 km	Repos	4 Course /Marche	Repos	17,5 Course /Marche
6	8 DLL Course /Marche	Repos	3 Course /Marche	4 Côtes (400 m côtes) 3 km	Repos	4 Course /Marche	Repos	18 Course /Marche
7	8 DLL Course /Marche	Repos	3 Course /Marche	5 Côtes (400 m côtes) 4 km	Repos	5 Course /Marche	Repos	20 Course /Marche
8	9 DLL Course /Marche	Repos	3 Course /Marche	6 Côtes (400 m côtes) 5 km	Repos	5 Course /Marche	Repos	22 Course /Marche
9	10 DLL Course /Marche	Repos	4 Course /Marche	5 Course /Marche	Repos	4 Course /Marche	Repos	23 Course /Marche
10	6 DLL Course /Marche	Repos	3 Course /Marche	5 Course /Marche	Repos	3 Course /Marche	Repos	17 Course /Marche
11	10 km Épreuve							10 Course /Marche

Programme de cadences	Ne vous inquiétez pas de votre cadence ici, car le but est de bâtir votre base d'entraînement.

Intervalles course/marche = 10 min course/1min marche

15

Terminer 10 Km (Noté en kilomètres)

Semaine	Dim	Lun	Mar	Mer	Jeu	Ven	Sam	Total
1	Repos	Repos	6 Course soutenue	Repos	5 Course soutenue	Repos	3 Course soutenue	14 Course /Marche
2	6 DLL Course /Marche	Repos	6 Course soutenue	Repos	6 Course soutenue	Repos	3 Course soutenue	21 Course /Marche
3	6 DLL Course /Marche	Repos	6 Course soutenue	Repos	6 Course soutenue	Repos	3 Course soutenue	21 Course /Marche
4	8 DLL Course /Marche	Repos	6 Course soutenue	3 Course soutenue	6 Course soutenue	Repos	3 Course soutenue	26 Course /Marche
5	8 DLL Course /Marche	Repos	6 Course soutenue	3 Côtes (400 m côtes) 2,5 km	6 Course soutenue	5 Course soutenue	Repos	27,5 Course /Marche
6	10 DLL Course /Marche	Repos	6 Course soutenue	4 Côtes (400 m côtes) 3 km	5 Course soutenue	6 Course soutenue	Repos	30 Course /Marche
7	10 DLL Course /Marche	Repos	8 Course soutenue	5 Côtes (400 m côtes) 4 km	5 Course soutenue	Repos	6 Course soutenue	33 Course /Marche
8	11 DLL Course /Marche	Repos	6 Course soutenue	6 Côtes (400 m côtes) 5 km	8 Course soutenue	5 Course soutenue	Repos	35 Course /Marche
9	11 DLL Course /Marche	Repos	8 Course soutenue	8 Tempo	5 Course soutenue	Repos	6 Course soutenue	38 Course /Marche
10	13 DLL Course /Marche	Repos	8 Course soutenue	5 Tempo	Repos	3 Cadence d'épreuve	Repos	29 Course /Marche
11	10 km Épreuve							10 Course /Marche

Programme de cadences	La cadence n'est pas utilisée ici, car le but est de «terminer», l'adaptation à l'augmentation de la distance est le focus.

Intervalles course/marche et courses soutenues = 10 min course/1min marche

15

Terminer 10 Km en 55 minutes (Noté en kilomètres)

Semaine	Dim	Lun	Mar	Mer	Jeu	Ven	Sam	Total
1	Repos	Repos	6 Course soutenue	4 Côtes 3 km	6 Course soutenue	5 Course soutenue	Repos	20
2	6 DLL Course/ Marche	Repos	6 Course soutenue	5 Côtes 4 km	6 Course soutenue	5 Course soutenue	Repos	27
3	10 DLL Course/ Marche	Repos	6 Course soutenue	6 Côtes 5 km	6 Course soutenue	6 Course soutenue	Repos	33
4	10 DLL Course/ Marche	Repos	6 Course soutenue	7 Côtes 5,5 km	6 Course soutenue	6 Course soutenue	Repos	33,5
5	13 DLL Course/ Marche	Repos	8 Course soutenue	8 Côtes 6 km	8 Course soutenue	8 Course soutenue	Repos	43
6	16 DLL Course/ Marche	Repos	8 Course soutenue	9 Côtes 7 km	8 Course soutenue	8 Course soutenue	Repos	47
7	13 DLL Course/ Marche	Repos	8 Course soutenue	10 Côtes 8 km	6 Course soutenue	6 Course soutenue	Repos	41
8	16 DLL Course/ Marche	Repos	8 Course soutenue	Vitesse 4 x 400 m 8 km	8 Course soutenue	8 Course soutenue	Repos	48
9	16 DLL Course/ Marche	Repos	8 Course soutenue	Vitesse 5 x 400 m 8 km	8 Course soutenue	8 Course soutenue	Repos	48
10	13 DLL Course/ Marche	Repos	8 Course soutenue	Vitesse 6 x 400 m 8,5 km	8 Course soutenue	8 Course soutenue	Repos	45,5
11	16 DLL Course/ Marche	Repos	8 Course soutenue	Vitesse 7 x 400 m 9 km	13 Course soutenue	8 Course soutenue	Repos	54
12	16 DLL Course/ Marche	Repos	6 Cadence d'épreuve	6 Cadence d'épreuve	3 Course soutenue	Repos	3 Course soutenue	34
13	10 Épreuve							10

Programme de cadences	Longue Course (DLL)	Course soutenue	Tempo/Côte (400 m)	Vitesse	Course	Cadence Ajustec pour la marche de course
à compléter en 0:55	6:40 à 7:30	6:40	6:00	5:15	5:30	5:14

Intervalles course/marche et courses soutenues = 10 min course/1min marche

Terminer 10 Km en 50 minutes (Noté en kilomètres)

Semaine	Dim	Lun	Mar	Mer	Jeu	Ven	Sam	Total
1	Repos	Repos	6 Course soutenue	4 Côtes 3 km	6 Course soutenue	5 Tempo	Repos	20
2	6 DLL Course/ Marche	Repos	6 Course soutenue	5 Côtes 4 km	6 Course soutenue	5 Tempo	Repos	27
3	10 DLL Course/ Marche	Repos	6 Course soutenue	6 Côtes 5 km	6 Course soutenue	6 Tempo	Repos	33
4	10 DLL Course/ Marche	Repos	6 Course soutenue	7 Côtes 5,5 km	6 Course soutenue	6 Tempo	Repos	33,5
5	13 DLL Course/ Marche	Repos	8 Course soutenue	8 Côtes 6 km	8 Course soutenue	8 Tempo	Repos	43
6	16 DLL Course/ Marche	Repos	8 Course soutenue	9 Côtes 7 km	8 Course soutenue	8 Tempo	Repos	47
7	13 DLL Course/ Marche	Repos	8 Course soutenue	10 Côtes 7 km	6 Course soutenue	6 Tempo	Repos	40
8	16 DLL Course/ Marche	Repos	8 Course soutenue	Vitesse 4 x 400 m 8 km	8 Course soutenue	8 Tempo	Repos	48
9	16 DLL Course/ Marche	Repos	8 Course soutenue	Vitesse 5 x 400 m 8 km	8 Course soutenue	8 Tempo	Repos	48
10	13 DLL Course/ Marche	Repos	8 Course soutenue	Vitesse 6 x 400 m 8,5 km	8 Course soutenue	8 Tempo	Repos	45,5
11	16 DLL Course/ Marche	Repos	8 Course soutenue	Vitesse 7 x 400 m 9 km	13 Course soutenue	8 Tempo	Repos	54
12	16 DLL Course/ Marche	Repos	6 Cadence d'épreuve	6 Cadence d'épreuve	3 Course soutenue	Repos	3 Course soutenue	34
13	10 Épreuve							10

Programme de cadences	Longue Course (DLL)	Course soutenue	Tempo/Côte (400 m)	Vitesse	Course	Cadence Ajustec pour la marche de course
à compléter en 0:50	6:07 à 6:53	6:07	5:30	4:47	5:00	4:46

Intervalles course/marche et courses soutenues = 10 min course/1min marche

15

15

Terminer 10 Km en 48 minutes (Noté en kilomètres)

Semaine	Dim	Lun	Mar	Mer	Jeu	Ven	Sam	Total
1	Repos	Repos	6 Course soutenue	4 Côtes 3 km	6 Course soutenue	5 Tempo	5 Course soutenue	25
2	6 DLL Course/ Marche	Repos	6 Course soutenue	5 Côtes 4 km	6 Course soutenue	5 Tempo	5 Course soutenue	32
3	10 DLL Course/ Marche	Repos	6 Course soutenue	6 Côtes 5 km	6 Course soutenue	6 Tempo	5 Course soutenue	38
4	10 DLL Course/ Marche	Repos	6 Course soutenue	7 Côtes 5,5 km	6 Course soutenue	6 Tempo	5 Course soutenue	38,5
5	13 DLL Course/ Marche	Repos	8 Course soutenue	8 Côtes 6 km	8 Course soutenue	8 Tempo	Repos	43
6	16 DLL Course/ Marche	Repos	8 Course soutenue	9 Côtes 7 km	8 Course soutenue	8 Tempo	5 Course soutenue	52
7	13 DLL Course/ Marche	Repos	6 Course soutenue	10 Côtes 8 km	8 Course soutenue	6 Tempo	Repos	41
8	16 DLL Course/ Marche	Repos	8 Course soutenue	Vitesse 4 x 400 m 8 km	8 Course soutenue	8 Tempo	5 Course soutenue	53
9	19 DLL Course/ Marche	Repos	8 Course soutenue	Vitesse 5 x 400 m 8 km	8 Course soutenue	8 Tempo	5 Course soutenue	56
10	22 DLL Course/ Marche	Repos	8 Course soutenue	Vitesse 6 x 400 m 8,5 km	8 Course soutenue	8 Tempo	5 Course soutenue	59,5
11	26 DLL Course/ Marche	Repos	8 Course soutenue	Vitesse 7 x 400 m 9 km	8 Course soutenue	8 Tempo	6 Course soutenue	65
12	13 DLL Course/ Marche	Repos	6 Cadence d'épreuve	6 Cadence d'épreuve	3 Course soutenue	Repos	3 Course soutenue	31
13	10 Épreuve							10

Programme de cadences	Longue Course (DLL)	Course soutenue	Tempo/Côte (400 m)	Vitesse	Course	Cadence Ajustec pour la marche de course
à compléter en 0:48	5:53 à 6:38	5:53	5:18	4:37	4:48	4:34

Intervalles course/marche et courses soutenues = 10 min course/1min marche

Terminer 10 Km en 44 minutes (Noté en kilomètres)

Semaine	Dim	Lun	Mar	Mer	Jeu	Ven	Sam	Total
1	Repos	Repos	6 Course soutenue	4 Côtes 3 km	5 Course soutenue	6 Tempo	5 Course soutenue	25
2	10 DLL Course/ Marche	Repos	6 Course soutenue	5 Côtes 4 km	5 Course soutenue	6 Tempo	5 Course soutenue	36
3	10 DLL Course/ Marche	Repos	6 Course soutenue	6 Côtes 5 km	6 Course soutenue	5 Tempo	6 Course soutenue	38
4	13 DLL Course/ Marche	Repos	6 Course soutenue	7 Côtes 5,5 km	5 Course soutenue	6 Tempo	6 Course soutenue	41,5
5	16 DLL Course/ Marche	Repos	8 Course soutenue	8 Côtes 6 km	8 Course soutenue	8 Tempo	Repos	46
6	16 DLL Course/ Marche	Repos	8 Course soutenue	9 Côtes 7 km	8 Course soutenue	8 Tempo	5 Course soutenue	52
7	19 DLL Course/ Marche	Repos	8 Course soutenue	10 Côtes 8 km	6 Course soutenue	6 Tempo	Repos	47
8	16 DLL Course/ Marche	Repos	8 Course soutenue	Vitesse 4 x 400 m 8 km	8 Course soutenue	8 Tempo	5 Course soutenue	53
9	19 DLL Course/ Marche	Repos	8 Course soutenue	Vitesse 5 x 400 m 8 km	8 Course soutenue	8 Tempo	5 Course soutenue	56
10	22 DLL Course/ Marche	Repos	8 Course soutenue	Vitesse 6 x 400 m 8,5 km	6 Course soutenue	8 Tempo	5 Course soutenue	57,5
11	26 DLL Course/ Marche	Repos	8 Course soutenue	Vitesse 7 x 400 m 9 km	8 Course soutenue	8 Tempo	6 Course soutenue	65
12	13 DLL Course/ Marche	Repos	6 Course soutenue	6 Cadence d'épreuve	3 Course soutenue	Repos	3 Course soutenue	31
13	10 Épreuve							10

Programme de cadences	Longue Course (DLL)	Course soutenue	Tempo/Côte (400 m)	Vitesse	Course	Cadence Ajustec pour la marche de course
à compléter en 0:44	5:26 à 6:08	5:26	4:53	4:15	4:24	4:09

Intervalles course/marche et courses soutenues = 10 min course/1min marche

Terminer 10 Km en 40 minutes (Noté en kilomètres)

Semaine	Dim	Lun	Mar	Mer	Jeu	Ven	Sam	Total
1	Repos	Repos	6 Course soutenue	5 Côtes 4 km	8 Course soutenue	8 Tempo	8 Course soutenue	34
2	10 DLL Course/Marche	Repos	6 Course soutenue	6 Côtes 5 km	8 Course soutenue	8 Tempo	8 Course soutenue	45
3	13 DLL Course/Marche	Repos	6 Course soutenue	7 Côtes 5,5 km	13 Course soutenue	13 Tempo	6 Course soutenue	56,5
4	16 DLL Course/Marche	Repos	6 Course soutenue	8 Côtes 6 km	8 Course soutenue	8 Tempo	8 Course soutenue	52
5	19 DLL Course/Marche	Repos	8 Course soutenue	9 Côtes 7 km	13 Course soutenue	13 Tempo	8 Course soutenue	68
6	22 DLL Course/Marche	Repos	10 Course soutenue	10 Côtes 8 km	16 Course soutenue	13 Tempo	8 Course soutenue	77
7	26 DLL Course/Marche	Repos	8 Course soutenue	Vitesse 4 x 400 m 8 km	16 Course soutenue	13 Tempo	8 Course soutenue	79
8	19 DLL Course/Marche	Repos	8 Course soutenue	Vitesse 5 x 400 m 8 km	16 Course soutenue	13 Tempo	8 Course soutenue	72
9	26 DLL Course/Marche	Repos	8 Course soutenue	Vitesse 6 x 400 m 8,5 km	16 Course soutenue	10 Tempo	Repos	68,5
10	26 DLL Course/Marche	Repos	8 Course soutenue	Vitesse 7 x 400 m 9 km	16 Course soutenue	8 Tempo	8 Course soutenue	75
11	26 DLL Course/Marche	Repos	8 Course soutenue	Vitesse 8 x 400 m 9 km	8 Course soutenue	8 Tempo	Repos	59
12	16 DLL Course/Marche	Repos	6 Cadence d'épreuve	6 Cadence d'épreuve	6 Course soutenue	Repos	3 Course soutenue	37
13	10 DLL Course/Marche							10

Programme de cadences	Longue Course (DLL)	Course soutenue	Tempo/Côte (400 m)	Vitesse	Course	Cadence Ajustec pour la marche de course
à compléter en 0:40	4:58 à 5:37	4:58	4:27	3:53	4:00	3:48

Intervalles course/marche et courses soutenues = 10 min course/1min marche

Terminer 10 Km en 38 minutes (Noté en kilomètres)

Semaine	Dim	Lun	Mar	Mer	Jeu	Ven	Sam	Total
1	Repos	Repos	6 Course soutenue	5 Côtes 4 km	8 Course soutenue	8 Tempo	8 Course soutenue	34
2	10 DLL Course/ Marche	Repos	6 Course soutenue	6 Côtes 5 km	8 Course soutenue	8 Tempo	8 Course soutenue	45
3	13 DLL Course/ Marche	Repos	6 Course soutenue	7 Côtes 5,5 km	13 Course soutenue	13 Tempo	6 Course soutenue	56,5
4	16 DLL Course/ Marche	Repos	6 Course soutenue	8 Côtes 6 km	13 Course soutenue	13 Tempo	8 Course soutenue	62
5	19 DLL Course/ Marche	Repos	8 Course soutenue	9 Côtes 7 km	13 Course soutenue	13 Tempo	8 Course soutenue	68
6	22 DLL Course/ Marche	Repos	10 Course soutenue	10 Côtes 8 km	16 Course soutenue	16 Tempo	6 Course soutenue	78
7	24 DLL Course/ Marche	Repos	10 Course soutenue	Vitesse 4 x 400 m 8 km	16 Course soutenue	16 Tempo	8 Course soutenue	82
8	19 DLL Course/ Marche	Repos	10 Course soutenue	Vitesse 5 x 400 m 8 km	16 Course soutenue	16 Tempo	8 Course soutenue	77
9	29 DLL Course/ Marche	Repos	13 Course soutenue	Vitesse 6 x 400 m 8,5 km	13 Course soutenue	16 Tempo	8 Course soutenue	87,5
10	29 DLL Course/ Marche	Repos	13 Course soutenue	Vitesse 7 x 400 m 9 km	13 Course soutenue	16 Tempo	8 Course soutenue	88
11	29 DLL Course/ Marche	Repos	8 Course soutenue	Vitesse 8 x 400 m 9 km	13 Course soutenue	13 Tempo	Repos	72
12	16 DLL Course/ Marche	Repos	6 Cadence d'épreuve	6 Cadence d'épreuve	6 Cadence de course	Repos	3 Course soutenue	37
13	10 Épreuve							10

Programme de cadences	Longue Course (DLL)	Course soutenue	Tempo/Côte (400 m)	Vitesse	Course	Cadence Ajustec pour la marche de course
à compléter en 0:38	4:44 à 5:21	4h:44	4:15	3:42	3:48	3:36

Intervalles course/marche et courses soutenues = 10 min course/1min marche

Terminer 10 Km Bâtir progressivement (Noté en miles)

Semaine	Dim	Lun	Mar	Mer	Jeu	Ven	Sam	Total
1	Repos	Repos	2 Course/ Marche	2,5 Course/ Marche	Repos	2 Course/ Marche	Repos	6,5 Course/ Marche
2	3 DLL Course/ Marche	Repos	2 Course/ Marche	2,5 Course/ Marche	Repos	2 Course/ Marche	Repos	9,5 Course/ Marche
3	4 DLL Course/ Marche	Repos	2,5 Course/ Marche	2,5 Course/ Marche	Repos	2,5 Course/ Marche	Repos	11,5 Course/ Marche
4	4,5 DLL Course/ Marche	Repos	2,5 Course/ Marche	2,5 Course/ Marche	Repos	2,5 Course/ Marche	Repos	12 Course/ Marche
5	5 DLL Course/ Marche	Repos	2 Course/ Marche	3 Côtes (400 m côtes) 1,5 mi	Repos	2,5 Course/ Marche	Repos	11 Course/ Marche
6	3.5 DLL Course/ Marche	Repos	2 Course/ Marche	4 Côtes (400 m côtes) 2 mi	Repos	2,5 Course/ Marche	Repos	10 Course/ Marche
7	5 DLL Course/ Marche	Repos	2 Course/ Marche	5 Côtes (400 m côtes) 2,5 mi	Repos	3 Course/ Marche	Repos	12,5 Course/ Marche
8	5,5 DLL Course/ Marche	Repos	2 Course/ Marche	6 Côtes (400 m côtes) 3 mi	Repos	3 Course/ Marche	Repos	13,5 Course/ Marche
9	6 DLL Course/ Marche	Repos	2,5 Course/ Marche	3 Course/ Marche	Repos	2,5 Course/ Marche	Repos	14 Course/ Marche
10	4 DLL Course/ Marche	Repos	2 Course/ Marche	3 Course/ Marche	Repos	2 Course/ Marche	Repos	11 Course/ Marche
11	10 K Épreuve							6 Course/ Marche

Programme de cadences	Ne vous inquiétez pas de votre cadence ici, car le but est de bâtir votre base d'entraînement.

Intervalles course/marche = 10 min course/1min marche

Terminer 10 Km complet (Noté en miles)

Semaine	Dim	Lun	Mar	Mer	Jeu	Ven	Sam	Total
1	Repos	Repos	4 Course soutenue	Repos	3 Course soutenue	Repos	2 Course/ Marche	9 Course/ Marche
2	4 DLL Course/ Marche	Repos	4 Course soutenue	Repos	4 Course soutenue	Repos	2 Course/ Marche	14 Course/ Marche
3	4 DLL Course/ Marche	Repos	4 Course soutenue	Repos	4 Course soutenue	Repos	2 Course/ Marche	14 Course/ Marche
4	5 DLL Course/ Marche	Repos	4 Course soutenue	2 Course soutenue	4 Course soutenue	Repos	2 Course soutenue	17 Course/ Marche
5	5 DLL Course/ Marche	Repos	4 Course soutenue	3 Côtes (400 m côtes) 1,5 mi	4 Course soutenue	3 Course soutenue	Repos	17,5 Course/ Marche
6	6 DLL Course/ Marche	Repos	4 Course soutenue	4 Côtes (400 m côtes) 2 mi	3 Course soutenue	4 Course soutenue	Repos	19 Course/ Marche
7	6 DLL Course/ Marche	Repos	5 Course soutenue	5 Côtes (400 m côtes) 2,5 mi	3 Course soutenue	Repos	4 Course soutenue	20,5 Course/ Marche
8	7 DLL Course/ Marche	Repos	4 Course soutenue	6 Côtes (400 m côtes) 3 mi	5 Course soutenue	3 Course soutenue	Repos	22 Course/ Marche
9	7 DLL Course/ Marche	Repos	5 Course soutenue	5 Tempo	3 Course soutenue	Repos	4 Course soutenue	24 Course/ Marche
10	8 DLL Course/ Marche	Repos	5 Course soutenue	3 Tempo	Repos	2 Cadence d'épreuve	Repos	18 Course/ Marche
11	10 K Épreuve							6 Course/ Marche

Programme de cadences	La cadence n'est pas utilisée ici, car le but est de «terminer», l'adaptation à l'augmentation de la distance est le focus.

Intervalles course/marche et courses soutenues = 10 min course/1min marche

Terminer 10 Km en 55 minutes (Noté en miles)

Semaine	Dim	Lun	Mar	Mer	Jeu	Ven	Sam	Total
1	Repos	Repos	4 Course soutenue	4 Côtes 2 mi	4 Course soutenue	3 Course soutenue	Repos	13
2	4 DLL Course soutenue	Repos	4 Course soutenue	5 Côtes 2,5 mi	4 Course soutenue	3 Course soutenue	Repos	17,5
3	6 DLL Course soutenue	Repos	4 Course soutenue	6 Côtes 3 mi	4 Course soutenue	4 Course soutenue	Repos	21
4	6 DLL Course/ Marche	Repos	4 Course soutenue	7 Côtes 3,5 mi	4 Course soutenue	4 Course soutenue	Repos	21,5
5	8 DLL Course/ Marche	Repos	5 Course soutenue	8 Côtes 4 mi	5 Course soutenue	5 Course soutenue	Repos	27
6	10 DLL Course/ Marche	Repos	5 Course soutenue	9 Côtes 4,5 mi	5 Course soutenue	5 Course soutenue	Repos	29,5
7	8 DLL Course/ Marche	Repos	5 Course soutenue	10 Côtes 5 mi	4 Course soutenue	4 Course soutenue	Repos	26
8	10 DLL Course/ Marche	Repos	5 Course soutenue	Vitesse 4 x 400 m 5 mi	5 Course soutenue	5 Course soutenue	Repos	30
9	10 DLL Course/ Marche	Repos	5 Course soutenue	Vitesse 5 x 400 m 5 mi	5 Course soutenue	5 Course soutenue	Repos	30
10	8 DLL Course/ Marche	Repos	5 Course soutenue	Vitesse 6 x 400 m 5 mi	8 Course soutenue	5 Course soutenue	Repos	31
11	10 DLL Course/ Marche	Repos	5 Course soutenue	Vitesse 7 x 400 m 5,5 mi	5 Course soutenue	5 Course soutenue	Repos	30,5
12	10 DLL Course/ Marche	Repos	4 Cadence d'épreuve	4 Cadence d'épreuve	2 Course soutenue	Repos	2 Course soutenue	22
13	10 K Épreuve							6

Programme de cadences	Longue Course (DLL)	Course soutenue	Tempo/Côte (400 m)	Vitesse	Course	Cadence Ajustec pour la marche de course
à compléter en 0:55	10:44 à 12:04	10:44	9:40	8:26	8:51	8:26

Intervalles course/marche et courses soutenues = 10 min course/1min marche

Terminer 10 Km en 50 minutes (Noté en miles)

Semaine	Dim	Lun	Mar	Mer	Jeu	Ven	Sam	Total
1	Repos	Repos	4 Course soutenue	4 Côtes 2 mi	4 Course soutenue	3 Tempo	Repos	13
2	4 DLL Course/Marche	Repos	4 Course soutenue	5 Côtes 2,5 mi	4 Course soutenue	3 Tempo	Repos	17,5
3	6 DLL Course/Marche	Repos	4 Course soutenue	6 Côtes 3 mi	4 Course soutenue	4 Tempo	Repos	21
4	6 DLL Course/Marche	Repos	4 Course soutenue	7 Côtes 3.5 mi	4 Course soutenue	4 Tempo	Repos	21.5
5	8 DLL Course/Marche	Repos	5 Course soutenue	8 Côtes 4 mi	5 Course soutenue	5 Tempo	Repos	27
6	10 DLL Course/Marche	Repos	5 Course soutenue	9 Côtes 4,5 mi	5 Course soutenue	5 Tempo	Repos	29,5
7	8 DLL Course/Marche	Repos	5 Course soutenue	10 Côtes 4,5 mi	4 Course soutenue	4 Tempo	Repos	25,5
8	10 DLL Course/Marche	Repos	5 Course soutenue	Vitesse 4 x 400 m 5 mi	5 Course soutenue	5 Tempo	Repos	30
9	10 DLL Course/Marche	Repos	5 Course soutenue	Vitesse 5 x 400 m 5 mi	5 Course soutenue	5 Tempo	Repos	30
10	8 DLL Course/Marche	Repos	5 Course soutenue	Vitesse 6 x 400 m 5 mi	8 Course soutenue	5 Tempo	Repos	31
11	10 DLL Course/Marche	Repos	5 Course soutenue	Vitesse 7 x 400 m 5,5 mi	5 Course soutenue	5 Tempo	Repos	30,5
12	10 DLL Course/Marche	Repos	4 Cadence d'épreuve	4 Cadence d'épreuve	2 Course soutenue	Repos	2 Course soutenue	22
13	10 K Épreuve							6

Programme de cadences	Longue Course (DLL)	Course soutenue	Tempo/Côte (400 m)	Vitesse	Course	Cadence Ajustec pour la marche de course
à compléter en 0:50	9:50 à 11:05	9:50	8:51	7:43	8:03	7:41

Intervalles course/marche et courses soutenues = 10 min course/1min marche

15

Terminer 10 Km en 48 minutes (Noté en miles)

Semaine	Dim	Lun	Mar	Mer	Jeu	Ven	Sam	Total
1	Repos	Repos	4 Course soutenue	4 Côtes 2 mi	4 Course soutenue	3 Tempo	3 Course soutenue	16
2	4 DLL Course/ Marche	Repos	4 Course soutenue	5 Côtes 2,5 mi	4 Course soutenue	3 Tempo	3 Course soutenue	20,5
3	6 DLL Course/ Marche	Repos	4 Course soutenue	6 Côtes 3 mi	4 Course soutenue	4 Tempo	3 Course soutenue	24
4	6 DLL Course/ Marche	Repos	4 Course soutenue	7 Côtes 3,5 mi	4 Course soutenue	4 Tempo	3 Course soutenue	24,5
5	8 DLL Course/ Marche	Repos	5 Course soutenue	8 Côtes 4 mi	5 Course soutenue	5 Tempo	Repos	27
6	10 DLL Course/ Marche	Repos	5 Course soutenue	9 Côtes 4,5 mi	5 Course soutenue	5 Tempo	3 Course soutenue	32,5
7	8 DLL Course/ Marche	Repos	4 Course soutenue	10 Côtes 5 mi	5 Course soutenue	4 Tempo	Repos	26
8	10 DLL Course/ Marche	Repos	5 Course soutenue	Vitesse 4 x 400 m 5 mi	5 Course soutenue	5 Tempo	3 Course soutenue	33
9	12 DLL Course/ Marche	Repos	5 Course soutenue	Vitesse 5 x 400 m 5 mi	5 Course soutenue	5 Tempo	3 Course soutenue	35
10	14 DLL Course/ Marche	Repos	5 Course soutenue	Vitesse 6 x 400 m 5 mi	5 Course soutenue	5 Tempo	3 Course soutenue	37
11	16 DLL Course/ Marche	Repos	5 Course soutenue	Vitesse 7 x 400 m 5,5 mi	5 Course soutenue	5 Tempo	4 Course soutenue	40,5
12	8 DLL Course/ Marche	Repos	4 Cadence d'épreuve	4 Cadence d'épreuve	2 Course soutenue	Repos	2 Course soutenue	20
13	10 K Épreuve							6

Programme de cadences	Longue Course (DLL)	Course soutenue	Tempo/Côte (400 m)	Vitesse	Course	Cadence Ajustec pour la marche de course
à compléter en **0:48**	9:28 à 10:41	9:28	8:31	7:25	7:43	7:21

Intervalles course/marche et courses soutenues = 10 min course/1min marche

15

Terminer 10 Km en 44 minutes (Noté en miles)

Semaine	Dim	Lun	Mar	Mer	Jeu	Ven	Sam	Total
1	Repos	Repos	4 Course soutenue	4 Côtes 2 mi	3 Course soutenue	4 Tempo	3 Course soutenue	16
2	6 DLL Course/ Marche	Repos	4 Course soutenue	5 Côtes 2,5 mi	3 Course soutenue	4 Tempo	3 Course soutenue	22,5
3	6 DLL Course/ Marche	Repos	4 Course soutenue	6 Côtes 3 mi	4 Course soutenue	3 Tempo	4 Course soutenue	24
4	8 DLL Course/ Marche	Repos	4 Course soutenue	7 Côtes 3,5 mi	3 Course soutenue	4 Tempo	4 Course soutenue	26,5
5	10 DLL Course/ Marche	Repos	5 Course soutenue	8 Côtes 4 mi	5 Course soutenue	5 Tempo	Repos	29
6	10 DLL Course/ Marche	Repos	5 Course soutenue	9 Côtes 4,5 mi	5 Course soutenue	5 Tempo	3 Course soutenue	32,5
7	12 DLL Course/ Marche	Repos	5 Course soutenue	10 Côtes 5 mi	4 Course soutenue	4 Tempo	Repos	30
8	10 DLL Course/ Marche	Repos	5 Course soutenue	Vitesse 4 x 400 m 5 mi	5 Course soutenue	5 Tempo	3 Course soutenue	33
9	12 DLL Course/ Marche	Repos	5 Course soutenue	Vitesse 5 x 400 m 5 mi	5 Course soutenue	5 Tempo	3 Course soutenue	35
10	14 DLL Course/ Marche	Repos	5 Course soutenue	Vitesse 6 x 400 m 5 mi	4 Course soutenue	5 Tempo	3 Course soutenue	36
11	16 DLL Course/ Marche	Repos	5 Course soutenue	Vitesse 7 x 400 m 5,5 mi	5 Course soutenue	5 Tempo	4 Course soutenue	40,5
12	8 DLL Course/ Marche	Repos	4 Cadence d'épreuve	4 Cadence d'épreuve	2 Course soutenue	Repos	2 Course soutenue	20
13	10 K Épreuve							6

15

Programme de cadences	Longue Course (DLL)	Course soutenue	Tempo/Côte (400 m)	Vitesse	Course	Cadence Ajustec pour la marche de course
à compléter en 0:44	8:44 à 9:52	8:44	7:51	6:50	7:05	6:41

Intervalles course/marche et courses soutenues = 10 min course/1min marche

Terminer 10 Km en 40 minutes (Noté en miles)

Semaine	Dim	Lun	Mar	Mer	Jeu	Ven	Sam	Total
1	Repos	Repos	4 Course soutenue	5 Côtes 2,5 mi	5 Course soutenue	5 Tempo	5 Course soutenue	21,5
2	6 DLL Course/ Marche	Repos	4 Course soutenue	6 Côtes 3 mi	5 Course soutenue	5 Tempo	5 Course soutenue	28
3	8 DLL Course/ Marche	Repos	4 Course soutenue	7 Côtes 3,5 mi	8 Course soutenue	8 Tempo	4 Course soutenue	35,5
4	10 DLL Course/ Marche	Repos	4 Course soutenue	8 Côtes 4 mi	5 Course soutenue	5 Tempo	5 Course soutenue	33
5	12 DLL Course/ Marche	Repos	5 Course soutenue	9 Côtes 4,5 mi	8 Course soutenue	8 Tempo	5 Course soutenue	42,5
6	14 DLL Course/ Marche	Repos	6 Course soutenue	10 Côtes 5 mi	10 Course soutenue	8 Tempo	5 Course soutenue	48
7	16 DLL Course/ Marche	Repos	5 Course soutenue	Vitesse 4 x 400 m 5 mi	10 Course soutenue	8 Tempo	5 Course soutenue	49
8	12 DLL Course/ Marche	Repos	5 Course soutenue	Vitesse 5 x 400 m 5 mi	10 Course soutenue	8 Tempo	5 Course soutenue	45
9	16 DLL Course/ Marche	Repos	5 Course soutenue	Vitesse 6 x 400 m 5 mi	10 Course soutenue	6 Tempo	Repos	42
10	16 DLL Course/ Marche	Repos	5 Course soutenue	Vitesse 7 x 400 m 5,5 mi	10 Course soutenue	5 Tempo	5 Course soutenue	46,5
11	16 DLL Course/ Marche	Repos	5 Course soutenue	Vitesse 8 x 400 m 6 mi	5 Course soutenue	5 Tempo	Repos	37
12	10 DLL Course/ Marche	Repos	4 Cadence d'épreuve	4 Cadence d'épreuve	4 Course soutenue	Repos	2 Course soutenue	24
13	10 K Épreuve							6

Programme de cadences	Longue Course (DLL)	Course soutenue	Tempo/Côte (400 m)	Vitesse	Course	Cadence Ajustec pour la marche de course
à compléter en 0:40	7:59 à 9:02	7:59	7:10	6:14	6:26	6:07

Intervalles course/marche et courses soutenues = 10 min course/1min marche

15

Terminer 10 Km en 38 minutes (Noté en miles)

Semaine	Dim	Lun	Mar	Mer	Jeu	Ven	Sam	Total
1	Repos	Repos	4 Course soutenue	5 Côtes 2,5 mi	5 Course soutenue	5 Tempo	5 Course soutenue	21,5
2	6 DLL Course/ Marche	Repos	4 Course soutenue	6 Côtes 3 mi	5 Course soutenue	5 Tempo	5 Course soutenue	28
3	8 DLL Course/ Marche	Repos	4 Course soutenue	7 Côtes 3,5 mi	8 Course soutenue	8 Tempo	4 Course soutenue	35,5
4	10 DLL Course/ Marche	Repos	4 Course soutenue	8 Côtes 4 mi	8 Course soutenue	8 Tempo	5 Course soutenue	39
5	12 DLL Course/ Marche	Repos	5 Course soutenue	9 Côtes 4,5 mi	8 Course soutenue	8 Tempo	5 Course soutenue	42,5
6	14 DLL Course/ Marche	Repos	6 Course soutenue	10 Côtes 5 mi	10 Course soutenue	10 Tempo	4 Course soutenue	49
7	15 DLL Course/ Marche	Repos	6 Course soutenue	Vitesse 4 x 400 m 5 mi	10 Course soutenue	10 Tempo	5 Course soutenue	51
8	12 DLL Course/ Marche	Repos	6 Course soutenue	Vitesse 5 x 400 m 5 mi	10 Course soutenue	10 Tempo	5 Course soutenue	48
9	18 DLL Course/ Marche	Repos	8 Course soutenue	Vitesse 6 x 400 m 5 mi	8 Course soutenue	10 Tempo	5 Course soutenue	54
10	18 DLL Course/ Marche	Repos	8 Course soutenue	Vitesse 7 x 400 m 5,5 mi	8 Course soutenue	10 Tempo	5 Course soutenue	45,5
11	18 DLL Course/ Marche	Repos	5 Course soutenue	Vitesse 8 x 400 m 6 mi	8 Course soutenue	8 Tempo	Repos	45
12	10 DLL Course/ Marche	Repos	4 Cadence d'épreuve	4 Cadence d'épreuve	4 Cadence de course	Repos	2 Course soutenue	24
13	10 K Épreuve							6

Programme de cadences	Longue Course (DLL)	Course soutenue	Tempo/Côte (400 m)	Vitesse	Course	Cadence Ajustec pour la marche de course
à compléter en 0:38	7:37 à 8:37	7:37	6:50	5:57	6:07	5:48

Intervalles course/marche et courses soutenues = 10 min course/1min marche

15

Chapitre 16
Demi-marathon

«Je coure seulement le demi-marathon» est sans doute la phrase la plus fréquente que vous entendrez le jour précédant bien des marathons partout au pays. Dissipons toute confusion: le demi-marathon n'est pas une demi-course et on ne l'appelle pas «seulement le demi-marathon». C'est un défi en distance qui donne à plusieurs personnes un sens égal de réalisation à celui du marathon. J'aime l'appeler le demi-marathon entier.

Parfois, je voudrais conseiller aux coureurs de ne pas se contenter d'un demi-marathon rattaché à un évenement de marathon car les coureurs éprouvent souvent le sentiment de n'avoir couru qu'une demi-course. Il existe cependant plusieurs raisons positives de s'en tenir au demi-marathon. Dans la plupart des cas, le demi-marathon et le marathon commencent et finissent au même endroit. Pour courir la moitié de la distance, vous recevez les mêmes gourmandises à l'arrivée, les mêmes applaudissements de la foule, le même tee-shirt et la même compagnie pour partager les célébrations.

Certaines personnes apprécient réellement la distance du demi-marathon. C'est un défi à leur portée, qui exige beaucoup moins d'entraînement et de récupération que le marathon. S'entraîner pour un demi-marathon commande un conditionnement qui dépasse ce qu'on fait normalement pour la simple course. Il faut plus de temps et un plus grand engagement, mais les célébrations à la ligne d'arrivée méritent bien les efforts. L'introduction à un parcours plus long commence à la base par des courses lentes de longues distances et le plaisir de les faire. On découvre que la course peut être une façon de rencontrer des gens, de brûler les gras et de nous éveiller mentalement et physiquement.

Détails du programme d'entraînement pour le demi-marathon

Les horaires d'entraînement qui suivent vous aideront à vous préparer pour le demi-marathon. Choisissez l'horaire qui reflète le mieux votre temps d'arrivée cible. Il y a deux horaires pour chaque temps cible; un horaire en kilomètres et l'autre en milles. Le demi-marathon est une distance sérieuse. Vous devez donc prendre votre entraînement très au sérieux, donc soyez fidèle au programme. Quantité ne signifie pas nécessairement qualité.

Ces horaires ont été conçus pour aider les coureurs à terminer l'épreuve, ou à atteindre des objectifs de temps spécifiques. Tous les programmes suivent la structure progressive, détaillée au *chapitre 2* *«Élaborer son propre programme»*. Les courses longues incorporent le principe de course/marche 10/1, qui a fait le grand succès des programmes du Coin des coureurs. De plus, vous verrez au bas de chaque horaire d'entraînement un graphique de cadences qui vous donnera la cadence de chaque course. Veuillez trouver plus bas la description des divers types d'entraînements tels que reflétés dans les horaires d'entraînement. Vous pouvez vous référer au chapitre 2, «Élaborer son propre programme», pour une description plus détaillée des «Méthodes d'entraînement». *De plus, le chapitre 9,* *«Types d'entraînement»*, décrit les diverses exigences d'un programme de course réussi.

Séances d'entraînement pour le demi-marathon

Courses lentes de longues distances (DLL – Course/Marche)

Les courses lentes de longues distances sont la première pierre de n'importe quel programme de course de distance. Faites une minute de marche complète pour chaque dix minute de course. Ces courses sont destinées à être faites à une cadence beaucoup plus lente que celle de la course (60% à 70% de la fréquence cardiaque maximale); ne vous inquiétez donc pas de votre cadence. Le but de ces courses consiste à améliorer le réseau capillaire et le seuil d'anaérobie du corps. Elles vous préparent aussi mentalement pour les longues courses.

Commentaire sur la cadence DLL

La cadence indiquée au graphique inclut le temps de marche. Ce programme vous donne le sommet (lent) et le minimum (rapide) de la cadence à titre de guide. La cadence lente est préférable car elle vous empêchera de vous blesser. Une erreur fréquemment commise par beaucoup de coureurs consiste à courir à la fréquence de cadence maximum, ce qui est une invitation aux blessures. Je connais très peu de coureurs qui se sont blessés en courant trop lentement, mais beaucoup en courant trop vite. Dans les phases préliminaires du programme, il est très facile de courir les courses longues trop rapidement, mais tout comme le marathon et le demi-marathon, les courses longues exigent de la discipline et de la patience. Pratiquez votre sens de la cadence en ralentissant vos courses longues, ce qui vous permettra de récupérer plus vite et d'éviter les blessures.

Course soutenue

La course soutenue est une course au-dessous de votre objectif de cadence de course (70% de la fréquence cardiaque maximale). Courez à une allure confortable; si vous avez des doutes, allez y lentement. La course est divisée en éléments de course et de marche. Nous vous encourageons à utiliser la méthode course/marche. Les repos de marche sont une bonne façon bien suivre votre entraînement.

Les côtes

La distance pour la journée est calculée comme étant la distance approximative parcourue pour monter et descendre la côte. Vous devrez probablement courir jusqu'à la côte, et revenir, à moins d'y aller en automobile. Vous devrez ajouter votre total de la distance d'échauffement et de refroidissement au total indiqué à l'horaire d'entraînement. Je recommande une distance allez retour de 3 km, pour vous assurer d'un bon réchauffement et d'une bonne récupération, car les côtes constituent un stress important pour le corps. Les côtes se font à la cadence tempo (85% de la fréquence cardiaque maximale) et doivent inclure un retour à une fréquence cardiaque de 120 bpm au bas de la côte à chaque répétition.

VO2 max

C'est le volume d'oxygène dont le corps a besoin pendant l'entraînement à la fréquence cardiaque maximale. Un niveau de VO2 max élevé indique une bonne santé, ce qui permet aux athlètes en excellente forme de s'entraîner plus vigoureusement que les débutants. Des entraînements d'intervalles tempo, fartlek et de séances de vitesses améliorent l'efficacité de votre corps pour transférer le sang riche en oxygène à vos muscles au travail.

16

Tempo

Avant de commencer des courses tempo, ajoutez plusieurs semaines d'entraînement en côte pour augmenter la force, améliorer la forme et votre confiance. Puis, commencez les courses tempo, à un niveau de 80% de la fréquence cardiaque maximale pour 60% à 80% de votre distance de course planifiée, pour améliorer votre coordination et votre fréquence d'enjambées. Intégrez une période de réchauffement et de refroidissement d'environ 3 à 5 minutes. Ces courses simulent les conditions et l'effort nécessaire le jour de la course.

Fartlek

Les courses fartlek sont des courses spontanées d'intensité et de distances variées. Des poussées brusques à 70% à 80% de votre fréquence cardiaque maximale, si vous portez un moniteur de fréquence cardiaque. Pendant que vous allez à cette vitesse, la conversation est possible mais vous aurez une respiration et une fréquence cardiaque plus rapides, et plus de transpiration. Entre ces poussées brusques d'effort difficile, pas plus longues que 3 minutes, ajoutez des périodes de récupération par une course facile, qui permettent de réduire la fréquence cardiaque à 120 bpm. Les pointes de vitesse augmentent le rendement. Les périodes additionnelles de récupération/repos rendent la séance réalisable et amusante.

Vitesse

En faisant un retour à notre analogie de la pyramide d'entraînement, l'entraînement en vitesse est l'une des dernières choses que nous faisons. Il faut une période d'entraînement de base et de force suffisante, avant de faire de la vitesse. La séance de vitesse consiste en courses rapides sur des distances courtes, habituellement avec une période de récupération assez longue, pour permettre aux effets désagréables de l'anaérobie de se dissiper, p.ex. 5 x 400 m. Dans nos programmes d'entraînement, nous tenons compte d'une période de réchauffement de 3 km ainsi que d'une période de refroidissement de 3 km, dans la distance totale à parcourir. J'ai vu beaucoup de coureurs se blesser en tentant des pointes de vitesses. Dans les programmes d'entraînement, j'ai diminué exprès la cadence de votre entraînement de vitesse, du 110% de la fréquence cardiaque maximale habituelle, à 95% de la fréquence cardiaque maximale, pour éviter les blessures. Dans ces programmes, nous utilisons la vitesse pour aiguiser et non pour endommager, ce qui a assuré le succès de tous nos programmes.

Cadence de course ajustée à la marche

Comment calculer la cadence de course ajustée à la marche ? Lorsque vous marchez, vous allez moins vite que votre «cadence de course moyenne». Quand vous courez, vous allez plus vite que votre «cadence de marche moyenne». La cadence de course ajustée tient compte des variations entre la vitesse de la marche et la vitesse de course. Il s'agit de connaître la vitesse moyenne de votre cadence de marche. Nous avons trouvé une formule qui nous permet de calculer une cadence de marche modérée, ce qui nous permet de déterminer avec certitude les intervalles exacts, incluant la cadence de course et la cadence de marche. L'effet de ce calcul est que la cadence est plus rapide par km/h que la «cadence de course» moyenne. Toutefois, quand le calcul est fait avec votre «cadence de marche», le résultat est votre «cadence d'objectif de course». Vous pouvez aller en ligne à Runningroom.com et imprimer vos bandes de cadence «ajustées à la course» pour le jour de la course!

Demi - marathon à terminer (Noté en kilomètres)

Semaine	Dim	Lun	Mar	Mer	Jeu	Ven	Sam	Total
1	Repos	Repos	Repos	3 Course soutenue	3 Course soutenue	Repos	3 Course soutenue	9
2	7 DLL Marche/Course	Repos	4 Course soutenue	3 Course soutenue	3 Course soutenue	Repos	3 Course soutenue	20
3	7 DLL Marche/Course	Repos	4 Course soutenue	3 Course soutenue	4 Course soutenue	Repos	3 Course soutenue	21
4	7 DLL Marche/Course	Repos	3 Course soutenue	4 Course soutenue	3 Course soutenue	Repos	4 Course soutenue	21
5	9 DLL Marche/Course	Repos	4 Course soutenue	3 Course soutenue	3 Course soutenue	Repos	3 Course soutenue	22
6	9 DLL Marche/Course	Repos	5 Course soutenue	3 Course soutenue	4 Course soutenue	Repos	3 Course soutenue	24
7	10 DLL Marche/Course	Repos	4 Course soutenue	3 Côtes 2,5 km	5 Course soutenue	Repos	3 Course soutenue	24,5
8	10 DLL Marche/Course	Repos	4 Course soutenue	4 Côtes 3 km	5 Course soutenue	Repos	4 Course soutenue	26
9	12 DLL Marche/Course	Repos	4 Course soutenue	5 Côtes 4 km	6 Course soutenue	Repos	4 Course soutenue	30
10	14 DLL Marche/Course	Repos	4 Course soutenue	6 Côtes 5 km	6 Course soutenue	Repos	5 Course soutenue	34
11	16 DLL Marche/Course	Repos	5 Course soutenue	7 Côtes 5,5 km	7 Course soutenue	Repos	5 Course soutenue	38,5
12	16 DLL Marche/Course	Repos	5 Course soutenue	8 Côtes 6 km	7 Course soutenue	Repos	6 Course soutenue	40
13	12 DLL Marche/Course	Repos	5 Course soutenue	9 Côtes 7 km	8 Course soutenue	Repos	6 Course soutenue	38
14	18 DLL Marche/Course	Repos	6 Course soutenue	6 Fartlek	8 Course soutenue	Repos	6 Course soutenue	44
15	18 DLL Marche/Course	Repos	6 Course soutenue	4 Fartlek	8 Course soutenue	Repos	6 Course soutenue	42
16	20 DLL Marche/Course	Repos	6 Course soutenue	4 Fartlek	8 Course soutenue	Repos	6 Course soutenue	44
17	6 Course soutenue	Repos	10 Course soutenue	6 Course soutenue	Repos	Repos	3 Course soutenue	25
18	Course - demi marathon							21,1

Programme de cadences	Longue course (DLL)	Course facile	Tempo/ Côte / Fartlek	Vitesse	Course	Cadence «marche» de la course.
à terminer en 3:00	9:29 à 10:33	9:29	8:37	7:36	8:32	8:21

Intervalles course/marche et courses soutenues = 10 min course/1min marche
Les côtes mesurent 400 m

16

Demi - marathon à terminer en 2h30 (Noté en kilomètres)

Semaine	Dim	Lun	Mar	Mer	Jeu	Ven	Sam	Total
1	Repos	Repos	Repos	3 Tempo	3 Course soutenue	Repos	3 Course soutenue	9
2	7 DLL Marche/Course	Repos	4 Tempo	3 Tempo	3 Course soutenue	Repos	3 Course soutenue	20
3	7 DLL Marche/Course	Repos	4 Tempo	3 Tempo	4 Course soutenue	Repos	3 Course soutenue	21
4	7 DLL Marche/Course	Repos	3 Tempo	4 Tempo	3 Course soutenue	Repos	4 Course soutenue	21
5	9 DLL Marche/Course	Repos	4 Tempo	4 Tempo	3 Course soutenue	Repos	3 Course soutenue	23
6	9 DLL Marche/Course	Repos	5 Tempo	3 Tempo	4 Course soutenue	Repos	3 Course soutenue	24
7	10 DLL Marche/Course	Repos	4 Tempo	3 Côtes 2,5 km	5 Course soutenue	Repos	3 Course soutenue	24,5
8	10 DLL Marche/Course	Repos	4 Tempo	4 Côtes 3 km	5 Course soutenue	Repos	4 Course soutenue	26
9	12 DLL Marche/Course	Repos	4 Tempo	5 Côtes 4 km	6 Course soutenue	Repos	4 Course soutenue	30
10	14 DLL Marche/Course	Repos	4 Tempo	6 Côtes 5 km	6 Course soutenue	Repos	5 Course soutenue	34
11	16 DLL Marche/Course	Repos	5 Tempo	7 Côtes 5,5 km	7 Course soutenue	Repos	5 Course soutenue	38,5
12	16 DLL Marche/Course	Repos	5 Tempo	8 Côtes 6 km	7 Course soutenue	Repos	6 Course soutenue	40
13	12 DLL Marche/Course	Repos	5 Tempo	9 Côtes 7 km	8 Course soutenue	Repos	6 Course soutenue	38
14	18 DLL Marche/Course	Repos	6 Tempo	6 Fartlek	8 Course soutenue	Repos	6 Course soutenue	44
15	18 DLL Marche/Course	Repos	6 Tempo	4 Fartlek	8 Course soutenue	Repos	6 Course soutenue	42
16	20 DLL Marche/Course	Repos	6 Tempo	6 Fartlek	8 Course soutenue	Repos	6 Course soutenue	46
17	6 DLL Marche/Course	Repos	10 Cadence d'épreuve	6 Cadence d'épreuve	Repos	Repos	3 Course soutenue	25
18	Course - demi marathon							21,1

Programme de cadences	Longue course (DLL)	Course facile	Tempo/Côte / Fartlek	Vitesse	Course	Cadence «marche» de la course.
à terminer en 2:30	8:03 à 9:00	8:03	7:17	6:23	7:07	6:53

Intervalles course/marche et courses soutenues = 10 min course/1min marche
Les côtes mesurent 400 m

16

Demi - marathon à terminer en 2h15 (Noté en kilomètres)

Semaine	Dim	Lun	Mar	Mer	Jeu	Ven	Sam	Total
1	Repos	Repos	Repos	3 Tempo	3 Course soutenue	Repos	3 Course soutenue	9
2	7 DLL Marche/Course	Repos	4 Tempo	3 Tempo	3 Course soutenue	Repos	3 Course soutenue	20
3	7 DLL Marche/Course	Repos	4 Tempo	3 Tempo	4 Course soutenue	Repos	3 Course soutenue	21
4	7 DLL Marche/Course	Repos	3 Tempo	4 Tempo	3 Course soutenue	Repos	4 Course soutenue	21
5	9 DLL Marche/Course	Repos	4 Tempo	4 Tempo	3 Course soutenue	Repos	3 Course soutenue	23
6	9 DLL Marche/Course	Repos	5 Tempo	3 Tempo	4 Course soutenue	Repos	3 Course soutenue	24
7	10 DLL Marche/Course	Repos	4 Tempo	3 Côtes 2,5 km	5 Course soutenue	Repos	3 Course soutenue	24,5
8	10 DLL Marche/Course	Repos	4 Tempo	4 Côtes 3 km	5 Course soutenue	Repos	4 Course soutenue	26
9	12 DLL Marche/Course	Repos	4 Tempo	5 Côtes 4 km	6 Course soutenue	Repos	4 Course soutenue	30
10	14 DLL Marche/Course	Repos	4 Tempo	6 Côtes 5 km	6 Course soutenue	Repos	5 Course soutenue	34
11	16 DLL Marche/Course	Repos	5 Tempo	7 Côtes 5,5 km	7 Course soutenue	Repos	5 Course soutenue	38,5
12	16 DLL Marche/Course	Repos	5 Tempo	8 Côtes 6 km	7 Course soutenue	Repos	6 Course soutenue	40
13	12 DLL Marche/Course	Repos	5 Tempo	9 Côtes 7 km	8 Course soutenue	Repos	6 Course soutenue	38
14	18 DLL Marche/Course	Repos	6 Tempo	Vitesse 2 x 1,6 km 9 km	8 Course soutenue	Repos	6 Course soutenue	47
15	18 DLL Marche/Course	Repos	6 Tempo	Vitesse 3 x 1,6 km 11 km	8 Course soutenue	Repos	6 Course soutenue	49
16	20 DLL Marche/Course	Repos	6 Tempo	Vitesse 4 x 1,6 km 12 km	8 Course soutenue	Repos	6 Cadence d'épreuve	52
17	6 DLL Marche/Course	Repos	10 Cadence d'épreuve	6 Cadence d'épreuve	Repos	Repos	3 Course soutenue	25
18	Course - demi marathon							21,1

Programme de cadences	Longue course (DLL)	Course facile	Tempo/Côte / Fartlek	Vitesse	Course	Cadence «marche» de la course.
à terminer en 2:15	7:19 à 8:12	7:19	6:36	5:46	6:24	6:09

Intervalles course/marche et courses soutenues = 10 min course/1min marche
Les côtes mesurent 400 m

Demi-marathon à terminer en 2h00 (Noté en kilomètres)

Semaine	Dim	Lun	Mar	Mer	Jeu	Ven	Sam	Total
1	Repos	Repos	Repos	3 Tempo	3 Course soutenue	Repos	3 Course soutenue	9
2	7 DLL Marche/Course	Repos	4 Tempo	3 Tempo	3 Course soutenue	Repos	3 Course soutenue	20
3	7 DLL Marche/Course	Repos	4 Tempo	3 Tempo	4 Course soutenue	Repos	3 Course soutenue	21
4	7 DLL Marche/Course	Repos	3 Tempo	4 Tempo	3 Course soutenue	Repos	4 Course soutenue	21
5	9 DLL Marche/Course	Repos	4 Tempo	4 Tempo	3 Course soutenue	Repos	3 Course soutenue	23
6	9 DLL Marche/Course	Repos	5 Tempo	3 Tempo	4 Course soutenue	Repos	3 Course soutenue	24
7	10 DLL Marche/Course	Repos	4 Tempo	3 Côtes 2,5 km	5 Course soutenue	Repos	3 Course soutenue	24,5
8	10 DLL Marche/Course	Repos	4 Tempo	4 Côtes 3 km	5 Course soutenue	Repos	4 Course soutenue	26
9	12 DLL Marche/Course	Repos	4 Tempo	5 Côtes 4 km	6 Course soutenue	Repos	4 Course soutenue	30
10	14 DLL Marche/Course	Repos	4 Tempo	6 Côtes 5 km	6 Course soutenue	Repos	5 Course soutenue	34
11	16 DLL Marche/Course	Repos	5 Tempo	7 Côtes 5,5 km	7 Course soutenue	Repos	5 Course soutenue	38,5
12	16 DLL Marche/Course	Repos	5 Tempo	8 Côtes 6 km	7 Course soutenue	Repos	6 Course soutenue	40
13	12 DLL Marche/Course	Repos	5 Tempo	9 Côtes 7 km	8 Course soutenue	Repos	6 Course soutenue	38
14	18 DLL Marche/Course	Repos	6 Tempo	Vitesse 2 x 1,6 km 9 km	8 Course soutenue	Repos	6 Course soutenue	47
15	18 DLL Marche/Course	Repos	6 Tempo	Vitesse 3 x 1,6 km 11 km	8 Course soutenue	Repos	6 Course soutenue	49
16	20 DLL Marche/Course	Repos	6 Tempo	Vitesse 4 x 1,6 km 12 km	8 Course soutenue	Repos	6 Cadence d'épreuve	52
17	6 DLL Marche/Course	Repos	10 Course soutenue	6 Course soutenue	Repos	Repos	3 Course soutenue	25
18	Course - demi marathon							21,1

Programme de cadences	Longue course (DLL)	Course facile	Tempo/Côte / Fartlek	Vitesse	Course	Cadence «marche» de la course.
à terminer en 2:00	6:34 à 7:23	6:34	5:55	5:10	5:41	5:27

Intervalles course/marche et courses soutenues = 10 min course/1min marche
Les côtes mesurent 400 m

16

Demi - marathon à terminer en 1h50 (Noté en kilomètres)

Semaine	Dim	Lun	Mar	Mer	Jeu	Ven	Sam	Total
1	Repos	Repos	Repos	3 Tempo	3 Course soutenue	Repos	3 Course soutenue	9
2	7 DLL Marche/Course	Repos	4 Tempo	3 Tempo	3 Course soutenue	Repos	3 Course soutenue	20
3	7 DLL Marche/Course	Repos	4 Tempo	3 Tempo	4 Course soutenue	Repos	3 Course soutenue	21
4	7 DLL Marche/Course	Repos	3 Tempo	4 Tempo	3 Course soutenue	Repos	4 Course soutenue	21
5	9 DLL Marche/Course	Repos	4 Tempo	4 Tempo	3 Course soutenue	Repos	3 Course soutenue	23
6	9 DLL Marche/Course	Repos	5 Tempo	3 Tempo	4 Course soutenue	Repos	3 Course soutenue	24
7	10 DLL Marche/Course	Repos	4 Tempo	3 Côtes 2,5 km	5 Course soutenue	Repos	3 Course soutenue	24,5
8	10 DLL Marche/Course	Repos	4 Tempo	4 Côtes 3 km	5 Course soutenue	Repos	4 Course soutenue	26
9	12 DLL Marche/Course	Repos	4 Tempo	5 Côtes 4 km	6 Course soutenue	Repos	4 Course soutenue	30
10	14 DLL Marche/Course	Repos	4 Tempo	6 Côtes 5 km	6 Course soutenue	Repos	5 Course soutenue	34
11	16 DLL Marche/Course	Repos	5 Tempo	7 Côtes 5,5 km	7 Course soutenue	Repos	5 Course soutenue	38,5
12	16 DLL Marche/Course	Repos	5 Tempo	8 Côtes 6 km	7 Course soutenue	Repos	6 Course soutenue	40
13	12 DLL Marche/Course	Repos	5 Tempo	9 Côtes 7 km	8 Course soutenue	Repos	6 Course soutenue	38
14	18 DLL Marche/Course	Repos	6 Tempo	Vitesse 2 x 1,6 km 9 km	8 Course soutenue	Repos	6 Course soutenue	47
15	18 DLL Marche/Course	Repos	6 Tempo	Vitesse 3 x 1,6 km 11 km	8 Course soutenue	Repos	6 Course soutenue	49
16	20 DLL Marche/Course	Repos	6 Tempo	Vitesse 4 x 1,6 km 12 km	8 Course soutenue	Repos	6 Cadence d'épreuve	52
17	6 DLL Marche/Course	Repos	10 Cadence d'épreuve	6 Cadence d'épreuve	Repos	Repos	3 Course soutenue	25
18	Course - demi marathon							21,1

Programme de cadences	Longue course (DLL)	Course facile	Tempo/Côte / Fartlek	Vitesse	Course	Cadence «marche» de la course.
à terminer en 1:50	6:04 à 6:50	6:04	5:27	4:45	5:13	4:57

Intervalles course/marche et courses soutenues = 10 min course/1min marche
Les côtes mesurent 400 m

16

Demi - marathon à terminer en 1h45 (Noté en kilomètres)

Semaine	Dim	Lun	Mar	Mer	Jeu	Ven	Sam	Total
1	Repos	Repos	Repos	3 Tempo	3 Course soutenue	Repos	3 Course soutenue	9
2	7 DLL Marche/Course	Repos	4 Tempo	3 Tempo	3 Course soutenue	Repos	3 Course soutenue	20
3	7 DLL Marche/Course	Repos	4 Tempo	3 Tempo	4 Course soutenue	Repos	3 Course soutenue	21
4	7 DLL Marche/Course	Repos	3 Tempo	4 Tempo	3 Course soutenue	Repos	4 Course soutenue	21
5	9 DLL Marche/Course	Repos	4 Tempo	4 Tempo	3 Course soutenue	Repos	3 Course soutenue	23
6	9 DLL Marche/Course	Repos	5 Tempo	3 Tempo	4 Course soutenue	Repos	3 Course soutenue	24
7	10 DLL Marche/Course	Repos	4 Tempo	3 Côtes 2,5 km	5 Course soutenue	Repos	3 Course soutenue	24,5
8	10 DLL Marche/Course	Repos	4 Tempo	4 Côtes 3 km	5 Course soutenue	Repos	4 Course soutenue	26
9	12 DLL Marche/Course	Repos	4 Tempo	5 Côtes 4 km	6 Course soutenue	Repos	4 Course soutenue	30
10	14 DLL Marche/Course	Repos	4 Fartlek	6 Côtes 5 km	6 Course soutenue	Repos	5 Course soutenue	34
11	16 DLL Marche/Course	Repos	5 Fartlek	7 Côtes 5,5 km	7 Course soutenue	Repos	5 Course soutenue	38,5
12	16 DLL Marche/Course	Repos	5 Fartlek	8 Côtes 6 km	7 Course soutenue	Repos	6 Course soutenue	40
13	12 DLL Marche/Course	Repos	5 Fartlek	9 Côtes 7 km	8 Course soutenue	Repos	6 Course soutenue	38
14	18 DLL Marche/Course	Repos	6 Fartlek	Vitesse 2 x 1,6 km 9 km	8 Course soutenue	Repos	6 Course soutenue	47
15	18 DLL Marche/Course	Repos	6 Fartlek	Vitesse 3 x 1,6 km 11 km	8 Course soutenue	Repos	6 Course soutenue	49
16	20 DLL Marche/Course	Repos	6 Fartlek	Vitesse 4 x 1,6 km 12 km	8 Course soutenue	Repos	6 Cadence d'épreuve	52
17	6 DLL Marche/Course	Repos	10 Cadence d'épreuve	6 Cadence d'épreuve	Repos	Repos	3 Course soutenue	25
18	Course - demi marathon							21,1

Programme de cadences	Longue course (DLL)	Course facile	Tempo/Côte / Fartlek	Vitesse	Course	Cadence «marche» de la course.
à terminer en 1:45	5:49 à 6:33	5:49	5:14	4:33	4:59	4:44

Intervalles course/marche et courses soutenues = 10 min course/1min marche
Les côtes mesurent 400 m

Demi - marathon à terminer en 1h40 (Noté en kilomètres)

Semaine	Dim	Lun	Mar	Mer	Jeu	Ven	Sam	Total
1	Repos	Repos	Repos	3 Tempo	3 Course soutenue	Repos	3 Course soutenue	9
2	7 DLL Marche/Course	Repos	4 Tempo	3 Tempo	3 Course soutenue	Repos	3 Course soutenue	20
3	7 DLL Marche/Course	Repos	4 Tempo	3 Tempo	4 Course soutenue	Repos	3 Course soutenue	21
4	7 DLL Marche/Course	Repos	3 Tempo	4 Tempo	3 Course soutenue	Repos	4 Course soutenue	21
5	9 DLL Marche/Course	Repos	4 Tempo	4 Tempo	3 Course soutenue	Repos	3 Course soutenue	23
6	9 DLL Marche/Course	Repos	5 Tempo	3 Tempo	4 Course soutenue	Repos	3 Course soutenue	24
7	10 DLL Marche/Course	Repos	4 Tempo	3 Côtes 2,5 km	5 Course soutenue	Repos	3 Course soutenue	24,5
8	10 DLL Marche/Course	Repos	4 Tempo	4 Côtes 3 km	5 Course soutenue	Repos	4 Course soutenue	26
9	12 DLL Marche/Course	Repos	4 Tempo	5 Côtes 4 km	6 Course soutenue	Repos	4 Course soutenue	30
10	14 DLL Marche/Course	Repos	4 Fartlek	6 Côtes 5 km	6 Course soutenue	Repos	5 Course soutenue	34
11	16 DLL Marche/Course	Repos	5 Fartlek	7 Côtes 5,5 km	7 Course soutenue	Repos	5 Course soutenue	38,5
12	16 DLL Marche/Course	Repos	5 Fartlek	8 Côtes 6 km	7 Course soutenue	Repos	6 Course soutenue	40
13	12 DLL Marche/Course	Repos	5 Fartlek	9 Côtes 7 km	8 Course soutenue	Repos	6 Course soutenue	38
14	18 DLL Marche/Course	Repos	6 Fartlek	Vitesse 2 x 1,6 km 9 km	8 Course soutenue	Repos	6 Course soutenue	47
15	18 DLL Marche/Course	Repos	6 Fartlek	Vitesse 3 x 1,6 km 11 km	8 Course soutenue	Repos	6 Course soutenue	49
16	20 DLL Marche/Course	Repos	6 Fartlek	Vitesse 4 x 1,6 km 12 km	8 Course soutenue	Repos	6 Cadence d'épreuve	52
17	6 DLL Marche/Course	Repos	10 Cadence d'épreuve	6 Cadence d'épreuve	Repos	Repos	3 Course soutenue	25
18	Course - demi marathon							21,1

Programme de cadences	Longue course (DLL)	Course facile	Tempo/Côte / Fartlek	Vitesse	Course	Cadence «marche» de la course.
à terminer en 1:40	5:33 à 6:16	5:33	5:00	4:21	4:44	4:29

Intervalles course/marche et courses soutenues = 10 min course/1min marche
Les côtes mesurent 400 m

16

Demi - marathon à terminer en 1h30 (Noté en kilomètres)

Semaine	Dim	Lun	Mar	Mer	Jeu	Ven	Sam	Total
1	Repos	Repos	Repos	Repos	Repos	10 Course soutenue	6 Course soutenue	16
2	11 DLL Marche/Course	Repos	8 Tempo	10 Tempo	12 Course soutenue	13 Course soutenue	6 Course soutenue	60
3	13 DLL Marche/Course	Repos	8 Tempo	10 Tempo	12 Course soutenue	13 Course soutenue	6 Course soutenue	62
4	13 DLL Marche/Course	Repos	8 Tempo	10 Tempo	12 Course soutenue	13 Course soutenue	6 Course soutenue	62
5	16 DLL Marche/Course	Repos	8 Tempo	10 Tempo	12 Course soutenue	13 Course soutenue	6 Course soutenue	65
6	16 DLL Marche/Course	Repos	8 Tempo	3 Côtes 2,5 km	8 Course soutenue	13 Course soutenue	6 Course soutenue	53,5
7	13 DLL Marche/Course	Repos	8 Tempo	4 Côtes 3 km	8 Course soutenue	13 Course soutenue	6 Course soutenue	51
8	16 DLL Marche/Course	Repos	8 Tempo	5 Côtes 4 km	8 Course soutenue	13 Course soutenue	6 Course soutenue	55
9	19 DLL Marche/Course	Repos	8 Tempo	6 Côtes 5 km	8 Course soutenue	13 Course soutenue	6 Course soutenue	59
10	19 DLL Marche/Course	Repos	8 Fartlek	7 Côtes 5,5 km	8 Course soutenue	13 Course soutenue	6 Course soutenue	59,5
11	21 DLL Marche/Course	Repos	8 Fartlek	8 Côtes 6 km	8 Course soutenue	13 Course soutenue	6 Course soutenue	62
12	16 DLL Marche/Course	Repos	8 Fartlek	9 Côtes 7 km	8 Course soutenue	13 Course soutenue	6 Course soutenue	58
13	22 DLL Marche/Course	Repos	8 Fartlek	Vitesse 2 x 1,6 km 9 km	8 Course soutenue	13 Course soutenue	6 Course soutenue	66
14	26 DLL Marche/Course	Repos	8 Fartlek	Vitesse 3 x 1,6 km 11 km	8 Course soutenue	13 Course soutenue	6 Course soutenue	72
15	16 DLL Marche/Course	Repos	8 Fartlek	Vitesse 4 x 1,6 km 12 km	8 Course soutenue	13 Course soutenue	6 Cadence d'épreuve	63
16	6 DLL Marche/Course	Repos	10 Cadence d'épreuve	6 Cadence d'épreuve	Repos	Repos	3 Course soutenue	25
17	Course - demi marathon							21,1

Programme de cadences	Longue course (DLL)	Course facile	Tempo/Côte / Fartlek	Vitesse	Course	Cadence «marche» de la course.
à terminer en 1:30	5:02 à 5:42	5:02	4:32	3:56	4:16	4:02

Intervalles course/marche et courses soutenues = 10 min course/1min marche
Les côtes mesurent 400 m

16

Demi - marathon à terminer (Noté en milles)

Semaine	Dim	Lun	Mar	Mer	Jeu	Ven	Sam	Total
1	Repos	Repos	Repos	2 Course soutenue	2 Course soutenue	Repos	2 Course soutenue	6
2	4,5 DLL Marche/Course	Repos	2,5 Course soutenue	2 Course soutenue	2 Course soutenue	Repos	2 Course soutenue	13
3	4,5 DLL Marche/Course	Repos	2,5 Course soutenue	2 Course soutenue	2,5 Course soutenue	Repos	2 Course soutenue	13,5
4	4,5 DLL Marche/Course	Repos	2 Course soutenue	2,5 Course soutenue	2 Course soutenue	Repos	2,5 Course soutenue	13,5
5	5,5 DLL Marche/Course	Repos	2,5 Course soutenue	2 Course soutenue	2 Course soutenue	Repos	2 Course soutenue	14
6	5,5 DLL Marche/Course	Repos	3 Course soutenue	2 Course soutenue	2,5 Course soutenue	Repos	2 Course soutenue	15
7	6 DLL Marche/Course	Repos	2,5 Course soutenue	3 Côtes 1,5 mi	3 Course soutenue	Repos	2 Course soutenue	15
8	6 DLL Marche/Course	Repos	2,5 Course soutenue	4 Côtes 2 mi	3 Course soutenue	Repos	2,5 Course soutenue	16
9	7,5 DLL Marche/Course	Repos	2,5 Course soutenue	5 Côtes 2,5 mi	4 Course soutenue	Repos	2,5 Course soutenue	19
10	8,5 DLL Marche/Course	Repos	2,5 Course soutenue	6 Côtes 3 mi	4 Course soutenue	Repos	3 Course soutenue	21
11	10 DLL Marche/Course	Repos	3 Course soutenue	7 Côtes 3,5 mi	4,5 Course soutenue	Repos	3 Course soutenue	24,5
12	10 DLL Marche/Course	Repos	3 Course soutenue	8 Côtes 4 mi	4,5 Course soutenue	Repos	4 Course soutenue	25,5
13	7,5 DLL Marche/Course	Repos	3 Course soutenue	9 Côtes 4,5 mi	5 Course soutenue	Repos	4 Course soutenue	24
14	11 DLL Marche/Course	Repos	4 Course soutenue	2,5 Fartlek	5 Course soutenue	Repos	4 Course soutenue	26,5
15	11 DLL Marche/Course	Repos	4 Course soutenue	2,5 Fartlek	5 Course soutenue	Repos	4 Course soutenue	26,5
16	12,5 DLL Marche/Course	Repos	4 Course soutenue	2,5 Fartlek	5 Course soutenue	Repos	4 Course soutenue	28
17	4 Course soutenue	Repos	6 Course soutenue	4 Course soutenue	Repos	Repos	2 Course soutenue	16
18	Course - demi marathon							13

Programme de cadences	Longue course (DLL)	Course facile	Tempo/Côte / Fartlek	Vitesse	Course	Cadence «marche» de la course.
à terminer en 3:00	15:16 à 16:58	15:16	13:52	12:13	13:44	13:19

Intervalles course/marche et courses soutenues = 10 min course/1min marche
Les côtes mesurent 400 m

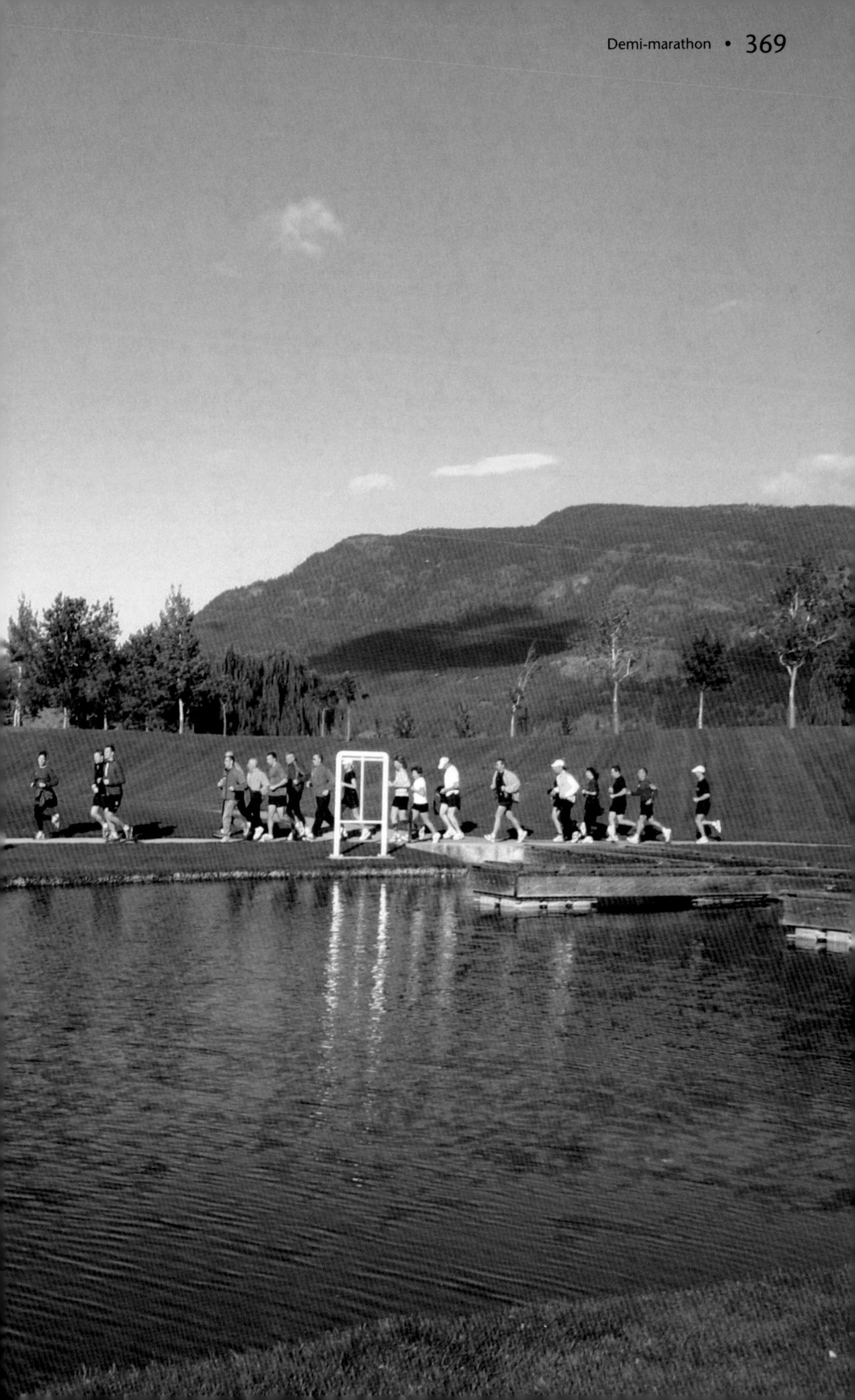

Demi - marathon à terminer en 2h30 (Noté en milles)

Semaine	Dim	Lun	Mar	Mer	Jeu	Ven	Sam	Total
1	Repos	Repos	Repos	2 Tempo	2 Course soutenue	Repos	2 Course soutenue	6
2	4,5 DLL Marche/Course	Repos	2,5 Tempo	2 Tempo	2 Course soutenue	Repos	2 Course soutenue	13
3	4,5 DLL Marche/Course	Repos	2,5 Tempo	2 Tempo	2,5 Course soutenue	Repos	2 Course soutenue	13,5
4	4,5 DLL Marche/Course	Repos	2 Tempo	2,5 Tempo	2 Course soutenue	Repos	2,5 Course soutenue	13,5
5	5,5 DLL Marche/Course	Repos	2,5 Tempo	2,5 Tempo	2 Course soutenue	Repos	2 Course soutenue	14,5
6	5,5 DLL Marche/Course	Repos	3 Tempo	2 Tempo	2,5 Course soutenue	Repos	2 Course soutenue	15
7	6 DLL Marche/Course	Repos	2,5 Tempo	3 Côtes 1.5 mi	3 Course soutenue	Repos	2 Course soutenue	15
8	6 DLL Marche/Course	Repos	2,5 Tempo	4 Côtes 2 mi	3 Course soutenue	Repos	2,5 Course soutenue	16
9	7,5 DLL Marche/Course	Repos	2,5 Tempo	5 Côtes 2,5 mi	4 Course soutenue	Repos	2,5 Course soutenue	19
10	8,5 DLL Marche/Course	Repos	2,5 Tempo	6 Côtes 3 mi	4 Course soutenue	Repos	3 Course soutenue	21
11	10 DLL Marche/Course	Repos	3 Tempo	7 Côtes 3.5 mi	4,5 Course soutenue	Repos	3 Course soutenue	24
12	10 DLL Marche/Course	Repos	3 Tempo	8 Côtes 4 mi	4,5 Course soutenue	Repos	4 Course soutenue	25,5
13	7,5 DLL Marche/Course	Repos	3 Tempo	9 Côtes 4,5 mi	5 Course soutenue	Repos	4 Course soutenue	24
14	11 DLL Marche/Course	Repos	4 Tempo	4 Fartlek	5 Course soutenue	Repos	4 Course soutenue	28
15	11 DLL Marche/Course	Repos	4 Tempo	4 Fartlek	5 Course soutenue	Repos	4 Course soutenue	28
16	12,5 DLL Marche/Course	Repos	4 Tempo	4 Fartlek	5 Course soutenue	Repos	4 Cadence d'épreuve	29,5
17	4 DLL Marche/Course	Repos	6 Cadence d'épreuve	4 Cadence d'épreuve	Repos	Repos	2 Course soutenue	16
18	Course - demi marathon							13

Programme de cadences	Longue course (DLL)	Course facile	Tempo/Côte / Fartlek	Vitesse	Course	Cadence «marche» de la course.
à terminer en 2:30	12:57 à 14:29	12:57	11h:43	10:16	11:27	11:02

Intervalles course/marche et courses soutenues = 10 min course/1min marche
Les côtes mesurent 400 m

16

Demi - marathon à terminer en 2h15 (Noté en milles)

Semaine	Dim	Lun	Mar	Mer	Jeu	Ven	Sam	Total
1	Repos	Repos	Repos	2 Tempo	2 Course soutenue	Repos	2 Course soutenue	6
2	4,5 DLL Marche/Course	Repos	2,5 Tempo	2 Tempo	2 Course soutenue	Repos	2 Course soutenue	13
3	4,5 DLL Marche/Course	Repos	2,5 Tempo	2 Tempo	2,5 Course soutenue	Repos	2 Course soutenue	13,5
4	4,5 DLL Marche/Course	Repos	2 Tempo	2,5 Tempo	2 Course soutenue	Repos	2,5 Course soutenue	13,5
5	5,5 DLL Marche/Course	Repos	2,5 Tempo	2,5 Tempo	2 Course soutenue	Repos	2 Course soutenue	14,5
6	5,5 DLL Marche/Course	Repos	3 Tempo	2 Tempo	2,5 Course soutenue	Repos	2 Course soutenue	15
7	6 DLL Marche/Course	Repos	2,5 Tempo	3 Côtes 1.5 mi	3 Course soutenue	Repos	2 Course soutenue	15
8	6 DLL Marche/Course	Repos	2,5 Tempo	4 Côtes 2 mi	3 Course soutenue	Repos	2,5 Course soutenue	16
9	7,5 DLL Marche/Course	Repos	2,5 Tempo	5 Côtes 2,5 mi	4 Course soutenue	Repos	2,5 Course soutenue	19
10	8,5 DLL Marche/Course	Repos	2,5 Tempo	6 Côtes 3 mi	4 Course soutenue	Repos	3 Course soutenue	21
11	10 DLL Marche/Course	Repos	3 Tempo	7 Côtes 3,5 mi	4,5 Course soutenue	Repos	3 Course soutenue	24
12	10 DLL Marche/Course	Repos	3 Tempo	8 Côtes 4 mi	4,5 Course soutenue	Repos	4 Course soutenue	25,5
13	7,5 DLL Marche/Course	Repos	3 Tempo	9 Côtes 4,5 mi	5 Course soutenue	Repos	4 Course soutenue	24
14	11 DLL Marche/Course	Repos	4 Tempo	Vitesse 2 x 1 mi 6 mi	5 Course soutenue	Repos	4 Course soutenue	30
15	11 DLL Marche/Course	Repos	4 Tempo	Vitesse 3 x 1 mi 7 mi	5 Course soutenue	Repos	4 Course soutenue	31
16	12,5 DLL Marche/Course	Repos	4 Tempo	Vitesse 4 x 1 mi 8 mi	5 Course soutenue	Repos	4 Cadence d'épreuve	33,5
17	4 Course soutenue	Repos	6 Cadence d'épreuve	4 Cadence d'épreuve	Repos	Repos	2 Course soutenue	16
18	Course - demi marathon							13

Programme de cadences	Longue course (DLL)	Course facile	Tempo/Côte / Fartlek	Vitesse	Course	Cadence «marche» de la course.
à terminer en 2:15	11:46 à 13:12	11:46	10:37	9:17	10:18	9:54

Intervalles course/marche et courses soutenues = 10 min course/1min marche
Les côtes mesurent 400 m

16

Demi - marathon à terminer en 2h00 (Noté en milles)

Semaine	Dim	Lun	Mar	Mer	Jeu	Ven	Sam	Total
1	Repos	Repos	Repos	2 Tempo	2 Course soutenue	Repos	2 Course soutenue	6
2	4,5 DLL Marche/Course	Repos	2,5 Tempo	2 Tempo	2 Course soutenue	Repos	2 Course soutenue	13
3	4,5 DLL Marche/Course	Repos	2,5 Tempo	2 Tempo	2,5 Course soutenue	Repos	2 Course soutenue	13,5
4	4,5 DLL Marche/Course	Repos	2 Tempo	2,5 Tempo	2 Course soutenue	Repos	2,5 Course soutenue	13,5
5	5,5 DLL Marche/Course	Repos	2,5 Tempo	2,5 Tempo	2 Course soutenue	Repos	2 Course soutenue	14,5
6	5,5 DLL Marche/Course	Repos	3 Tempo	2 Tempo	2,5 Course soutenue	Repos	2 Course soutenue	15
7	6 DLL Marche/Course	Repos	2,5 Tempo	3 Côtes 1,5 mi	3 Course soutenue	Repos	2 Course soutenue	15
8	6 DLL Marche/Course	Repos	2,5 Tempo	4 Côtes 2 mi	3 Course soutenue	Repos	2,5 Course soutenue	16
9	7,5 DLL Marche/Course	Repos	2,5 Tempo	5 Côtes 2,5 mi	4 Course soutenue	Repos	2,5 Course soutenue	19
10	8,5 DLL Marche/Course	Repos	2,5 Tempo	6 Côtes 3 mi	4 Course soutenue	Repos	3 Course soutenue	21
11	10 DLL Marche/Course	Repos	3 Tempo	7 Côtes 3,5 mi	4,5 Course soutenue	Repos	3 Course soutenue	24
12	10 DLL Marche/Course	Repos	3 Tempo	8 Côtes 4 mi	4,5 Course soutenue	Repos	4 Course soutenue	25,5
13	7,5 DLL Marche/Course	Repos	3 Tempo	9 Côtes 4,5 mi	5 Course soutenue	Repos	4 Course soutenue	24
14	11 DLL Marche/Course	Repos	4 Tempo	Vitesse 2 x 1 mi 6 mi	5 Course soutenue	Repos	4 Course soutenue	30
15	11 DLL Marche/Course	Repos	4 Tempo	Vitesse 3 x 1 mi 7 mi	5 Course soutenue	Repos	4 Course soutenue	31
16	12,5 DLL Marche/Course	Repos	4 Tempo	Vitesse 4 x 1 mi 8 mi	5 Course soutenue	Repos	4 Cadence d'épreuve	33,5
17	4 DLL Marche/Course	Repos	6 Cadence d'épreuve	4 Cadence d'épreuve	Repos	Repos	2 Course soutenue	16
18	Course - demi marathon							13

Programme de cadences	Longue course (DLL)	Course facile	Tempo/Côte / Fartlek	Vitesse	Course	Cadence «marche» de la course.
à terminer en 2:00	10:35 à 11:54	10:35	9:31	8:19	9:09	8:46

Intervalles course/marche et courses soutenues = 10 min course/1min marche
Les côtes mesurent 400 m

Demi - marathon à terminer en 1h50 (Noté en milles)

Semaine	Dim	Lun	Mar	Mer	Jeu	Ven	Sam	Total
1	Repos	Repos	Repos	2 Tempo	2 Course soutenue	Repos	2 Course soutenue	6
2	4,5 DLL Marche/Course	Repos	2,5 Tempo	2 Tempo	2 Course soutenue	Repos	2 Course soutenue	13
3	4,5 DLL Marche/Course	Repos	2,5 Tempo	2 Tempo	2,5 Course soutenue	Repos	2 Course soutenue	13,5
4	4,5 DLL Marche/Course	Repos	2 Tempo	2,5 Tempo	2 Course soutenue	Repos	2,5 Course soutenue	13,5
5	5,5 DLL Marche/Course	Repos	2,5 Tempo	2,5 Tempo	2 Course soutenuei	Repos	2 Course soutenue	14,5
6	5,5 DLL Marche/Course	Repos	3 Tempo	2 Tempo	2,5 Course soutenue	Repos	2 Course soutenue	15
7	6 DLL Marche/Course	Repos	2,5 Tempo	3 Côtes 1,5 mi	3 Course soutenue	Repos	2 Course soutenue	15
8	6 DLL Marche/Course	Repos	2,5 Tempo	4 Côtes 2 mi	3 Course soutenue	Repos	2,5 Course soutenue	16
9	7,5 DLL Marche/Course	Repos	2,5 Tempo	5 Côtes 2,5 mi	4 Course soutenue	Repos	2,5 Course soutenue	19
10	8,5 DLL Marche/Course	Repos	2,5 Tempo	6 Côtes 3 mi	4 Course soutenue	Repos	3 Course soutenue	21
11	10 DLL Marche/Course	Repos	3 Tempo	7 Côtes 3,5 mi	4,5 Course soutenue	Repos	3 Course soutenue	24
12	10 DLL Marche/Course	Repos	3 Tempo	8 Côtes 4 mi	4,5 Course soutenue	Repos	4 Course soutenue	25,5
13	7,5 DLL Marche/Course	Repos	3 Tempo	9 Côtes 4,5 mi	5 Course soutenue	Repos	4 Course soutenue	24
14	11 DLL Marche/Course	Repos	4 Tempo	Vitesse 2 x 1 mi 6 mi	5 Course soutenue	Repos	4 Course soutenue	30
15	11 DLL Marche/Course	Repos	4 Tempo	Vitesse 3 x 1 mi 7 mi	5 Course soutenue	Repos	4 Course soutenue	31
16	12,5 DLL Marche/Course	Repos	4 Tempo	Vitesse 4 x 1 mi 8 mi	5 Course soutenue	Repos	4 Cadence d'épreuve	33,5
17	4 DLL Marche/Course	Repos	6 Cadence d'épreuve	4 Cadence d'épreuve	Repos	Repos	2 Course soutenue	16
18	Course - demi marathon							13

Programme de cadences	Longue course (DLL)	Course facile	Tempo/Côte / Fartlek	Vitesse	Course	Cadence «marche» de la course.
à terminer en 1:50	9:46 à 11:00	9:46	8:47	7:39	8:23	7:58

Intervalles course/marche et courses soutenues = 10 min course/1min marche
Les côtes mesurent 400 m

Demi - marathon à terminer en 1h45 (Noté en milles)

Semaine	Dim	Lun	Mar	Mer	Jeu	Ven	Sam	Total
1	Repos	Repos	Repos	2 Tempo	2 Course soutenue	Repos	2 Course soutenue	6
2	4,5 DLL Marche/Course	Repos	2,5 Tempo	2 Tempo	2 Course soutenue	Repos	2 Course soutenue	13
3	4,5 DLL Marche/Course	Repos	2,5 Tempo	2 Tempo	2,5 Course soutenue	Repos	2 Course soutenue	13,5
4	4,5 DLL Marche/Course	Repos	2 Tempo	2,5 Tempo	2 Course soutenue	Repos	2,5 Course soutenue	13,5
5	5,5 DLL Marche/Course	Repos	2,5 Tempo	2,5 Tempo	2 Course soutenue	Repos	2 Course soutenue	14,5
6	5,5 DLL Marche/Course	Repos	3 Tempo	2 Tempo	2,5 Course soutenue	Repos	2 Course soutenue	15
7	6 DLL Marche/Course	Repos	2,5 Tempo	3 Côtes 1,5 mi	3 Course soutenue	Repos	2 Course soutenue	15
8	6 DLL Marche/Course	Repos	2,5 Tempo	4 Côtes 2 mi	3 Course soutenue	Repos	2,5 Course soutenue	16
9	7,5 DLL Marche/Course	Repos	2,5 Tempo	5 Côtes 2,5 mi	4 Course soutenue	Repos	2,5 Course soutenue	19
10	8,5 DLL Marche/Course	Repos	2,5 Fartlek	6 Côtes 3 mi	4 Course soutenue	Repos	3 Course soutenue	21
11	10 DLL Marche/Course	Repos	3 Fartlek	7 Côtes 3,5 mi	4,5 Course soutenue	Repos	3 Course soutenue	24
12	10 DLL Marche/Course	Repos	3 Fartlek	8 Côtes 4 mi	4,5 Course soutenue	Repos	4 Course soutenue	25,5
13	7,5 DLL Marche/Course	Repos	3 Fartlek	9 Côtes 4,5 mi	5 Course soutenue	Repos	4 Course soutenue	24
14	11 DLL Marche/Course	Repos	4 Fartlek	Vitesse 2 x 1 mi 6 mi	5 Course soutenue	Repos	4 Course soutenue	30
15	11 DLL Marche/Course	Repos	4 Fartlek	Vitesse 3 x 1 mi 7 mi	5 Course soutenue	Repos	4 Course soutenue	31
16	12,5 DLL Marche/Course	Repos	4 Fartlek	Vitesse 4 x 1 mi 8 mi	5 Course soutenue	Repos	4 Cadence d'épreuve	33,5
17	4 DLL Marche/Course	Repos	6 Cadence d'épreuve	4 Cadence d'épreuve	Repos	Repos	2 Course soutenue	16
18	Course - demi marathon							13

Programme de cadences	Longue course (DLL)	Course facile	Tempo/Côte / Fartlek	Vitesse	Course	Cadence «marche» de la course.
à terminer en 1:45	9:21 à 10:33	9:21	8:25	7:20	8:01	7:37

Intervalles course/marche et courses soutenues = 10 min course/1min marche
Les côtes mesurent 400 m

16

Demi - marathon à terminer en 1h40 (Noté en milles)

Semaine	Dim	Lun	Mar	Mer	Jeu	Ven	Sam	Total
1	Repos	Repos	Repos	2 Tempo	2 Course soutenue	Repos	2 Course soutenue	6
2	4,5 DLL Marche/Course	Repos	2,5 Tempo	2 Tempo	2 Course soutenue	Repos	2 Course soutenue	13
3	4,5 DLL Marche/Course	Repos	2,5 Tempo	2 Tempo	2,5 Course soutenue	Repos	2 Course soutenue	13,5
4	4,5 DLL Marche/Course	Repos	2 Tempo	2,5 Tempo	2 Course soutenue	Repos	2,5 Course soutenue	13,5
5	5,5 DLL Marche/Course	Repos	2,5 Tempo	2,5 Tempo	2 Course soutenue	Repos	2 Course soutenue	14,5
6	5,5 DLL Marche/Course	Repos	3 Tempo	2 Tempo	2,5 Course soutenue	Repos	2 Course soutenue	15
7	6 DLL Marche/Course	Repos	2,5 Tempo	3 Côtes 1,5 mi	3 Course soutenue	Repos	2 Course soutenue	15
8	6 DLL Marche/Course	Repos	2,5 Tempo	4 Côtes 2 mi	3 Course soutenue	Repos	2,5 Course soutenue	16
9	7,5 DLL Marche/Course	Repos	2,5 Tempo	5 Côtes 2,5 mi	4 Course soutenue	Repos	2,5 Course soutenue	19
10	8,5 DLL Marche/Course	Repos	2,5 Fartlek	6 Côtes 3 mi	4 Course soutenue	Repos	3 Course soutenue	21
11	10 DLL Marche/Course	Repos	3 Fartlek	7 Côtes 3,5 mi	4,5 Course soutenue	Repos	3 Course soutenue	24
12	10 DLL Marche/Course	Repos	3 Fartlek	8 Côtes 4 mi	4,5 Course soutenue	Repos	4 Course soutenue	25,5
13	7,5 DLL Marche/Course	Repos	3 Fartlek	9 Côtes 4,5 mi	5 Course soutenue	Repos	4 Course soutenue	24
14	11 DLL Marche/Course	Repos	4 Fartlek	Vitesse 2 x 1 mi 6 mi	5 Course soutenue	Repos	4 Course soutenue	30
15	11 DLL Marche/Course	Repos	4 Fartlek	Vitesse 3 x 1 mi 7 mi	5 Course soutenue	Repos	4 Course soutenue	31
16	12,5 DLL Marche/Course	Repos	4 Fartlek	Vitesse 4 x 1 mi 8 mi	5 Course soutenue	Repos	4 Cadence d'épreuve	33,5
17	4 DLL Marche/Course	Repos	6 Cadence d'épreuve	4 Cadence d'épreuve	Repos	Repos	2 Course soutenue	16
18	Course - demi marathon							13

Programme de cadences	Longue course (DLL)	Course facile	Tempo/Côte / Fartlek	Vitesse	Course	Cadence «marche» de la course.
à terminer en 1:40	8:57 à 10:06	8:57	8:02	7:00	7:38	7:13

Intervalles course/marche et courses soutenues = 10 min course/1min marche
Les côtes mesurent 400 m

16

Demi - marathon à terminer en 1h30 (Noté en milles)

Semaine	Dim	Lun	Mar	Mer	Jeu	Ven	Sam	Total
1	Repos	Repos	Repos	Repos	Repos	6 Course soutenue	4 Course soutenue	10
2	7 DLL Marche/Course	Repos	5 Tempo	6 Tempo	7,5 Course soutenue	8 Course soutenue	4 Course soutenue	37,5
3	8 DLL Marche/Course	Repos	5 Tempo	6 Tempo	7,5 Course soutenue	8 Course soutenue	4 Course soutenue	38,5
4	8 DLL Marche/Course	Repos	5 Tempo	6 Tempo	7,5 Course soutenue	8 Course soutenue	4 Course soutenue	38,5
5	10 DLL Marche/Course	Repos	5 Tempo	6 Tempo	7,5 Course soutenue	8 Course soutenue	4 Course soutenue	40,5
6	10 DLL Marche/Course	Repos	5 Tempo	3 Côtes 1,5 mi	5 Course soutenue	8 Course soutenue	4 Course soutenue	33,5
7	8 DLL Marche/Course	Repos	5 Tempo	4 Côtes 2 mi	5 Course soutenue	8 Course soutenue	4 Course soutenue	32
8	10 DLL Marche/Course	Repos	5 Tempo	5 Côtes 2,5 mi	5 Course soutenue	8 Course soutenue	4 Course soutenue	34,5
9	12 DLL Marche/Course	Repos	5 Tempo	6 Côtes 3 mi	5 Course soutenue	8 Course soutenue	4 Course soutenue	37
10	12 DLL Marche/Course	Repos	5 Fartlek	7 Côtes 3,5 mi	5 Course soutenue	8 Course soutenue	4 Course soutenue	37,5
11	13 DLL Marche/Course	Repos	5 Fartlek	8 Côtes 4 mi	5 Course soutenue	8 Course soutenue	4 Course soutenue	39
12	10 DLL Marche/Course	Repos	5 Fartlek	9 Côtes 4,5 mi	5 Course soutenue	8 Course soutenue	4 Course soutenue	36,5
13	13,5 DLL Marche/Course	Repos	5 Fartlek	Vitesse 2 x 1,6 6 mi	5 Course soutenue	8 Course soutenue	4 Course soutenue	41,5
14	16 DLL Marche/Course	Repos	5 Fartlek	Vitesse 3 x 1,6 7 mi	5 Course soutenue	8 Course soutenue	4 Course soutenue	45
15	10 DLL Marche/Course	Repos	5 Fartlek	Vitesse 4 x 1,6 8 mi	5 Course soutenue	8 Course soutenue	4 Cadence d'épreuve	40
16	4 DLL Marche/Course	Repos	6 Cadence d'épreuve	4 Cadence d'épreuve	Repos	Repos	2 Course soutenue	16
17	Course - demi marathon							13

Programme de cadences	Longue course (DLL)	Course facile	Tempo/Côte / Fartlek	Vitesse	Course	Cadence «marche» de la course.
à terminer en 1:30	8:07 à 9:10	8:07	7:17	6:20	6:52	6:29

Intervalles course/marche et courses soutenues = 10 min course/1min marche
Les côtes mesurent 400 m

16

Chapitre 17
Marathon

Êtes-vous prêt pour le défi ultime? C'est le marathon.

S'entraîner pour un marathon peut changer favorablement la manière dont vous envisagez le reste de votre vie. Vous ferez l'expérience de changements physiques et mentaux radicaux, vous atteindrez des objectifs athlétiques et personnels, tout en augmentant votre confiance en vous. En vous entraînant pour le marathon, vous découvrirez des ressources que vous ne pensiez jamais avoir.

Le groupe qui croît le plus dans le marathon moderne est composé de personnes qui veulent simplement terminer 42 kilomètres (26,6 mil) de course. Au fil des ans, il est devenu évident que nous ne sommes pas tous des marathoniens compétitifs. Tout comme nos empreintes digitales sont uniques à chacun de nous, de même sont différents nos attributs, à savoir le type de corps, le rythme cardiaque au repos, le rythme cardiaque maximum, nos obligations familiales, le travail, nos amitiés et nos engagements envers la collectivité.

Si vous décidez de courir le marathon, ne planifiez pas d'en courir plus de deux par année. Cela vous donnera amplement le temps de vous reposer, de vous remettre et de commencer l'entraînement pour le prochain marathon.

Frapper le mur

La principale difficulté des coureurs résulte du fait de «frapper le mur» pendant le marathon. C'est une belle expression qui décrit la diminution de glycogène dans les muscles. La réussite du marathon dépendra de la conservation et de l'usage efficace de l'énergie. Si le glycogène vient à manquer, la course sera terminée pour vous, que vous soyez arrivé à la ligne d'arrivée ou non. Les entraînements lents de longue distance permettent à votre corps de se servir de l'énergie plus efficacement. Ils favorisent l'usage des gras (vous en avez probablement assez pour courir des douzaines de marathons) qui conservent le glycogène. Résultat d'un bon entraînement par la course long parcours, le «mur» s'éloignera de plus en plus jusqu'à ne plus apparaître pendant le marathon. On se demande souvent pourquoi il est nécessaire de faire des courses longues une fois la semaine à une cadence aussi lente. C'est simple, il s'agit d'améliorer l'endurance, pas la vitesse. Si vous vous entraînez trop rapidement, vous serez trop fatigué pour profiter d'autres courses pendant la semaine et les risques de blessures augmenteront.

Les sportifs qui en sont à leur premier marathon devraient faire des pauses de marche d'une minute à toutes les 10 minutes de course pendant leur parcours (et pendant le marathon aussi). Ces pauses de marche ne vous ralentiront que de 15 secondes par 1,6 kilomètre, moins de 7 minutes pour le marathon entier. Si vous ne faites pas ces pauses, surtout au début, il se pourrait que vous finissiez plus lentement en raison de la fatigue accumulée.

Les marathoniens expérimentés devraient courir leur long parcours de 30 secondes à 1 minute le kilomètre (1 à 1,5 minute par mille) plus lentement que leur cadence de course planifiée. Tout le monde devrait pouvoir réussir le test de la conversation, ce qui signifie que vous devriez être capable de poursuivre une conservation sans vous essouffler. Si vous ne pouvez parler, c'est que vous courez trop vite.

Où est le mur?

- Il commence à la longueur de votre course soutenue la plus longue, les deux ou trois dernières semaines.
- Vous pouvez le rapprocher en courant trop vite.
- Vous pouvez le reculer en courant plus lentement ou en effectuant des pauses de marche de 1 minute pour toutes les 10 minutes de course.

Ralentissement en vue du marathon

Plusieurs marathoniens expérimentés vous diront que votre performance dépendra de votre ralentissement. Plusieurs oublient que l'entraînement est un travail ardu et que vous ne pouvez pas simplement faire le saut dans une compétition et bien réussir sans une bonne planification. Chaque performance individuelle peut bénéficier d'un bon ralentissement, période de réduction de l'entraînement bien planifiée. Cette relâche progressive permet au corps de disperser les produits de la fatigue résiduelle, qui est transportée d'un entraînement à l'autre. La récupération et la régénération supplémentaires qui peuvent se produire lors de la période de ralentissement sont le résultat de ce qui est appelé la période de pointe. Le jour de l'épreuve, vos jambes auront cette vigueur supplémentaire pour garantir une meilleure performance.

La plainte la plus fréquente que l'on me fait au sujet du ralentissement tient au fait que les sportifs se sentent extrêmement agités pendant cette période. Ils sentent devoir en faire plus encore. N'en faites rien! Le commencement du ralentissement correspond à la période de fin de l'entraînement et au début de la préparation pour la compétition. Tout entraînement pendant cette période nuira à votre performance parce ce que vous ne récupérez pas assez rapidement. Un bon ralentissement vous aidera à vous sentir comme un cheval dans son enclos avant la course pendant quelques jours. C'est la sensation de la condition de capacité de pointe. Servez-vous-en à votre avantage.

Le ralentissement pour un marathon devrait généralement occuper les deux à trois semaines avant la course. Votre dernier long parcours devrait prendre place au plus tard deux semaines avant l'événement. Pendant la période de ralentissement, vous ne devriez courir que 30% à 50% de vos distances régulières hebdomadaires. Le meilleur ralentissement amène les coureurs à soutenir leur intensité d'entraînement tout en réduisant progressivement la distance à presque zéro quelques jours avant l'épreuve. Concentrez-vous à garder l'intensité dans vos courses soutenues et à réduire leur durée de manière importante. Laissez tomber les entraînements de vitesses.

Votre dernier entraînement de qualité devrait être le dimanche avant l'épreuve. Courez 16 km (10 milles) à la cadence choisie pour le marathon. Cette course est un entraînement de haute qualité qui exige de la discipline; il est donc préférable de la courir seul, de concentrer sur la posture et de régler votre cadence. Ne courez pas ou ne vous engagez pas dans une course avec un partenaire d'entraînement. Travaillez à votre cadence, en incluant vos 10:1.

À partir du lundi, vous commencerez à diminuer vos distances dans la phase de ralentissement. Concentrez-vous sur le plaisir de diminuer la distance et le fait que vous avez tout ce temps pour vous détendre et profiter de la phase de ralentissement.

Le jour le plus important se situe deux jours avant l'épreuve. Prenez la journée de congé, couchez-vous tôt et profitez le plus possible du sommeil. Restez au lit, lisez au lit et détendez-vous. Même si vous ne pouvez pas dormir, restez couché. C'est le meilleur moyen de vous préparer pour le jour du marathon. N'oubliez pas que rien de ce que vous ferez dans la dernière semaine ne vous aidera, mais pourrait vous nuire. L'entraînement de qualité exige au moins deux semaines pour améliorer votre performance, mais le surentraînement peut affecter votre performance le lendemain.

La visualisation constitue une partie importante de la semaine lorsque vous vous reposez et pensez à votre entraînement et aux objectifs que vous vous êtes fixés pour le marathon. Lisez ou écoutez votre musique favorite pour vous motiver.

Questions concernant l'entraînement pour le marathon

Comment puis-je courir 42 kilomètres (26 milles) alors que ma course la plus longue n'est que de 32,2 kilomètres (20 milles)?

Au cours des années, une variété de programmes sont allés au-delà de la distance de marathon. D'après mon expérience, le nombre de blessures augmente lorsqu'on dépasse la distance de 32,2 kilomètres (20 mi). J'ai vu trop de sportifs accomplir de belles longues courses

de 40,2 km (25 mi) à 45 km (28 mi) pour en arriver, le jour du marathon, avec un temps décevant. Cela s'explique parce qu'ils ne se sont pas donnés suffisamment de temps pour récupérer de leurs longues courses.

Votre programme est composé d'entraînement de base, du développement de la forces et de la vitesse. Vous faites un entraînement spécifique pendant chacune des phases. Le jour de l'épreuve, vous mettez le tout ensemble et vous courez le marathon. Vos distances devront être évaluées sur une période de quatre semaines et non sur une seule journée. La phase de ralentissement de votre entraînement vous permet de vous reposer et de récupérer, et de réussir une meilleure performance le jour de l'épreuve.

Un autre élément important le jour de l'épreuve est le taux d'adrénaline qui, avec l'appui de vos amis et de la foule, peut vous faire franchir la distance supplémentaire.

Comme puis-je courir ma cadence cible du marathon lorsque j'ai couru mes distances d'entraînement plus lentement?

Ralentir la cadence des entraînements de longs parcours vous aide à récupérer plus rapidement, vous donne l'endurance nécessaire et réduit considérablement les risques de blessures. Vous avez fait suffisamment de séances d'entraînement en côte, d'intervalles et de fartlek pour courir à la cadence de la course ou plus vite pour vous donner de la vitesse. Si vous avec couru vos longs parcours presque à la cadence d'épreuve, vous aurez besoin d'une journée de récupération pour chaque 1,6 km (1 mi) couru. Il faut 20 jours pour récupérer d'un 32 km (20 mi) d'entraînement. En ralentissant la cadence de 15 à 20 pour cent, vous découvrirez que dans un jour ou deux jours vous serez prêt à vous entraîner plus fort, et de faire des entraînements de force et de vitesse de qualité. Cette méthode est appelée entraînement spécifique.

Comment puis-je prévenir les blessures et m'assurer d'être à la ligne de départ?

Beaucoup de bons coureurs qui se préparent de façon exagérée ne peuvent terminer parce qu'ils se sont blessés. Ayez des entraînements agréables, précis, dans le respect de votre programme et n'y ajoutez rien. Votre programme d'entraînement est planifié pour vous permettre de vous améliorer et de devenir plus fort. Des courses plus longues ne sont pas meilleures. La fatigue vous privera de l'énergie mentale et physique. N'oubliez pas que la course est le temps de vous amuser; ne le transformez pas en travail.

Quelle partie de la distance hebdomadaire totale dois-je consacrer à l'entraînement en vitesse?

L'entraînement en vitesse devrait compter au plus pour 10 à 15% cent de votre distance totale de la semaine. Tenez-vous en à votre programme et n'ajoutez pas de vitesse à vos séances d'entraînement d'endurance. S'entraîner plus rapidement, trop souvent, ne donnera pas au corps suffisamment de temps pour récupérer entre les séances d'entraînement.

Pour les courses lentes de longue distance, la cadence recommandée s'applique-t-elle seulement à la course ou inclut-elle les pauses de marches?

La cadence inclut les temps de pause. Exemple: la cadence de compétition de 5 heures comprend le temps de course total et les pauses de marches. Si votre temps total de course est de 5 heures, votre cadence de course est de 7,07 min/km. Pour tenir cette cadence en ajoutant des marches, il faut courir à la cadence de 6,52 min/km. Courir à cette cadence en ajoutant la cadence de marche égalera 7,07 min/km.

Détails du programme d'entraînement pour le marathon

Les pages qui suivent proposent une variété d'horaires d'entraînement. Ces horaires ont été conçus pour aider les coureurs à terminer l'épreuve, ou à atteindre des objectifs de temps spécifiques. Tous les programmes suivent la structure progressive, détaillée au chapitre 2 «Élaborer son propre programme». Les courses longues incorporent le principe de course/marche 10/1, qui a fait le grand succès des programmes du Coin des coureurs. De plus, vous verrez au bas de chaque horaire d'entraînement un graphique de cadences qui vous donnera la cadence de chaque course. Veuillez trouver plus bas la description des divers types d'entraînements tels que reflétés dans les horaires d'entraînement. Vous pouvez vous référer au *chapitre 2, «Élaborer son propre programme»*, pour une description plus détaillée des «Méthodes d'entraînement». De plus, *le chapitre 9, «Types d'entraînement»*, décrit les diverses exigences d'un programme de course réussi.

Séances du programme d'entraînement pour le marathon

Courses lentes de longues distances (DLL – Course/Marche)

Les courses lentes de longues distances sont la première pierre de n'importe quel programme de course de distance. Faites une minute de marche complète pour chaque dix minute de course. Ces courses sont destinées à être faites à une cadence beaucoup plus lente que celle de la course (60% à 70% de la fréquence cardiaque maximale); ne vous inquiétez donc pas de votre cadence. Le but de ces courses consiste à améliorer le réseau capillaire et le seuil d'anaérobie du corps. Elles vous préparent aussi mentalement pour les longues courses.

Commentaire sur la cadence DLL

La cadence indiquée au graphique inclut le temps de marche. Ce programme vous donne le sommet (lent) et le minimum (rapide) de la cadence à titre de guide. La cadence lente est préférable car elle vous empêchera de vous blesser. Une erreur fréquemment commise par beaucoup de coureurs consiste à courir à la fréquence de cadence maximum, ce qui est une invitation aux blessures. Je connais très peu de coureurs qui se sont blessés en courant trop lentement, mais beaucoup en courant trop vite. Dans les phases préliminaires du programme, il est très facile de courir les courses longues trop rapidement, mais tout comme le marathon et le demi-marathon, les courses longues exigent de la discipline et de la patience. Pratiquez votre sens de la cadence en ralentissant vos courses longues, ce qui vous permettra de récupérer plus vite et d'éviter les blessures.

Course soutenue

La course soutenue est une course au-dessous de votre objectif de cadence de course (70% de la fréquence cardiaque maximale). Courez à une allure confortable; si vous avez des doutes, allez y lentement. La course est divisée en éléments de course et de marche. Nous vous encourageons à utiliser la méthode course/marche. Les repos de marche sont une bonne façon bien suivre votre entraînement.

Les côtes

La distance pour la journée est calculée comme étant la distance approximative parcourue pour monter et descendre la côte. Vous devrez probablement courir jusqu'à la côte, et revenir, à moins d'y aller en automobile. Vous devrez ajouter votre total de la distance d'échauffement et de refroidissement au total indiqué à l'horaire d'entraînement. Je recommande une distance allez retour de 3 km, pour vous assurer d'un bon réchauffement et d'une bonne récupération, car les côtes constituent un stress important pour le corps. Les côtes se font à la cadence tempo (85% de la fréquence cardiaque maximale) et doivent inclure un retour à une fréquence cardiaque de 120 bpm au bas de la côte à chaque répétition.

VO2 max

C'est le volume d'oxygène dont le corps a besoin pendant l'entraînement à la fréquence cardiaque maximale. Un niveau de VO2 max élevé indique une bonne santé, ce qui permet aux athlètes en excellente forme de s'entraîner plus vigoureusement que les débutants. Des entraînements d'intervalles tempo, fartlek et de séances de vitesses améliorent l'efficacité de votre corps pour transférer le sang riche en oxygène à vos muscles au travail.

Tempo

Avant de commencer des courses tempo, ajoutez plusieurs semaines d'entraînement en côte pour augmenter la force, améliorer la forme et votre confiance. Puis, commencez les courses tempo, à un niveau de 80% de la fréquence cardiaque maximale pour 60% à 80% de votre distance de course planifiée, pour améliorer votre coordination et votre fréquence d'enjambées. Intégrez une période de réchauffement et de refroidissement d'environ 3 à 5 minutes. Ces courses simulent les conditions et l'effort nécessaires le jour de la course.

Fartlek

Les courses fartlek sont des courses spontanées d'intensité et de distances variées. Des poussées brusques à 70% à 80% de votre fréquence cardiaque maximale, si vous portez un moniteur de fréquence cardiaque. Pendant que vous allez à cette vitesse, la conversation est possible mais vous aurez une respiration et une fréquence cardiaque plus rapides, et plus de transpiration. Entre ces poussées brusques d'effort difficile, pas plus longues que 3 minutes, ajoutez des périodes de récupération par une course facile, qui permettent de réduire la fréquence cardiaque à 120 bpm. Les pointes de vitesse augmentent le rendement. Les périodes additionnelles de récupération/repos rendent la séance réalisable et amusante.

Vitesse

En faisant un retour à notre analogie de la pyramide d'entraînement, l'entraînement en vitesse est l'une des dernières choses que nous faisons. Il faut une période d'entraînement de base et de force suffisante, avant de faire de la vitesse. La séance de vitesse consiste en courses rapides sur des distances courtes, habituellement avec une période de récupération assez longue, pour permettre aux effets désagréables de l'anaérobie de se dissiper, p.ex. 5 x 400 m. Dans nos programmes d'entraînement, nous tenons compte d'une période de réchauffement de 3 km ainsi que d'une période de refroidissement de 3 km, dans la distance totale à parcourir. J'ai vu beaucoup de coureurs se blesser en tentant des pointes de vitesses. Dans les programmes d'entraînement, j'ai diminué exprès la cadence de votre entraînement de vitesse, du 110% VO2 max habituel, à 95% du VO2 max, pour éviter les blessures. Dans ces programmes, nous utilisons la vitesse pour aiguiser et non pour endommager, ce qui a assuré le succès de tous nos programmes.

Cadence de course ajustée à la marche

Comment calculer la cadence de course ajustée à la marche ? Lorsque vous marchez, vous allez moins vite que votre «cadence de course moyenne». Quand vous courez, vous allez plus vite que votre «cadence de marche moyenne». La cadence de course ajustée tient compte des variations entre la vitesse de la marche et la vitesse de course. Il s'agit de connaître la vitesse moyenne de votre cadence de marche. Nous avons trouvé une formule qui nous permet de calculer une cadence de marche modérée, ce qui nous permet de déterminer avec certitude les intervalles exacts, incluant la cadence de course et la cadence de marche. L'effet de ce calcul est que la cadence est plus rapide par km/h que la «cadence de course» moyenne. Toutefois, quand le calcul est fait avec votre «cadence de marche», le résultat est votre «cadence d'objectif de course». Vous pouvez aller en ligne à Runningroom.com et imprimer vos bandes de cadence «ajustées à la course» pour le jour de la course!

Choisir son programme d'entraînement pour le marathon

Avant de vous entraîner pour un marathon, vous devriez avoir un objectif raisonnable et intelligent pour l'épreuve. Jetez un coup d'œil aux résumés suivants et choisissez le niveau qui vous convient le mieux selon vos besoins et vos habiletés. Examinez tous les éléments: votre cadence pour 1,6 km (1 mille), la distance par semaine d'entraînement requise, la cadence d'entraînement pour la course longue et la cadence de course du marathon.

Exigence cibles pour terminer le marathon

Cadence de course: 7:49 min/km (12:36 min/mi)
Cadence de course/marche: 7:36 min/km (12:10 min/mi)
Cadence de longue course: 8:37–9:37 min/km (13:52–15:28 min/mi)
Course chronométrée 1 km: 6:25; 1 mi: 10:20
Course chronométrée 10 km: 1 h 11:45
Entraînement de base: 24–32 km (15–20 mi)

Exigences cibles pour un marathon de 5 heures

Cadence de course: 7:07 min/km (11:27 min/mi)
Cadence de course/marche: 6:52 min/km (11:02 min/mi)
Cadence de longue course: 7:52–8:49 min/km (12:40-14:11 min/mi)
Course chronométrée 1 km: 5:50; 1 mi: 9:24
Course chronométrée 10 km: 1 h 05:12
Entraînement de base: 24–32 km (15–20 mi)

Exigences cibles pour un marathon de 4 h 45 minutes

Cadence de course: 6:45 min/km (10:52 min/mi)
Cadence de course/marche: 6:31 min/km (10:29 min/mi)
Cadence de longue course: 7:30–8:25 min/km (12:04–13:32 min/mi)
Course chronométrée 1 km: 5:33; 1 mi: 8:56
Course chronométrée 10 km: 1h 01,57
Entraînement de base: 32–40 km (20–25 mi)

Exigences cibles pour un marathon de 4 h 30 minutes

Cadence de course: 6:24 min/km (10:18 min/mi)
Cadence de course/marche: 6:09 min/km (9:54 min/mi)
Cadence de longue course: 7:08–8:00 min/km (11:28–12:53 min/mi)
Course chronométrée 1 km: 5:15; 1 mi: 8:27
Course chronométrée 10 km: 58:41
Entraînement de base: 35–48 km (22–30 mi)

Exigences cibles pour un marathon de 4 h 15 minutes

Cadence de course: 6:03 min/km (9:44 min/mi)
Cadence de course/marche: 5:47 min/km (9:19 min/mi)
Cadence de longue course: 6:45–7:35 min/km (10:52–12:13 min/mi)
Course chronométrée 1 km: 4:58; 1 mi: 7:59
Course chronométrée 10 km: 55:25
Entraînement de base: 40–48 km (25–30 mi)

Exigences cibles pour un marathon de 4 heures

Cadence de course: 5:41 min/km (9:09 min/mi)
Cadence de course/marche: 5:26 min/km (8:45 min/mi)
Cadence de longue course: 6:22–7:11 min/km (10:15–11:33 min/mi)
Course chronométrée 1 km: 4:40; 1 mi: 7:31
Course chronométrée 10 km: 52:10
Entraînement de base: 48–56 km (30–35 mi)

Exigences cibles pour un marathon de 3 h 45 minutes

Cadence de course: 5:20 min/km (8:35 min/mi)
Cadence de course/marche: 5:05 min/km (8:10 min/mi)

Cadence de longue course: 5:59–6:45 min/km (9:39–10:52 min/mi)
Course chronométrée 1 km: 4:23; 1 mi: 7:03
Course chronométrée 10 km: 48:54
Entraînement de base: 56–64 km (35–40 mi)

Exigences cibles pour un marathon de 3 h 30 minutes

Cadence de course: 4:59 min/km (8:01 min/mi)
Cadence de course/marche: 4:43 min/km (7:36 min/mi)
Cadence de longue course: 5:37–6:20 min/km (9:02–10:12 min/mi)
Course chronométrée 1 km: 4:05; 1 mi: 6:34
Course chronométrée 10 km: 45:39
Entraînement de base: 64–72 km (40–45 mi)

Exigences cibles pour un marathon de 3 h 10 minutes

Cadence de course: 4:30 min/km (7:15 min/mi)
Cadence de course/marche: 4:15 min/km (6:51 min/mi)
Cadence de longue course: 5:06–5,46 min/km (8:13–9:17 min/mi)
Course chronométrée 1 km: 3:42; 1 mi: 5,57
Course chronométrée 10 km: 41:18
Entraînement de base: 64–72 km (40–45 mi)

Marathon à terminer (Noté en kilomètres)

Semaine	Dim	Lun	Mar	Mer	Jeu	Ven	Sam	Total
1	10 DLL Course/Marche	Repos	6 Tempo	10 Tempo	6 Course soutenue	Repos	6 Course soutenue	38
2	10 DLL Course/Marche	Repos	6 Tempo	10 Tempo	6 Course soutenue	Repos	6 Course soutenue	38
3	13 DLL Course/Marche	Repos	6 Tempo	10 Tempo	8 Course soutenue	Repos	6 Course soutenue	43
4	13 DLL Course/Marche	Repos	6 Tempo	10 Tempo	8 Course soutenue	Repos	6 Course soutenue	43
5	16 DLL Course/Marche	Repos	6 Tempo	10 Tempo	8 Course soutenue	Repos	6 Course soutenue	46
6	16 DLL Course/Marche	Repos	6 Tempo	10 Tempo	8 Course soutenue	Repos	6 Course soutenue	46
7	19 DLL Course/Marche	Repos	6 Tempo	4 Côtes 5 km	8 Course soutenue	Repos	6 Course soutenue	44
8	23 DLL Course/Marche	Repos	6 Tempo	5 Côtes 6 km	8 Course soutenue	Repos	6 Course soutenue	49
9	26 DLL Course/Marche	Repos	6 Tempo	6 Côtes 7 km	8 Course soutenue	Repos	6 Course soutenue	53
10	19 DLL Course/Marche	Repos	6 Tempo	7 Côtes 8,5 km	8 Course soutenue	Repos	6 Course soutenue	47,5
11	29 DLL Course/Marche	Repos	6 Tempo	8 Côtes 9,5 km	8 Course soutenue	Repos	6 Course soutenue	58,5
12	29 DLL Course/Marche	Repos	6 Tempo	9 Côtes 11 km	8 Course soutenue	Repos	6 Course soutenue	60
13	32 DLL Course/Marche	Repos	6 Tempo	10 Côtes 12 km	8 Course soutenue	Repos	6 Course soutenue	64
14	23 DLL Course/Marche	Repos	6 Tempo	10 Fartlek	8 Course soutenue	Repos	6 Course soutenue	53
15	29 DLL Course/Marche	Repos	6 Tempo	10 Fartlek	10 Course soutenue	Repos	6 Course soutenue	61
16	32 DLL Course/Marche	Repos	6 Tempo	10 Fartlek	10 Course soutenue	Repos	6 Course soutenue	64
17	23 DLL Course/Marche	Repos	6 Tempo	10 Fartlek	10 Course soutenue	Repos	16 Cadence d'epreuve	65
18	6 DLL Course/Marche	Repos	6 Tempo	10 Course soutenue	Repos	Repos	3 Course soutenue	25
19	Course - marathon							42,2

Programme de cadences	Longue course (DLL)	Course facile	Tempo/Côte /Fartlek	Vitesse	Course	Cadence «marche» de la course.
à terminer	8:37 à 9:37	8:37	7:48	6:51	7:49	7:36

Intervalles course/marche et courses soutenues = 10 min course/1min marche
Les côtes mesurent 600m

Marathon à terminer en 5h00 (Noté en kilomètres)

Semaine	Dim	Lun	Mar	Mer	Jeu	Ven	Sam	Total
1	10 DLL Course/Marche	Repos	6 Tempo	10 Tempo	6 Course soutenue	Repos	6 Course soutenue	38
2	10 DLL Course/Marche	Repos	6 Tempo	10 Tempo	6 Course soutenue	Repos	6 Course soutenue	38
3	13 DLL Course/Marche	Repos	6 Tempo	10 Tempo	8 Course soutenue	Repos	6 Course soutenue	43
4	13 DLL Course/Marche	Repos	6 Tempo	10 Tempo	8 Course soutenue	Repos	6 Course soutenue	43
5	16 DLL Course/Marche	Repos	6 Tempo	10 Tempo	8 Course soutenue	Repos	6 Course soutenue	46
6	16 DLL Course/Marche	Repos	6 Tempo	10 Tempo	8 Course soutenue	Repos	6 Course soutenue	46
7	19 DLL Course/Marche	Repos	6 Tempo	4 Côtes 5 km	8 Course soutenue	Repos	6 Course soutenue	44
8	23 DLL Course/Marche	Repos	6 Tempo	5 Côtes 6 km	8 Course soutenue	Repos	6 Course soutenue	49
9	26 DLL Course/Marche	Repos	6 Tempo	6 Côtes 7 km	8 Course soutenue	Repos	6 Course soutenue	53
10	19 DLL Course/Marche	Repos	6 Tempo	7 Côtes 8,5 km	8 Course soutenue	Repos	6 Course soutenue	47,5
11	29 DLL Course/Marche	Repos	6 Tempo	8 Côtes 9,5 km	8 Course soutenue	Repos	6 Course soutenue	58,5
12	29 DLL Course/Marche	Repos	6 Tempo	9 Côtes 11 km	8 Course soutenue	Repos	6 Course soutenue	60
13	32 DLL Course/Marche	Repos	6 Tempo	10 Côtes 12 km	8 Course soutenue	Repos	6 Course soutenue	64
14	23 DLL Course/Marche	Repos	6 Tempo	10 Fartlek	8 Course soutenue	Repos	6 Course soutenue	53
15	29 DLL Course/Marche	Repos	6 Tempo	10 Fartlek	10 Course soutenue	Repos	6 Course soutenue	61
16	32 DLL Course/Marche	Repos	6 Tempo	10 Fartlek	10 Course soutenue	Repos	6 Course soutenue	64
17	23 DLL Course/Marche	Repos	6 Tempo	10 Fartlek	10 Course soutenue	Repos	16 Cadence d'epreuve	65
18	6 Course soutenue	Repos	6 Cadence d'epreuve	10 Cadence d'epreuve	Repos	Repos	3 Course soutenue	25
19	Course - marathon							42,2

Programme de cadences	Longue course (DLL)	Course facile	Tempo/Côte /Fartlek	Vitesse	Course	Cadence «marche» de la course.
à terminer en 5:00	7:52 à 8:49	7:52	7:07	6:14	7:07	6:52

Intervalles course/marche et courses soutenues = 10 min course/1min marche
Les côtes mesurent 600m

Marathon à terminer en 4h45 (Noté en kilomètres)

Semaine	Dim	Lun	Mar	Mer	Jeu	Ven	Sam	Total
1	10 DLL Course/Marche	Repos	6 Tempo	10 Tempo	6 Course soutenue	Repos	6 Course soutenue	38
2	10 DLL Course/Marche	Repos	6 Tempo	10 Tempo	6 Course soutenue	Repos	6 Course soutenue	38
3	13 DLL Course/Marche	Repos	6 Tempo	10 Tempo	8 Course soutenue	Repos	6 Course soutenue	43
4	13 DLL Course/Marche	Repos	6 Tempo	10 Tempo	8 Course soutenue	Repos	6 Course soutenue	43
5	16 DLL Course/Marche	Repos	6 Tempo	10 Tempo	8 Course soutenue	Repos	6 Course soutenue	46
6	16 DLL Course/Marche	Repos	6 Tempo	10 Tempo	8 Course soutenue	Repos	6 Course soutenue	46
7	19 DLL Course/Marche	Repos	6 Tempo	4 Côtes 5 km	8 Course soutenue	Repos	6 Course soutenue	44
8	23 DLL Course/Marche	Repos	6 Tempo	5 Côtes 6 km	8 Course soutenue	Repos	6 Course soutenue	49
9	26 DLL Course/Marche	Repos	6 Tempo	6 Côtes 7 km	8 Course soutenue	Repos	6 Course soutenue	53
10	19 DLL Course/Marche	Repos	6 Tempo	7 Côtes 8,5 km	8 Course soutenue	Repos	6 Course soutenue	47,5
11	29 DLL Course/Marche	Repos	6 Tempo	8 Côtes 9,5 km	8 Course soutenue	Repos	6 Course soutenue	58,5
12	29 DLL Course/Marche	Repos	6 Tempo	9 Côtes 11 km	8 Course soutenue	Repos	6 Course soutenue	60
13	32 DLL Course/Marche	Repos	6 Tempo	10 Côtes 12 km	8 Course soutenue	Repos	6 Course soutenue	64
14	23 DLL Course/Marche	Repos	6 Tempo	10 Fartlek	8 Course soutenue	Repos	6 Course soutenue	53
15	29 DLL Course/Marche	Repos	6 Tempo	10 Fartlek	10 Course soutenue	Repos	6 Course soutenue	61
16	32 DLL Course/Marche	Repos	6 Tempo	10 Fartlek	10 Course soutenue	Repos	6 Course soutenue	64
17	23 DLL Course/Marche	Repos	6 Tempo	10 Fartlek	10 Course soutenue	Repos	16 Cadence d'epreuve	65
18	6 Course soutenue	Repos	6 Cadence d'epreuve	10 Cadence d'epreuve	Repos	Repos	3 Course soutenue	25
19	Course - marathon							42,2

Programme de cadences	Longue course (DLL)	Course facile	Tempo/Côte /Fartlek	Vitesse	Course	Cadence «marche» de la course.
à terminer en 4:45	7:30 à 8:25	7:30	6:47	5:56	6:45	6:31

Intervalles course/marche et courses soutenues = 10 min course/1min marche
Les côtes mesurent 600m

Marathon à terminer en 4h30 (Noté en kilomètres)

Semaine	Dim	Lun	Mar	Mer	Jeu	Ven	Sam	Total
1	10 DLL Course/Marche	Repos	6 Tempo	10 Tempo	6 Course soutenue	Repos	6 Course soutenue	38
2	10 DLL Course/Marche	Repos	6 Tempo	10 Tempo	6 Course soutenue	Repos	6 Course soutenue	38
3	13 DLL Course/Marche	Repos	6 Tempo	10 Tempo	8 Course soutenue	Repos	6 Course soutenue	43
4	13 DLL Course/Marche	Repos	6 Tempo	10 Tempo	8 Course soutenue	Repos	6 Course soutenue	43
5	16 DLL Course/Marche	Repos	6 Tempo	10 Tempo	8 Course soutenue	Repos	6 Course soutenue	46
6	16 DLL Course/Marche	Repos	6 Tempo	10 Tempo	8 Course soutenue	Repos	6 Course soutenue	46
7	19 DLL Course/Marche	Repos	6 Tempo	4 Côtes 5 km	8 Course soutenue	Repos	6 Course soutenue	44
8	23 DLL Course/Marche	Repos	6 Tempo	5 Côtes 6 km	8 Course soutenue	Repos	6 Course soutenue	49
9	26 DLL Course/Marche	Repos	6 Tempo	6 Côtes 7 km	8 Course soutenue	Repos	6 Course soutenue	53
10	19 DLL Course/Marche	Repos	6 Tempo	7 Côtes 8,5 km	8 Course soutenue	Repos	6 Course soutenue	47,5
11	29 DLL Course/Marche	Repos	6 Tempo	8 Côtes 9,5 km	8 Course soutenue	Repos	6 Course soutenue	58,5
12	29 DLL Course/Marche	Repos	6 Tempo	9 Côtes 11 km	8 Course soutenue	Repos	6 Course soutenue	60
13	32 DLL Course/Marche	Repos	6 Tempo	10 Côtes 12 km	8 Course soutenue	Repos	6 Course soutenue	64
14	23 DLL Course/Marche	Repos	6 Tempo	10 Fartlek	8 Course soutenue	Repos	6 Course soutenue	53
15	29 DLL Course/Marche	Repos	6 Tempo	10 Fartlek	10 Course soutenue	Repos	6 Course soutenue	61
16	32 DLL Marche/Cours	Repos	6 Tempo	10 Fartlek	10 Course soutenue	Repos	6 Course soutenue	64
17	23 DLL Course/Marche	Repos	6 Tempo	10 Fartlek	10 Course soutenue	Repos	16 Cadence d'epreuve	65
18	6 DLL Course/Marche	Repos	6 Cadence d'epreuve	10 Fartlek	Repos	Repos	3 Course soutenue	25
19	Course - marathon							42,2

Programme de cadences	Longue course (DLL)	Course facile	Tempo/Côte /Fartlek	Vitesse	Course	Cadence «marche» de la course.
à terminer en 4:30	7:08 à 8:00	7:08	6:26	5:37	6:24	6:09

Intervalles course/marche et courses soutenues = 10 min course/1min marche
Les côtes mesurent 600m

Marathon à terminer en 4h15 (Noté en kilomètres)

Semaine	Dim	Lun	Mar	Mer	Jeu	Ven	Sam	Total
1	10 DLL Course/Marche	Repos	6 Tempo	10 Tempo	6 Course soutenue	Repos	6 Course soutenue	38
2	10 DLL Course/Marche	Repos	6 Tempo	10 Tempo	6 Course soutenue	Repos	6 Course soutenue	38
3	13 DLL Course/Marche	Repos	6 Tempo	10 Tempo	8 Course soutenue	Repos	6 Course soutenue	43
4	13 DLL Course/Marche	Repos	6 Tempo	10 Tempo	8 Course soutenue	Repos	6 Course soutenue	43
5	16 DLL Course/Marche	Repos	6 Tempo	10 Tempo	8 Course soutenue	Repos	6 Course soutenue	46
6	16 DLL Course/Marche	Repos	6 Tempo	10 Tempo	8 Course soutenue	Repos	6 Course soutenue	46
7	19 DLL Course/Marche	Repos	6 Tempo	4 Côtes 5 km	8 Course soutenue	Repos	6 Course soutenue	44
8	23 DLL Course/Marche	Repos	6 Tempo	5 Côtes 6 km	8 Course soutenue	Repos	6 Course soutenue	49
9	26 DLL Course/Marche	Repos	6 Tempo	6 Côtes 7 km	10 Course soutenue	Repos	6 Course soutenue	55
10	19 DLL Course/Marche	Repos	6 Tempo	7 Côtes 8,5 km	10 Course soutenue	Repos	6 Course soutenue	49,5
11	29 DLL Course/Marche	Repos	6 Tempo	8 Côtes 9,5 km	10 Course soutenue	Repos	6 Course soutenue	60,5
12	29 DLL Course/Marche	Repos	6 Tempo	9 Côtes 11 km	10 Course soutenue	Repos	6 Course soutenue	62
13	32 DLL Course/Marche	Repos	6 Tempo	10 Côtes 12 km	10 Course soutenue	Repos	6 Course soutenue	66
14	23 DLL Course/Marche	Repos	6 Tempo	10 Fartlek	10 Course soutenue	Repos	6 Course soutenue	55
15	29 DLL Course/Marche	Repos	6 Tempo	10 Fartlek	10 Course soutenue	Repos	6 Course soutenue	61
16	32 DLL Course/Marche	Repos	6 Tempo	10 Fartlek	10 Course soutenue	Repos	6 Course soutenue	64
17	23 DLL Course/Marche	Repos	6 Tempo	10 Fartlek	10 Course soutenue	Repos	16 Cadence d'epreuve	65
18	6 DLL Course/Marche	Repos	6 Cadence d'epreuve	10 Fartlek	Repos	Repos	3 Course soutenue	25
19	Course - marathon							42,2

Programme de cadences	Longue course (DLL)	Course facile	Tempo/Côte /Fartlek	Vitesse	Course	Cadence «marche» de la course.
à terminer en 4:15	6:45 à 7:35	6:45	6:05	5:19	6:03	5:47

Intervalles course/marche et courses soutenues = 10 min course/1min marche
Les côtes mesurent 600m

Marathon à terminer en 4h00 (Noté en kilomètres)

Semaine	Dim	Lun	Mar	Mer	Jeu	Ven	Sam	Total
1	10 DLL Course/Marche	Repos	6 Tempo	10 Tempo	6 Course soutenue	Repos	6 Course soutenue	38
2	10 DLL Course/Marche	Repos	6 Tempo	10 Tempo	6 Course soutenue	Repos	6 Course soutenue	38
3	13 DLL Course/Marche	Repos	6 Tempo	10 Tempo	8 Course soutenue	Repos	6 Course soutenue	43
4	13 DLL Course/Marche	Repos	6 Tempo	10 Tempo	8 Course soutenue	Repos	6 Course soutenue	43
5	16 DLL Course/Marche	Repos	6 Tempo	10 Tempo	8 Course soutenue	Repos	6 Course soutenue	46
6	16 DLL Course/Marche	Repos	6 Tempo	10 Tempo	8 Course soutenue	Repos	6 Course soutenue	46
7	19 DLL Course/Marche	Repos	6 Tempo	4 Côtes 5 km	8 Course soutenue	Repos	6 Course soutenue	44
8	23 DLL Course/Marche	Repos	6 Tempo	5 Côtes 6 km	8 Course soutenue	Repos	6 Course soutenue	49
9	26 DLL Course/Marche	Repos	6 Tempo	6 Côtes 7 km	10 Course soutenue	Repos	6 Course soutenue	55
10	19 DLL Course/Marche	Repos	6 Tempo	7 Côtes 8,5 km	10 Course soutenue	Repos	6 Course soutenue	49,5
11	29 DLL Course/Marche	Repos	6 Tempo	8 Côtes 9,5 km	10 Course soutenue	Repos	6 Course soutenue	60,5
12	29 DLL Course/Marche	Repos	6 Tempo	9 Côtes 11 km	10 Course soutenue	Repos	6 Course soutenue	62
13	32 DLL Course/Marche	Repos	6 Tempo	10 Côtes 12 km	10 Course soutenue	Repos	6 Course soutenue	66
14	23 DLL Course/Marche	Repos	6 Tempo	10 Fartlek	10 Course soutenue	Repos	6 Course soutenue	55
15	29 DLL Course/Marche	Repos	6 Tempo	10 Fartlek	10 Course soutenue	Repos	6 Course soutenue	61
16	32 DLL Marche/Cours	Repos	6 Tempo	10 Fartlek	10 Course soutenue	Repos	6 Course soutenue	64
17	23 DLL Course/Marche	Repos	6 Tempo	10 Fartlek	10 Course soutenue	Repos	16 Cadence d'epreuve	65
18	6 Course soutenue	Repos	6 Cadence d'epreuve	10 Cadence d'epreuve	Repos	Repos	3 Course soutenue	25
19	Course - marathon							42,2

Programme de cadences	Longue course (DLL)	Course facile	Tempo/Côte /Fartlek	Vitesse	Course	Cadence «marche» de la course.
à terminer en 4:00	6:22 à 7:11	6:22	5:44	5:00	5:41	5:26

Intervalles course/marche et courses soutenues = 10 min course/1min marche
Les côtes mesurent 600m

Marathon à terminer en 3h45 (Noté en kilomètres)

Semaine	Dim	Lun	Mar	Mer	Jeu	Ven	Sam	Total
1	10 DLL Course/Marche	Repos	6 Tempo	10 Tempo	8 Course soutenue	10 Course soutenue	6 Course soutenue	50
2	13 DLL Course/Marche	Repos	6 Tempo	10 Tempo	8 Course soutenue	10 Course soutenue	6 Course soutenue	53
3	13 DLL Course/Marche	Repos	6 Tempo	10 Tempo	8 Course soutenue	10 Course soutenue	6 Course soutenue	53
4	13 DLL Course/Marche	Repos	6 Tempo	10 Tempo	8 Course soutenue	10 Course soutenue	6 Course soutenue	53
5	16 DLL Course/Marche	Repos	6 Tempo	10 Tempo	8 Course soutenue	10 Course soutenue	6 Course soutenue	56
6	16 DLL Course/Marche	Repos	6 Tempo	10 Tempo	8 Course soutenue	10 Course soutenue	6 Course soutenue	56
7	19 DLL Course/Marche	Repos	6 Tempo	4 Côtes 5 km	8 Course soutenue	10 Course soutenue	6 Course soutenue	54
8	23 DLL Course/Marche	Repos	10 Tempo	5 Côtes 6 km	6 Course soutenue	10 Course soutenue	6 Course soutenue	61
9	26 DLL Course/Marche	Repos	10 Tempo	6 Côtes 7 km	6 Course soutenue	10 Course soutenue	6 Course soutenue	65
10	19 DLL Course/Marche	Repos	10 Tempo	7 Côtes 8,5 km	6 Course soutenue	10 Course soutenue	6 Course soutenue	59,5
11	29 DLL Course/Marche	Repos	6 Tempo	8 Côtes 9,5 km	8 Course soutenue	10 Course soutenue	6 Course soutenue	68,5
12	29 DLL Course/Marche	Repos	6 Tempo	9 Côtes 11 km	6 Course soutenue	10 Course soutenue	6 Course soutenue	68
13	32 DLL Course/Marche	Repos	6 Tempo	10 Côtes 12 km	6 Course soutenue	10 Course soutenue	6 Course soutenue	72
14	23 DLL Course/Marche	Repos	6 Tempo	Vitesse 2 x 1,6 9 km	8 Course soutenue	10 Course soutenue	6 Course soutenue	62
15	29 DLL Course/Marche	Repos	6 Tempo	Vitesse 3 x 1,6 11 km	6 Course soutenue	10 Course soutenue	6 Course soutenue	68
16	32 DLL Course/Marche	Repos	6 Tempo	Vitesse 4 x 1,6 12 km	6 Course soutenue	10 Course soutenue	6 Course soutenue	72
17	23 DLL Course/Marche	Repos	6 Tempo	8 Vitesse 5 x 1,6 14 km	6 Course soutenue	10 Course soutenue	16 Cadence d'epreuve	75
18	6 DLL Course/Marche	Repos	6 Cadence d'epreuve	10 Cadence d'epreuve	Repos	Repos	3 Course soutenue	25
19	Course - marathon							42,2

Programme de cadences	Longue course (DLL)	Course facile	Tempo/Côte /Fartlek	Vitesse	Course	Cadence «marche» de la course.
à terminer en 3:45	6:00 à 6:45	6:00	5:24	4:42	5:20	5:05

Intervalles course/marche et courses soutenues = 10 min course/1min marche
Les côtes mesurent 600m

Marathon à terminer en 3h30 (Noté en kilomètres)

Semaine	Dim	Lun	Mar	Mer	Jeu	Ven	Sam	Total
1	10 DLL Course/Marche	Repos	8 Tempo	10 Course soutenue	10 Fartlek	8 Course soutenue	8 Course soutenue	54
2	13 DLL Course/Marche	Repos	8 Tempo	10 Course soutenue	10 Fartlek	8 Course soutenue	8 Course soutenue	57
3	13 DLL Course/Marche	Repos	8 Tempo	10 Course soutenue	10 Fartlek	8 Course soutenue	8 Course soutenue	57
4	13 DLL Course/Marche	Repos	8 Tempo	10 Course soutenue	10 Fartlek	8 Course soutenue	8 Course soutenue	57
5	16 DLL Course/Marche	Repos	8 Tempo	10 Course soutenue	10 Fartlek	8 Course soutenue	8 Course soutenue	60
6	16 DLL Course/Marche	Repos	8 Tempo	10 Course soutenue	10 Fartlek	8 Course soutenue	8 Course soutenue	60
7	19 DLL Course/Marche	Repos	8 Tempo	4 Côtes 5 km	8 Course soutenue	10 Fartlek	8 Course soutenue	58
8	23 DLL Course/Marche	Repos	8 Tempo	5 Côtes 6 km	8 Course soutenue	10 Fartlek	8 Course soutenue	63
9	26 DLL Course/Marche	Repos	8 Tempo	6 Côtes 7 km	8 Course soutenue	10 Fartlek	8 Course soutenue	67
10	19 DLL Course/Marche	Repos	8 Tempo	7 Côtes 8,5 km	8 Course soutenue	10 Fartlek	8 Course soutenue	61,5
11	29 DLL Course/Marche	Repos	8 Tempo	8 Côtes 9,5 km	8 Course soutenue	10 Fartlek	8 Course soutenue	72,5
12	29 DLL Course/Marche	Repos	8 Tempo	9 Côtes 11 km	8 Course soutenue	10 Fartlek	8 Course soutenue	74
13	32 DLL Course/Marche	Repos	8 Tempo	10 Côtes 12 km	8 Course soutenue	10 Fartlek	8 Course soutenue	78
14	23 DLL Course/Marche	Repos	8 Tempo	Vitesse 2 x 1,6 9 km	8 Course soutenue	10 Fartlek	8 Course soutenue	66
15	29 DLL Course/Marche	Repos	8 Tempo	Vitesse 3 x 1,6 11 km	8 Course soutenue	10 Fartlek	8 Course soutenue	74
16	32 DLL Course/Marche	Repos	8 Tempo	Vitesse 4 x 1,6 12 km	8 Course soutenue	10 Fartlek	8 Course soutenue	78
17	23 DLL Course/Marche	Repos	8 Tempo	Vitesse 5 x 1,6 14 km	8 Course soutenue	10 Fartlek	16 Cadence d'epreuve	79
18	6 Course soutenue	Repos	8 Cadence d'epreuve	10 Cadence d'epreuve	Repos	Repos	3 Course soutenue	27
19	Course - marathon							42,2

Programme de cadences	Longue course (DLL)	Course facile	Tempo/Côte /Fartlek	Vitesse	Course	Cadence «marche» de la course.
à terminer en 3:30	5:37 à 6:20	5:37	5:03	4:24	4:59	4:43

Intervalles course/marche et courses soutenues = 10 min course/1min marche
Les côtes mesurent 600m

Marathon à terminer en 3h10 (Noté en kilomètres)

Semaine	Dim	Lun	Mar	Mer	Jeu	Ven	Sam	Total
1	10 Soutenue	Repos	8 Tempo	10 Course soutenue	13 Fartlek	13 Course soutenue	8 Course soutenue	62
2	13 Soutenue	Repos	8 Tempo	10 Course soutenue	13 Fartlek	13 Course soutenue	8 Course soutenue	65
3	16 Soutenue	Repos	8 Tempo	10 Course soutenue	13 Fartlek	13 Course soutenue	8 Course soutenue	68
4	16 Soutenue	Repos	8 Tempo	10 Course soutenue	13 Fartlek	13 Course soutenue	8 Course soutenue	68
5	19 Soutenue	Repos	8 Tempo	10 Course soutenue	13 Fartlek	13 Course soutenue	8 Course soutenue	71
6	23 Soutenue	Repos	8 Tempo	10 Course soutenue	13 Fartlek	13 Course soutenue	8 Course soutenue	75
7	26 Soutenue	Repos	8 Tempo	4 Côtes 5 km	8 Course soutenue	13 Fartlek	8 Course soutenue	68
8	26 Soutenue	Repos	11 Tempo	5 Côtes 6 km	8 Course soutenue	13 Fartlek	8 Course soutenue	72
9	29 Soutenue	Repos	11 Tempo	6 Côtes 7 km	8 Course soutenue	13 Fartlek	8 Course soutenue	76
10	23 Soutenue	Repos	11 Tempo	7 Côtes 8,5 km	8 Course soutenue	13 Fartlek	8 Course soutenue	71,5
11	29 Soutenue	Repos	8 Tempo	8 Côtes 9,5 km	8 Course soutenue	13 Fartlek	8 Course soutenue	75,5
12	32 Soutenue	Repos	8 Tempo	9 Côtes 11 km	8 Course soutenue	13 Fartlek	8 Course soutenue	80
13	32 Soutenue	Repos	8 Tempo	10 Côtes 12 km	8 Course soutenue	13 Fartlek	8 Course soutenue	81
14	22 Soutenue	Repos	8 Tempo	Vitesse 2 x 1,6 9 km	8 Course soutenue	13 Fartlek	8 Course soutenue	68
15	32 Soutenue	Repos	8 Tempo	Vitesse 3 x 1,6 11 km	8 Course soutenue	13 Fartlek	8 Course soutenue	80
16	32 Soutenue	Repos	8 Tempo	Vitesse 4 x 1,6 12 km	8 Course soutenue	13 Fartlek	8 Course soutenue	81
17	23 Soutenue	Repos	8 Tempo	Vitesse 5 x 1,6 14 km	8 Course soutenue	13 Fartlek	16 Cadence d'epreuve	82
18	6 Soutenue	Repos	8 Cadence d'epreuve	10 Cadence d'epreuve	Repos	Repos	3 Course soutenue	27
19	Course - marathon							42,2

Programme de cadences	Longue course (DLL)	Course facile	Tempo/Côte /Fartlek	Vitesse	Course	Cadence «marche» de la course.
à terminer en 3:10	5:06 à 5:46	5:06	4:35	3:59	4:30	4:15

Intervalles course/marche et courses soutenues = 10 min course/1min marche
Les côtes mesurent 600m

Marathon à terminer en 3h00 (Noté en kilomètres)

Semaine	Dim	Lun	Mar	Mer	Jeu	Ven	Sam	Total
1	16 Soutenue	Repos	13 Tempo	10 Course soutenue	13 Fartlek	13 Course soutenue	8 Course soutenue	73
2	16 Soutenue	8 Course soutenue	13 Tempo	10 Course soutenue	13 Fartlek	13 Course soutenue	8 Course soutenue	81
3	19 Soutenue	8 Course soutenue	13 Tempo	10 Course soutenue	13 Fartlek	13 Course soutenue	8 Course soutenue	84
4	19 Soutenue	Repos	13 Tempo	4 Côtes 5 km	8 Course soutenue	13 Fartlek	8 Course soutenue	66
5	23 Soutenue	8 Course soutenue	13 Tempo	5 Côtes 6 km	8 Course soutenue	13 Fartlek	8 Course soutenue	79
6	23 Soutenue	8 Course soutenue	13 Tempo	5 Côtes 6 km	8 Course soutenue	13 Fartlek	8 Course soutenue	79
7	26 Soutenue	Repos	13 Tempo	6 Côtes 7 km	8 Course soutenue	13 Fartlek	8 Course soutenue	75
8	29 Soutenue	8 Course soutenue	13 Tempo	6 Côtes 7 km	8 Course soutenue	13 Fartlek	8 Course soutenue	86
9	23 Soutenue	8 Course soutenue	13 Tempo	7 Côtes 8,5 km	8 Course soutenue	13 Fartlek	8 Course soutenue	81,5
10	29 Soutenue	8 Course soutenue	13 Tempo	7 Côtes 8,5 km	8 Course soutenue	13 Fartlek	8 Course soutenue	87,5
11	32 Soutenue	Repos	13 Tempo	8 Côtes 9,5 km	8 Course soutenue	13 Fartlek	8 Course soutenue	83,5
12	32 Soutenue	8 Course soutenue	13 Tempo	9 Côtes 11 km	8 Course soutenue	13 Fartlek	8 Course soutenue	93
13	32 Soutenue	8 Course soutenue	13 Tempo	10 Côtes 12 km	8 Course soutenue	13 Fartlek	8 Course soutenue	94
14	22 Soutenue	8 Course soutenue	13 Tempo	Vitesse 2 x 1.6 9 km	8 Course soutenue	13 Fartlek	8 Course soutenue	81
15	32 Soutenue	8 Course soutenue	13 Tempo	Vitesse 3 x 1.6 11 km	8 Course soutenue	13 Fartlek	8 Course soutenue	93
16	32 Soutenue	8 Course soutenue	13 Tempo	Vitesse 4 x 1.6 12 km	8 Course soutenue	13 Fartlek	8 Course soutenue	94
17	23 Soutenue	8 Course soutenue	13 Tempo	Vitesse 5 x 1.6 14 km	8 Course soutenue	13 Fartlek	16 Cadence d'epreuve	95
18	6 Course soutenue	Repos	13 Cadence d'epreuve	10 Cadence d'epreuve	Repos	Repos	3 Course soutenue	32
19	Course - marathon							42,2

Programme de cadences	Longue course (DLL)	Course facile	Tempo/Côte /Fartlek	Vitesse	Course	Cadence «marche» de la course.
à terminer en 3:00	4:51 à 5:29	4:51	4:21	3:47	4:16	4:02

Intervalles course/marche et courses soutenues = 10 min course/1min marche

Marathon à terminer (Noté en miles)

Semaine	Dim	Lun	Mar	Mer	Jeu	Ven	Sam	Total
1	6 DLL Course/Marche	Repos	4 Tempo	6 Tempo	4 Course soutenue	Repos	4 Course soutenue	24
2	6 DLL Course/Marche	Repos	4 Tempo	6 Tempo	4 Course soutenue	Repos	4 Course soutenue	24
3	8 DLL Course/Marche	Repos	4 Tempo	6 Tempo	5 Course soutenue	Repos	4 Course soutenue	27
4	8 DLL Course/Marche	Repos	4 Tempo	6 Tempo	5 Course soutenue	Repos	4 Course soutenue	27
5	10 DLL Course/Marche	Repos	4 Tempo	6 Tempo	5 Course soutenue	Repos	4 Course soutenue	29
6	10 DLL Course/Marche	Repos	4 Tempo	6 Tempo	5 Course soutenue	Repos	4 Course soutenue	29
7	12 DLL Course/Marche	Repos	4 Tempo	4 Côtes 3 mi	5 Course soutenue	Repos	4 Course soutenue	28
8	14 DLL Course/Marche	Repos	4 Tempo	5 Côtes 4 mi	5 Course soutenue	Repos	4 Course soutenue	31
9	16 DLL Course/Marche	Repos	4 Tempo	6 Côtes 4,5 mi	5 Course soutenue	Repos	4 Course soutenue	33,5
10	12 DLL Course/Marche	Repos	4 Tempo	7 Côtes 5 mi	5 Course soutenue	Repos	4 Course soutenue	30
11	18 DLL Course/Marche	Repos	4 Tempo	8 Côtes 6 mi	5 Course soutenue	Repos	4 Course soutenue	37
12	18 DLL Course/Marche	Repos	4 Tempo	9 Côtes 7 mi	5 Course soutenue	Repos	4 Course soutenue	38
13	20 DLL Course/Marche	Repos	4 Tempo	10 Côtes 7,5 mi	5 Course soutenue	Repos	4 Course soutenue	40,5
14	14 DLL Course/Marche	Repos	4 Tempo	6 Fartlek	5 Course soutenue	Repos	4 Course soutenue	33
15	18 DLL Course/Marche	Repos	4 Tempo	6 Fartlek	6 Course soutenue	Repos	4 Course soutenue	38
16	20 DLL Course/Marche	Repos	4 Tempo	6 Fartlek	6 Course soutenue	Repos	4 Course soutenue	40
17	14 DLL Course/Marche	Repos	4 Tempo	6 Fartlek	6 Course soutenue	Repos	10 Cadence d'epreuve	40
18	4 DLL Course/Marche	Repos	4 Tempo	6 Course soutenue	Repos	Repos	2 Course soutenue	16
19	Course - marathon							26,2

Programme de cadences	Longue course (DLL)	Course facile	Tempo/Côte /Fartlek	Vitesse	Course	Cadence «marche» de la course.
à terminer	13:52 à 15:28	13:52	12:34	11:02	12:36	12:10

Intervalles course/marche et courses soutenues = 10 min course/1min marche
Les côtes mesurent 600m

Marathon à terminer en 5h00 (Noté en miles)

Semaine	Dim	Lun	Mar	Mer	Jeu	Ven	Sam	Total
1	6 DLL Course/Marche	Repos	4 Tempo	6 Tempo	4 Course soutenue	Repos	4 Course soutenue	24
2	6 DLL Course/Marche	Repos	4 Tempo	6 Tempo	4 Course soutenue	Repos	4 Course soutenue	24
3	8 DLL Course/Marche	Repos	4 Tempo	6 Tempo	5 Course soutenue	Repos	4 Course soutenue	27
4	8 DLL Course/Marche	Repos	4 Tempo	6 Tempo	5 Course soutenue	Repos	4 Course soutenue	27
5	10 DLL Course/Marche	Repos	4 Tempo	6 Tempo	5 Course soutenue	Repos	4 Course soutenue	29
6	10 DLL Course/Marche	Repos	4 Tempo	6 Tempo	5 Course soutenue	Repos	4 Course soutenue	29
7	12 DLL Course/Marche	Repos	4 Tempo	4 Côtes 3 mi	5 Course soutenue	Repos	4 Course soutenue	28
8	14 DLL Course/Marche	Repos	4 Tempo	5 Côtes 4 mi	5 Course soutenue	Repos	4 Course soutenue	31
9	16 DLL Course/Marche	Repos	4 Tempo	6 Côtes 4,5 mi	5 Course soutenue	Repos	4 Course soutenue	33,5
10	12 DLL Course/Marche	Repos	4 Tempo	7 Côtes 5 mi	5 Course soutenue	Repos	4 Course soutenue	30
11	18 DLL Course/Marche	Repos	4 Tempo	8 Côtes 6 mi	5 Course soutenue	Repos	4 Course soutenue	37
12	18 DLL Course/Marche	Repos	4 Tempo	9 Côtes 7 mi	5 Course soutenue	Repos	4 Course soutenue	38
13	20 DLL Course/Marche	Repos	4 Tempo	10 Côtes 7,5 mi	5 Course soutenue	Repos	4 Course soutenue	40,5
14	14 DLL Course/Marche	Repos	4 Tempo	6 Fartlek	5 Course soutenue	Repos	4 Course soutenue	33
15	18 DLL Course/Marche	Repos	4 Tempo	6 Fartlek	6 Course soutenue	Repos	4 Course soutenue	38
16	20 DLL Course/Marche	Repos	4 Tempo	6 Fartlek	6 Course soutenue	Repos	4 Course soutenue	40
17	14 DLL Course/Marche	Repos	4 Tempo	6 Fartlek	6 Course soutenue	Repos	10 Cadence d'epreuve	40
18	4 Course soutenue	Repos	4 Cadence d'epreuve	6 Cadence d'epreuve	Repos	Repos	2 Course soutenue	16
19	Course - marathon							26,2

Programme de cadences	Longue course (DLL)	Course facile	Tempo/Côte /Fartlek	Vitesse	Course	Cadence «marche» de la course.
à terminer en 5:00	12:40 à 14:11	12:40	11:28	10:02	11:27	11:02

Intervalles course/marche et courses soutenues = 10 min course/1min marche
Les côtes mesurent 600m

Marathon à terminer en 4h45 (Noté en miles)

Semaine	Dim	Lun	Mar	Mer	Jeu	Ven	Sam	Total
1	6 DLL Course/Marche	Repos	4 Tempo	6 Tempo	4 Course soutenue	Repos	4 Course soutenue	24
2	6 DLL Course/Marche	Repos	4 Tempo	6 Tempo	4 Course soutenue	Repos	4 Course soutenue	24
3	8 DLL Course/Marche	Repos	4 Tempo	6 Tempo	5 Course soutenue	Repos	4 Course soutenue	27
4	8 DLL Course/Marche	Repos	4 Tempo	6 Tempo	5 Course soutenue	Repos	4 Course soutenue	27
5	10 DLL Course/Marche	Repos	4 Tempo	6 Tempo	5 Course soutenue	Repos	4 Course soutenue	29
6	10 DLL Course/Marche	Repos	4 Tempo	6 Tempo	5 Course soutenue	Repos	4 Course soutenue	29
7	12 DLL Course/Marche	Repos	4 Tempo	4 Côtes 3 mi	5 Course soutenue	Repos	4 Course soutenue	28
8	14 DLL Course/Marche	Repos	4 Tempo	5 Côtes 4 mi	5 Course soutenue	Repos	4 Course soutenue	31
9	16 DLL Course/Marche	Repos	4 Tempo	6 Côtes 4,5 mi	5 Course soutenue	Repos	4 Course soutenue	33,5
10	12 DLL Course/Marche	Repos	4 Tempo	7 Côtes 5 mi	5 Course soutenue	Repos	4 Course soutenue	30
11	18 DLL Course/Marche	Repos	4 Tempo	8 Côtes 6 mi	5 Course soutenue	Repos	4 Course soutenue	37
12	18 DLL Course/Marche	Repos	4 Tempo	9 Côtes 7 mi	5 Course soutenue	Repos	4 Course soutenue	38
13	20 DLL Course/Marche	Repos	4 Tempo	10 Côtes 7,5 mi	5 Course soutenue	Repos	4 Course soutenue	40,5
14	14 DLL Course/Marche	Repos	4 Tempo	6 Fartlek	5 Course soutenue	Repos	4 Course soutenue	33
15	18 DLL Course/Marche	Repos	4 Tempo	6 Fartlek	6 Course soutenue	Repos	4 Course soutenue	38
16	20 DLL Course/Marche	Repos	4 Tempo	6 Fartlek	6 Course soutenue	Repos	4 Course soutenue	40
17	14 DLL Course/Marche	Repos	4 Tempo	6 Fartlek	6 Course soutenue	Repos	10 Cadence d'epreuve	40
18	4 Course soutenue	Repos	4 Cadence d'epreuve	6 Cadence d'epreuve	Repos	Repos	2 Course soutenue	16
19	Course - marathon							26,2

Programme de cadences	Longue course (DLL)	Course facile	Tempo/Côte /Fartlek	Vitesse	Course	Cadence «marche» de la course.
à terminer en 4:45	12:04 à 13:32	12:04	10:54	9:32	10:52	10:29

Intervalles course/marche et courses soutenues = 10 min course/1min marche
Les côtes mesurent 600m

Marathon à terminer en 4h30 (Noté en miles)

Semaine	Dim	Lun	Mar	Mer	Jeu	Ven	Sam	Total
1	6 DLL Course/Marche	Repos	4 Tempo	6 Tempo	4 Course soutenue	Repos	4 Course soutenue	24
2	6 DLL Course/Marche	Repos	4 Tempo	6 Tempo	4 Course soutenue	Repos	4 Course soutenue	24
3	8 DLL Course/Marche	Repos	4 Tempo	6 Tempo	5 Course soutenue	Repos	4 Course soutenue	27
4	8 DLL Course/Marche	Repos	4 Tempo	6 Tempo	5 Course soutenue	Repos	4 Course soutenue	27
5	10 DLL Course/Marche	Repos	4 Tempo	6 Tempo	5 Course soutenue	Repos	4 Course soutenue	29
6	10 DLL Course/Marche	Repos	4 Tempo	6 Tempo	5 Course soutenue	Repos	4 Course soutenue	29
7	12 DLL Course/Marche	Repos	4 Tempo	4 Côtes 3 mi	5 Course soutenue	Repos	4 Course soutenue	28
8	14 DLL Course/Marche	Repos	4 Tempo	5 Côtes 4 mi	5 Course soutenue	Repos	4 Course soutenue	31
9	16 DLL Course/Marche	Repos	4 Tempo	6 Côtes 4,5 mi	5 Course soutenue	Repos	4 Course soutenue	33,5
10	12 DLL Course/Marche	Repos	4 Tempo	7 Côtes 5 mi	5 Course soutenue	Repos	4 Course soutenue	30
11	18 DLL Course/Marche	Repos	4 Tempo	8 Côtes 6 mi	5 Course soutenue	Repos	4 Course soutenue	37
12	18 DLL Course/Marche	Repos	4 Tempo	9 Côtes 7 mi	5 Course soutenue	Repos	4 Course soutenue	38
13	20 DLL Course/Marche	Repos	4 Tempo	10 Côtes 7,5 mi	5 Course soutenue	Repos	4 Course soutenue	40,5
14	14 DLL Course/Marche	Repos	4 Tempo	6 Fartlek	5 Course soutenue	Repos	4 Course soutenue	33
15	18 DLL Course/Marche	Repos	4 Tempo	6 Fartlek	6 Course soutenue	Repos	4 Course soutenue	38
16	20 DLL Course/Marche	Repos	4 Tempo	6 Fartlek	6 Course soutenue	Repos	4 Course soutenue	40
17	14 DLL Course/Marche	Repos	4 Tempo	6 Fartlek	6 Course soutenue	Repos	10 Cadence d'epreuve	40
18	3,5 DLL Course/Marche	Repos	4 Cadence d'epreuve	6 Fartlek	Repos	Repos	2 Course soutenue	15,5
19	Course - marathon							26,2

Programme de cadences	Longue course (DLL)	Course facile	Tempo/Côte /Fartlek	Vitesse	Course	Cadence «marche» de la course.
à terminer en 4:30	11:28 à 12:53	11:28	10:21	9:03	10:18	9:54

Intervalles course/marche et courses soutenues = 10 min course/1min marche
Les côtes mesurent 600m

Marathon à terminer en 3h45 (Noté en miles)

Semaine	Dim	Lun	Mar	Mer	Jeu	Ven	Sam	Total
1	6 DLL Course/Marche	Repos	4 Tempo	6 Tempo	5 Course soutenue	6 Course soutenue	4 Course soutenue	31
2	8 DLL Course/Marche	Repos	4 Tempo	6 Tempo	5 Course soutenue	6 Course soutenue	4 Course soutenue	33
3	8 DLL Course/Marche	Repos	4 Tempo	6 Tempo	5 Course soutenue	6 Course soutenue	4 Course soutenue	33
4	8 DLL Course/Marche	Repos	4 Tempo	6 Tempo	5 Course soutenue	6 Course soutenue	4 Course soutenue	33
5	10 DLL Course/Marche	Repos	4 Tempo	6 Tempo	5 Course soutenue	6 Course soutenue	4 Course soutenue	35
6	10 DLL Course/Marche	Repos	4 Tempo	6 Tempo	5 Course soutenue	6 Course soutenue	4 Course soutenue	35
7	12 DLL Course/Marche	Repos	4 Tempo	4 Côtes 3 mi	5 Course soutenue	6 Course soutenue	4 Course soutenue	34
8	14 DLL Course/Marche	Repos	6 Tempo	5 Côtes 4 mi	4 Course soutenue	6 Course soutenue	4 Course soutenue	38
9	16 DLL Course/Marche	Repos	6 Tempo	6 Côtes 4,5 mi	4 Course soutenue	6 Course soutenue	4 Course soutenue	40,5
10	12 DLL Course/Marche	Repos	6 Tempo	7 Côtes 5 mi	4 Course soutenue	6 Course soutenue	4 Course soutenue	37
11	18 DLL Course/Marche	Repos	4 Tempo	8 Côtes 6 mi	5 Course soutenue	6 Course soutenue	4 Course soutenue	43
12	18 DLL Course/Marche	Repos	4 Tempo	9 Côtes 7 mi	4 Course soutenue	6 Course soutenue	4 Course soutenue	43
13	20 DLL Course/Marche	Repos	4 Tempo	10 Côtes 7,5 mi	4 Course soutenue	6 Course soutenue	4 Course soutenue	45,5
14	14 DLL Course/Marche	Repos	4 Tempo	Vitesse 2 x 1 mi 6 mi	5 Course soutenue	6 Course soutenue	4 Course soutenue	39
15	18 DLL Course/Marche	Repos	4 Tempo	Vitesse 3 x 1 mi 7 mi	4 Course soutenue	6 Course soutenue	4 Course soutenue	43
16	20 DLL Course/Marche	Repos	4 Tempo	Vitesse 4 x 1 mi 8 mi	4 Course soutenue	6 Course soutenue	4 Course soutenue	46
17	14 DLL Course/Marche	Repos	4 Tempo	Vitesse 5 x 1 mi 9 mi	4 Course soutenue	6 Course soutenue	10 Cadence d'epreuve	47
18	4 DLL Course/Marche	Repos	4 Cadence d'epreuve	6 Cadence d'epreuve	Repos	Repos	2 Course soutenue	16
19	Course - marathon							26,2

Programme de cadences	Longue course (DLL)	Course facile	Tempo/Côte /Fartlek	Vitesse	Course	Cadence «marche» de la course.
à terminer en 3:45	9:39 à 10:52	9:39	8:41	7:34	8:35	8:10
	Intervalles course/marche et courses soutenues = 10 min course/1min marche Les côtes mesurent 600m					

Marathon à terminer en 3h30 (Noté en miles)

Semaine	Dim	Lun	Mar	Mer	Jeu	Ven	Sam	Total
1	6 DLL Course/Marche	Repos	5 Tempo	6 Course soutenue	6 Fartlek	5 Course soutenue	5 Course soutenue	33
2	8 DLL Course/Marche	Repos	5 Tempo	6 Course soutenue	6 Fartlek	5 Course soutenue	5 Course soutenue	35
3	8 DLL Course/Marche	Repos	5 Tempo	6 Course soutenue	6 Fartlek	5 Course soutenue	5 Course soutenue	35
4	8 DLL Course/Marche	Repos	5 Tempo	6 Course soutenue	6 Fartlek	5 Course soutenue	5 Course soutenue	35
5	10 DLL Course/Marche	Repos	5 Tempo	6 Course soutenue	6 Fartlek	5 Course soutenue	5 Course soutenue	37
6	10 DLL Course/Marche	Repos	5 Tempo	6 Course soutenue	6 Fartlek	5 Course soutenue	5 Course soutenue	37
7	12 DLL Course/Marche	Repos	5 Tempo	4 Côtes 3 mi	5 Course soutenue	6 Fartlek	5 Course soutenue	36
8	14 DLL Course/Marche	Repos	5 Tempo	5 Côtes 4 mi	5 Course soutenue	6 Fartlek	5 Course soutenue	39
9	16 DLL Course/Marche	Repos	5 Tempo	6 Côtes 4,5 mi	5 Course soutenue	6 Fartlek	5 Course soutenue	41,5
10	12 DLL Course/Marche	Repos	5 Tempo	7 Côtes 5 mi	5 Course soutenue	6 Fartlek	5 Course soutenue	38
11	18 DLL Course/Marche	Repos	5 Tempo	8 Côtes 6 mi	5 Course soutenue	6 Fartlek	5 Course soutenue	45
12	18 DLL Course/Marche	Repos	5 Tempo	9 Côtes 7 mi	5 Course soutenue	6 Fartlek	5 Course soutenue	46
13	20 DLL Course/Marche	Repos	5 Tempo	10 Côtes 7,5 mi	5 Course soutenue	6 Fartlek	5 Course soutenue	48,5
14	14 DLL Course/Marche	Repos	5 Tempo	Vitesse 2 x 1 mi 6 mi	5 Course soutenue	6 Fartlek	5 Course soutenue	41
15	18 DLL Course/Marche	Repos	5 Tempo	Vitesse 3 x 1 mi 7 mi	5 Course soutenue	6 Fartlek	5 Course soutenue	46
16	20 DLL Course/Marche	Repos	5 Tempo	Vitesse 4 x 1 mi 8 mi	5 Course soutenue	6 Fartlek	5 Course soutenue	49
17	14 DLL Course/Marche	Repos	5 Tempo	Vitesse 5 x 1 mi 9 mi	5 Course soutenue	6 Fartlek	10 Cadence d'epreuve	49
18	4 Course soutenue	Repos	5 Cadence d'epreuve	6 Cadence d'epreuve	Repos	Repos	2 Course soutenue	17
19	Course - marathon							26,2

Programme de cadences	Longue course (DLL)	Course facile	Tempo/Côte /Fartlek	Vitesse	Course	Cadence «marche» de la course.
à terminer en 3:30	9:02 à 10:12	9:02	8:07	7:04	8:01	7:36

Intervalles course/marche et courses soutenues = 10 min course/1min marche
Les côtes mesurent 600m

Marathon à terminer en 3h10 (Noté en miles)

Semaine	Dim	Lun	Mar	Mer	Jeu	Ven	Sam	Total
1	6 DLL Course/Marche	Repos	5 Tempo	6 Course soutenue	8 Fartlek	8 Course soutenue	5 Course soutenue	38
2	8 DLL Course/Marche	Repos	5 Tempo	6 Course soutenue	8 Fartlek	8 Course soutenue	5 Course soutenue	40
3	10 DLL Course/Marche	Repos	5 Tempo	6 Course soutenue	8 Fartlek	8 Course soutenue	5 Course soutenue	42
4	10 DLL Course/Marche	Repos	5 Tempo	6 Course soutenue	8 Fartlek	8 Course soutenue	5 Course soutenue	42
5	12 DLL Course/Marche	Repos	5 Tempo	6 Course soutenue	8 Fartlek	8 Course soutenue	5 Course soutenue	44
6	14 DLL Course/Marche	Repos	5 Tempo	6 Course soutenue	8 Fartlek	8 Course soutenue	5 Course soutenue	46
7	16 DLL Course/Marche	Repos	5 Tempo	4 Côtes 3 mi	5 Course soutenue	8 Fartlek	5 Course soutenue	42
8	16 DLL Course/Marche	Repos	7 Tempo	5 Côtes 4 mi	5 Course soutenue	8 Fartlek	5 Course soutenue	45
9	18 DLL Course/Marche	Repos	7 Tempo	6 Côtes 4,5 mi	5 Course soutenue	8 Fartlek	5 Course soutenue	47,5
10	14 DLL Course/Marche	Repos	7 Tempo	7 Côtes 5 mi	5 Course soutenue	8 Fartlek	5 Course soutenue	44
11	18 DLL Course/Marche	Repos	5 Tempo	8 Côtes 6 mi	5 Course soutenue	8 Fartlek	5 Course soutenue	47
12	20 DLL Course/Marche	Repos	5 Tempo	9 Côtes 7 mi	5 Course soutenue	8 Fartlek	5 Course soutenue	50
13	20 DLL Course/Marche	Repos	5 Tempo	10 Côtes 7,5 mi	5 Course soutenue	8 Fartlek	5 Course soutenue	50,5
14	13,5 DLL Course/Marche	Repos	5 Tempo	Vitesse 2 x 1 mi 6 mi	5 Course soutenue	8 Fartlek	5 Course soutenue	42,5
15	20 DLL Course/Marche	Repos	5 Tempo	Vitesse 3 x 1 mi 7 mi	5 Course soutenue	8 Fartlek	5 Course soutenue	50
16	20 DLL Course/Marche	Repos	5 Tempo	Vitesse 4 x 1 mi 8 mi	5 Course soutenue	8 Fartlek	5 Course soutenue	51
17	14 DLL Course/Marche	Repos	5 Tempo	Vitesse 5 x 1 mi 9 mi	5 Course soutenue	8 Fartlek	10 Cadence d'epreuve	51
18	4 Course soutenue	Repos	5 Cadence d'epreuve	6 Cadence d'epreuve	Repos	Repos	2 Course soutenue	17
19	Course - marathon							26,2

Programme de cadences	Longue course (DLL)	Course facile	Tempo/Côte /Fartlek	Vitesse	Course	Cadence «marche» de la course.
à terminer en 3:10	8:13 à 9:17	8:13	7:22	6:25	7:15	6:51

Intervalles course/marche et courses soutenues = 10 min course/1min marche
Les côtes mesurent 600m

Marathon à terminer en 3h00 (Noté en milles)

Semaine	Dim	Lun	Mar	Mer	Jeu	Ven	Sam	Total
1	10 DLL Course/Marche	Repos	8 Tempo	6 Course soutenue	8 Fartlek	8 Course soutenue	5 Course soutenue	45
2	10 DLL Course/Marche	5 Course soutenue	8 Tempo	6 Course soutenue	8 Fartlek	8 Course soutenue	5 Course soutenue	50
3	12 DLL Course/Marche	5 Course soutenue	8 Tempo	6 Course soutenue	8 Fartlek	8 Course soutenue	5 Course soutenue	52
4	12 DLL Course/Marche	Repos	8 Tempo	4 Côtes 3 mi	8 Fartlek	8 Fartlek	5 Course soutenue	44
5	14 DLL Course/Marche	5 Course soutenue	8 Tempo	5 Côtes 4 mi	5 Course soutenue	8 Fartlek	5 Course soutenue	49
6	14 DLL Course/Marche	5 Course soutenue	8 Tempo	5 Côtes 4 mi	5 Course soutenue	8 Fartlek	5 Course soutenue	49
7	16 DLL Course/Marche	Repos	8 Tempo	6 Côtes 4,5 mi	5 Course soutenue	8 Fartlek	5 Course soutenue	46,5
8	18 DLL Course/Marche	5 Course soutenue	8 Tempo	6 Côtes 4,5 mi	5 Course soutenue	8 Fartlek	5 Course soutenue	53,5
9	14 DLL Course/Marche	5 Course soutenue	8 Tempo	7 Côtes 5 mi	5 Course soutenue	8 Fartlek	5 Course soutenue	50
10	18 DLL Course/Marche	5 Course soutenue	8 Tempo	7 Côtes 5 mi	5 Course soutenue	8 Fartlek	5 Course soutenue	54
11	20 DLL Course/Marche	Repos	8 Tempo	8 Côtes 6 mi	5 Course soutenue	8 Fartlek	5 Course soutenue	52
12	20 DLL Course/Marche	5 Course soutenue	8 Tempo	9 Côtes 7 mi	5 Course soutenue	8 Fartlek	5 Course soutenue	58
13	20 DLL Course/Marche	5 Course soutenue	8 Tempo	10 Côtes 7,5 mi	5 Course soutenue	8 Fartlek	5 Course soutenue	58,5
14	13,5 DLL Course/Marche	5 Course soutenue	8 Tempo	Vitesse 2 x 1 mi 6 mi	5 Course soutenue	8 Fartlek	5 Course soutenue	50,5
15	20 DLL Course/Marche	5 Course soutenue	8 Tempo	Vitesse 3 x 1 mi 7 mi	5 Course soutenue	8 Fartlek	5 Course soutenue	58
16	20 DLL Course/Marche	5 Course soutenue	8 Tempo	Vitesse 4 x 1 mi 8 mi	5 Course soutenue	8 Fartlek	5 Course soutenue	59
17	14 DLL Course/Marche	5 Course soutenue	8 Tempo	Vitesse 5 x 1 mi 9 mi	5 Course soutenue	8 Fartlek	10 Cadence d'epreuve	59
18	4 Course soutenue	Repos	8 Cadence d'epreuve	6 Cadence d'epreuve	Repos	Repos	2 Course soutenue	20
19	Course - marathon							26,2

Programme de cadences	Longue course (DLL)	Course facile	Tempo/Côte /Fartlek	Vitesse	Course	Cadence «marche» de la course.
à terminer en 3:00	7:48 à 8:49	7:48	7:00	6:05	6:52	6:29

Intervalles course/marche et courses soutenues = 10 min course/1min marche
Les côtes mesurent 600m

17

Chapitre 18
Conseils pour l'épreuve

Voici les deux questions qui me sont posées le plus fréquemment par les coureurs:

À quelle fréquence devrais-je courir?
Quelle est la meilleure façon de déterminer la cadence durant la course?

Habituellement, plus la course est longue, plus le coureur souffre de stress. Pour le coureur d'expérience, la règle d'une journée de récupération par kilomètre parcouru est une mesure intelligente. Le 5 km requiert une semaine de récupération; les coureurs de 10 km peuvent s'attendre à courir cette distance toutes les deux semaines; les coureurs de demi-marathon, chaque deux ou trois semaines; et les coureurs de marathon, une course chaque mois ou deux.

Votre période de récupération dépendra de l'intensité avec laquelle vous courez. Plus la course est rapide, plus la récupération sera longue.

La grande fatigue résiduelle découlant de la course vous laissera à plat et les jambes lourdes si vous tentez de courir trop tôt après un effort soutenu.

Moins vous vous entraînez avant l'épreuve, plus il faudra de temps pour récupérer. Ayez confiance en votre entraînement, et respectez la distance que vous parcourez. Adaptez votre entraînement par une période de récupération plus longue pour de plus longues distances.

Il existe trois stratégies pour le jour de la course:

1. Un départ rapide suivi d'un ralentissement dans les dernières étapes de la course.
2. Un départ moins rapide et une cadence plus rapide dans la deuxième moitié de la course.
3. Une cadence constante pendant toute la course.

Je vous conseille d'adopter une cadence constante pour toute la course. Ceci vous donnera, en théorie, votre meilleur temps. Un départ trop rapide crée une grande fatigue, attribuable au manque d'oxygène. Les dernières phases de la course seront difficiles en raison de la grande fatigue. Pour une meilleure récupération, commencez lentement et augmentez progressivement la vitesse pendant la course. Vous ne réussirez peut-être pas votre meilleur temps, mais la récupération d'après course sera améliorée. La course sera plus agréable. Une cadence constante vous donnera les meilleurs résultats c'est pourquoi le Coin des coureurs fabrique des bracelets avec des séparations égales, y compris les pauses de marche.

Préparatifs pour la course

Pour ceux qui prévoyez courir un marathon ou un demi-marathon, votre dernier entraînement de qualité devrait être le samedi précédant la course. L'entraînement devrait être fait à la cadence normale que vous prévoyez tenir le jour de la course. C'est un entraînement de qualité dont l'objet consiste à ne pas courir plus rapidement que la cadence que vous prévoyez pour le marathon. Il est préférable de courir seul en vous concentrant sur la posture et la cadence visée. Ne courez pas avec l'un de vos compagnons d'entraînement. Cet entraînement a pour but de vous préparer à la course.

À partir de lundi, vous réduirez le kilométrage dans la phase de ralentissement du programme. Certaines personnes se sentent très lourdes et se sentent plutôt mal pendant cette période. Concentrez-vous sur le bonheur de courir moins longtemps et d'avoir à votre disposition tout ce temps pour vous détendre. Le ralentissement graduel permet à votre corps de dissiper la fatigue résiduelle accumulée par les entraînements précédents, et le jour de la course, vos jambes auront un nouvel élan qui vous assurera une meilleure performance. Le jour le plus important est l'avant-veille de la compétition. Prenez congé et couchez-vous de bonne heure. Tentez de dormir le plus possible. Restez au lit, lisez, détendez-vous et même si vous ne dormez pas, restez couché. C'est la meilleure façon de vous préparer pour la compétition. N'oubliez pas, rien de ce que vous faites ne vous aidera dans la dernière semaine mais tout ce que vous faites pourrait nuire à votre performance. Il faut au moins deux semaines d'entraînement de qualité pour s'améliorer; cependant, le surentraînement peut affecter votre performance du lendemain. Le meilleur avis que je puisse vous donner est de vous détendre, de profiter de la semaine et de vous reposer.

La visualisation est une composante importante de la semaine pendant le repos. Pensez à votre entraînement et aux objectifs que vous voulez atteindre. Lisez et amusez-vous en écoutant votre musique favorite pour vous motiver. La détente est la clé du succès.

Points importants à retenir

Principes

- Détente
- Posture efficace
- Économie de moyens et d'efforts
- Introspection
- Attitude positive
- Maintien d'un programme gagnant

Repousser le mur?

- Il commence à la longueur de votre course la plus longue au cours des 2 à 3 dernières semaines.
- Rapprochez-le en courant trop vite, repoussez-le en courant plus lentement.

Boire

- La caféine et l'alcool vous déshydratent.
- Petites quantités d'eau (4 à 6 onces) par heure depuis que vous êtes éveillés.
- Matin de la compétition: 4 à 6 onces toutes les 30 minutes.
- Boire de l'eau régulièrement.

Nourriture

- Suivre votre régime éprouvé en entraînement, ne rien essayer de nouveau avant la compétition.
- Dernier gros repas: le lunch de la veille.
- Ne mangez pas trop le soir précédent.
- Les boissons aux glucides sont plus faciles à digérer que les aliments solides.

Cadence

- Allez-y selon vos moyens.
- Garder la même cadence du début à la fin.
- Courir 10 minutes en alternant avec une marche intense d'une minute pendant tout le marathon pour conserver une cadence égale.

Enjambée

- Ne pas faire de trop longues enjambées.
- Faire de courtes enjambées en côte.
- Éviter les longues enjambées en descente.
- Réduire les enjambées lorsque vous êtes fatigué.

Adoptez une attitude positive

- Tout le monde perçoit les messages négatifs.
- Suivez une stratégie pour avoir des pensées positives et contrer les négatives.
- Les mots et les phrases clés reliés aux succès du passé vont encourager les succès futurs.
- Apprenez à utiliser la partie droite du cerveau.

Amusez vous!

- Si vous avez plaisir à participer à une compétition, vous voudrez refaire l'expérience, tout en vous améliorant.
- Parlez aux gens, échangez des histoires et jouissez de la course.

18

Conseils pour le jour de la course

Règle N° 1: Détendez-vous!

DÉTENDEZ-VOUS, c'est le conseil le plus important que l'on puisse donner à un débutant. Amusez-vous!

La compétition est conçue pour être stimulante et une expérience inoubliable. Il est bon de mettre tout en perspective et d'utiliser son jugement. Si vous souffrez de crampes d'estomac ou que votre lacet se dénoue lors de votre première compétition, ce n'est pas la fin du monde. Vous pourrez courir de nouveau dans le futur.

Conseils pour vivre une expérience inoubliable

1. Votre objectif

Votre objectif consiste à terminer la course. Votre première course est une expérience nouvelle et il ne s'agit pas de remporter la victoire. Courez en sachant que votre temps sera un record personnel.

2. Manger et boire

Le jour de la compétition, ne mangez et ne buvez rien de spécial. Ce n'est pas le temps de faire des expériences, peu importe ce que vous avez entendu dire de la super nourriture d'athlète. Ne vous inquiétez pas à l'idée de trop consommer de glucides, comme le font les coureurs de marathon. En fait, pour votre dernier repas (au moins trois heures avant la course), vous devriez probablement manger moins que d'habitude, parce ce que la nervosité pourrait déséquilibrer votre système digestif.

Par temps chaud, buvez 500 ml d'eau une heure avant le départ et continuez de boire à tous les 10 minutes pendant la course. Vous devriez faire la même chose en entraînement. N'oubliez pas que la chaleur peut tuer. N'essayez pas de faire le héros durant une compétition par temps chaud. Diminuez vos attentes et buvez régulièrement.

3. Stratégie

Planifier à l'avance sa stratégie de compétition aidera à augmenter votre confiance. Couper le parcours en petites sections, en sachant bien où se trouvent les côtes et autres points de repère. Il est particulièrement important de bien connaître le dernier demi-kilomètre du parcours. Le jour de la course, c'est une bonne idée de s'échauffer à l'intérieur de la zone du dernier demi-kilomètre de manière à graver en mémoire les points stratégiques.

4. Les préparatifs

En arrivant à la compétition, ne soyez pas intimidé par ce que font les autres coureurs. Plusieurs se préparent à faire des efforts intenses, mais vous voulez vous assurer de garder votre énergie pour une course à votre niveau. Faites de la marche, des étirements et un peu de jogging afin de vous détendre.

5. Prêt, à la ligne de départ

Partez à l'arrière du groupe où vous ne serez pas entraîné par les sprinters de départ. Commencez lentement. Ne vous inquiétez pas des coureurs qui sont partis devant vous. Il est préférable de partir lentement et de les rattraper plus tard que de démarrer trop vite et de se faire doubler un kilomètre ou deux plus loin par des centaines de coureurs. Une fois que vous avez atteint une zone avec un peu plus d'espace, installez-vous dans votre routine de course. Garder le rythme (il devrait vous permettre de tenir une conversation confortablement) au moins jusqu'au milieu de la course. Après, si vous vous sentez bien accélérez, mais graduellement. Si vous éprouvez des difficultés, ralentissez pour reprendre des forces.

6. Marcher

Courez 10 minutes et marchez 1 minute. Il n'est écrit nulle part sur la fiche d'inscription qu'il est interdit de marcher.

Si vous ressentez le besoin de marcher, faites des pauses de marche, surtout en côte. Mais ne cessez pas d'avancer si vous n'êtes pas blessé. Déguisez vos pauses de marche en les appelant pauses d'eau. Il est très important de boire de l'eau pendant la course. Plusieurs coureurs arrêtent pour boire

lorsqu'ils arrivent aux tables. Vous pouvez faire de même, boire et vous reposer en même temps, personne ne vous reprochera d'être intelligent.

7. L'arrivée

Gardez une cadence constante. Ne terminez pas en faisant un sprint. Ce n'est pas intelligent et pourrait même être dangereux. Concentrez-vous à finir en beauté par une allure forte et détendue.

8. Récupération

Marchez pour vous rafraîchir après la course. Buvez beaucoup, surtout par temps chaud. Mettez rapidement des vêtements secs. En arrivant chez vous, étirez vos muscles et prenez une douche froide.

Ne courez pas le lendemain; vous pouvez nager et faire de la bicyclette. Il sera difficile de contenir votre nouvel enthousiasme pour la compétition, mais courir sur des muscles possiblement endoloris augmente les risques de blessures.

Après-course

L'entraînement d'après-course.

Après un entraînement méticuleux de 18 semaines à un an pour leur course, plusieurs se demandent «que faire maintenant?». Pour éviter le syndrome d'après-course fixez-vous de nouveaux objectifs. Ne perdez pas le niveau de conditionnement de votre récent cycle d'entraînement.

C'est le moment de penser à maintenir le niveau de performance que votre corps d'athlète a atteint. La clé du maintien de votre niveau de conditionnement est un programme d'entretien, pendant que vous réfléchissiez à de nouveaux objectifs.

Pour le coureur de 10 km, conservez une course longue d'environ

8 km et utilisez votre nouveau niveau de conditionnement pour courir des 5 km rapides. Votre entraînement de base est en place, et vous pouvez utiliser les courses de 5 km pour améliorer autant votre confiance que votre vitesse.

Les coureurs de demi-marathon peuvent prévoir une longue course de 12 km pour conserver leur endurance et, par la suite, des courses de 10 km à toutes les deux fins de semaines pour bâtir la force, la vitesse et la confiance.

Le coureur de marathon peut courir environ 16 km. En plus d'aider à garder le conditionnement, le 16 km toutes les fins de semaine est une excellente façon d'écourter l'entraînement pour le prochain marathon. En conservant la course longue à environ 16 km, l'entraînement nécessaire pour le prochain marathon ne durera que 12 semaines. Un demi-marathon ne requiert que 6 semaines.

Donnez-vous le temps nécessaire pour récupérer de votre course – 2 semaines pour une course de 10 km, trois semaines pour un demi-marathon et quatre semaines pour un marathon - avant d'entreprendre toute course de distance ou de qualité. Courez certainement, mais pensez à vos courses comme étant du «type massage», pour délier les jambes.

Choisissez vos courses avec modération et visez de bons résultats. Courez certaines courses dans le but de rencontrer des objectifs de temps, et d'autres, simplement pour le plaisir. Une course peut vous stimuler à courir à votre plus haut niveau de performance, ou vous éveiller à la joie de courir et à la camaraderie, au plaisir et aux festivités du jour de la course.

18

18

Chapitre 19
Préparation mentale

Pourquoi les athlètes d'élite gagnent-ils des médailles d'or? Qu'est-ce qui les motive à connaître de meilleures performances que leurs confrères? La plupart suivent des programmes d'entraînement identiques à ceux de leurs compétiteurs. Posez la question à la majorité des entraîneurs et ils vous répondront que leur travail principal consiste à préparer mentalement l'athlète pour la compétition.

Ce ne sont pas tous les athlètes qui ont la chance de se payer un entraîneur personnel, mais nos conseils dans ce chapitre pourront vous donner un grand avantage sur vos adversaires. Ils amélioreront vos résultats, que votre objectif soit de faire de meilleurs temps ou de vous préparer à relever le défi de courir une nouvelle distance.

Relaxation

D'abord, asseyez-vous confortablement sur une chaise ample et coussinée, sur votre lit d'hôtel ou étendez-vous sur le plancher. Il s'agit de se détendre un moment, d'être confortable. Mettez de la musique de détente. Oubliez les tracas et le stress. Fermez les yeux et écoutez la musique en portant attention à chaque instrument. Concentrez-vous sur la musique et ne pensez qu'à la musique et à votre corps en position confortable.

Pensez à votre corps comme à un instrument de musique bien accordé, prêt à faire une performance. Rappelez-vous toutes les bonnes expériences d'entraînement que vous avez vécues en prévision de cet événement. Ayez des pensées positives. Détendez-vous et écoutez votre respiration. Inspirez, retenez, expirez. Sentez l'air remplir vos poumons et vous êtes maintenant prêt pour le défi du jour. Sentez les battements du cœur qui diminuent pendant que vous écoutez le son de votre respiration. Baissez la musique et concentrez-vous sur votre corps en bonne santé.

Commencez par le haut de la tête, détendez-vous. Oubliez le stress quotidien. Inspirez, retenez, expirez. Sentez le froncement des sourcils disparaître. Vos paupières sont lourdes et détendues. La détente alourdit votre mâchoire. Ouvrez la bouche dans un baillement détendu. Roulez le cou et relâchez les muscles du cou et des épaules.

Si vous êtes droitier, commencez à vous concentrer sur le côté droit de votre corps. Il devient lourd et détendu. Si vous êtes gaucher, concentrez-vous sur le côté gauche du corps.

Les épaules s'alourdissent et une sensation de détente et de paix vous envahit. Pensez à votre corps: solide, en forme et prêt. Les épaules sont détendues. Inspirez, retenez, expirez. Ressentez les poumons se remplir d'air. Ressentez les muscles abdominaux se détendre lorsque vous expirez. Le dos est détendu; vous sentez la tension disparaître lentement des muscles, qui deviennent lourds et détendus. Ressentez vos hanches sur le plancher. Détendez-vous. Inspirez, retenez, expirez.

Ressentez les tendons et quadriceps, forts et prêts après des mois d'entraînement, détendus et reposés. Ressentez les mollets, qui vous donnent un levier spécial pendant la course, totalement détendus et reposés. Inspirez, retenez, expirez. Roulez les chevilles et percevez la détente dans les pieds, prêts à vous porter vers vos objectifs. Inspirez, retenez, expirez.

Écoutez le calme. Inspirez, retenez, expirez. Il n'y a pas de son, seul le rythme de respiration du corps détendu et votre pensée tournée vers la visualisation du parcours.

Visualisation du 10 km

C'est le matin de la course. Vous vous voyez marcher à la ligne de départ où les coureurs ont commencé à se rassembler. Vous voyez l'activité des lieux; les coureurs faisant la queue pour recevoir leur trousse; certains coureurs s'étirent, d'autres joggent légèrement, ou font de courts sprints pour se préparer à la compétition. Vous vous approchez, silencieux. Vous entendez l'annonceur qui demande aux coureurs de venir chercher leur trousse avant le départ. Vous entendez d'autres coureurs rire et converser. Vous sentez l'agitation dans l'air, mêlée au lever du soleil et à l'odeur des baumes pour athlètes. L'odeur du café fraîchement moulu provenant de la section des bénévoles vous rappelle qu'il est temps de profiter de l'occasion.

Vous savez que vous êtes prêt. Vous avez fait les entraînements. Vous répétez vos paroles de motivation; vous êtes fort, vous êtes en contrôle, vous êtes en forme, vous êtes bien.

Vous vous voyez parler à des camarades coureurs pendant que vous faites une dernière inspection de votre équipement. Vous souriez en entendant les commentaires familiers d'avant course: «Je fais seulement cette course comme banc d'essai.». «Mon genou est douloureux. Je pense que je vais simplement faire la course en joggant.» «Je ne me suis pas trop entraîné, ce vieux talon d'Achille fait encore des siennes.» «J'avais prévu y aller à fond mais ma hanche est encore douloureuse, alors je vais y aller mollo.» Vous riez parce que vous savez que tous les petits maux partent avec le coup du départ. Vous buvez une dernière gorgée d'eau en vous approchant de la ligne de départ pour rejoindre le groupe déjà en position. Les coureurs sont maintenant tous debout, attendant le départ. Certains sont calmes, d'autres rient nerveusement, d'autres regardent leur poignet, prêts à démarrer leur montre. Tous attendent le signal du départ.

L'annonceur donne les dernières indications et le compte à rebours. Dès le coup de départ vous vous mettez à courir.

Vous êtes bien placé mais il y a quelques accrochages quand un coureur vous dépasse. Vous dépassez quelques coureurs qui marchent et parlent encore. Vous augmentez progressivement la cadence et prenez votre rythme. Vous êtes à l'aise et fort. Vous vous sentez bien. Une belle journée ensoleillée et la chaleur vous réchauffe les épaules et une légère brise vous rafraîchit le front.

Vous franchissez la marque du 1er kilomètre et vous entendez le temps. Vous êtes pile sur la cible. Vous vous concentrez pour garder la cadence. Vous vous souvenez qu'il faut vous retenir pendant le premier tiers de la course; le deuxième tiers sera couru à vitesse normale et le troisième sera difficile. La clé de la réussite se trouve dans une cadence régulière et non dans un effort soutenu; un effort modifié sera nécessaire pendant la course. Vous savez que vos entraînements vous ont appris l'importance de vous retenir au début et comment calculer les efforts supplémentaires nécessaires vers la fin de la course. Vous vous rappelez avoir pratiqué cela pendant les entraînements.

Lorsque vous dépassez la marque du premier kilomètre, vous êtes dans un groupe de plusieurs coureurs. Certains coureurs seuls vous doublent et le groupe dépasse un petit groupe de trois coureurs qui rient et disent être partis trop vite. Vous savez que vous êtes pleinement en contrôle et que vous respectez parfaitement votre programme établi. Plus encore vous vous sentez très bien. Vous êtes fort, vous avez réussi l'entraînement.

Vous dépassez la marque du 2e kilomètre et vous faites la vérification de votre système; votre respiration est détendue et contrôlée, votre condition physique est solide, les enjambés sont rapides et coulantes. Vous êtes en forme. Vous avez établi un rythme confortable. C'est la partie de la course où vous vous sentez bien; la cadence semble facile et vous courez ensemble au même rythme qu'un groupe de coureurs.

19

Vous apercevez la marque du 5e km, à mi-chemin de la course et vous vous sentez fort et en contrôle. En passant le 5e km, vous remarquez que vous prenez de l'avance sur certains coureurs. Le nombre de

coureurs dans votre groupe diminue. Vous gardez la cadence, vérifiez votre temps. Vous êtes en plein sur la cible en commençant la seconde moitié de la course. Vous voyez votre silhouette ombragée sur la route et vous vous concentrez sur votre enjambée, qui est forte. Votre respiration est calme et vous pensez: je suis fort, je suis en contrôle, je suis en forme, je suis concentré, je me sens bien, je suis rapide.

Vous approchez du 8e km, le point où la plupart des coureurs commencent à se demander pourquoi ils courent. Qui a besoin de faire la compétition quand vous pouvez simplement courir pour le plaisir. Vous riez et souriez en reconnaissant les pensées négatives habituelles qui surgissent dans cette partie de la course. Vous savez que vous êtes en contrôle et vous vous concentrez sur votre forme. Écoutez vos pas légers sur le sol. Vous pensez: accroche-toi, tout va bien. Concentrez- vous à diminuez les enjambées et augmentez la rotation des jambes. Je me sens mieux déjà. Je vais réussir.

Un kilomètre à faire et vous vous sentez fort. Vous savez que vous allez atteindre votre objectif. Vous êtes fatigué mais vous savez que vous pouvez puiser dans vos réserves et atteindre votre objectif. Votre enjambée allonge en entendant le bruit à la ligne d'arrivée. Vous y mettez plus d'effort et augmentez le tempo. Vous dépassez un, puis deux coureurs. Vous êtes en forme. Votre respiration devient plus lourde. Inspirez, remplissez vous poumons d'énergie, expirez, sentez les sensations négatives sortir de vos poumons, ressentez le sentiment de bien-être.

L'adrénaline coule lorsque vous entendez et voyez la ligne d'arrivée. Votre enjambée allonge et vous doublez une couple de coureurs en accélérant vers la ligne d'arrivée. Votre forme est agile et forte. Vous saviez que vous alliez réussir! La rotation des jambes augmente rapidement. C'est comme courir sur des tisons ardents. Votre cadence continue d'accélérer. Vous dépassez encore deux autres coureurs à l'approche de la ligne d'arrivée. L'annonceur appelle votre nom et votre temps. Vous avez réussi. Vous avez atteint votre objectif. Vous ralentissez au rythme de la marche dans la zone d'arrivée, les mains sur les hanches, en remerciant votre corps pour l'effort. Vous remerciez la bonne santé et l'entraînement solide qui vous ont permis de terminer la course et d'être récompensé par l'euphorie du bien-être et de la réussite. Vous savez désormais qu'un entraînement adéquat et une

bonne préparation mentale vous permet d'atteindre n'importe quel objectif; que la réalité est une création de notre propre perception.

Autosuggestions positives

- Je contrôle mes pensées, ma concentration, ma vie.
- Je contrôle mes propres pensées, mes émotions et tous les aspects de ma performance, de ma santé et de ma vie.
- Je puis atteindre les objectifs que je me suis fixés. Je suis en contrôle.
- J'apprends des problèmes ou des contretemps et je sais qu'il y a place pour l'amélioration et la croissance personnelle.
- Chaque jour je suis meilleur, plus sage, plus adaptable, plus concentré, plus confiant, plus en contrôle.

19

Visualisation du marathon

La journée tant attendue est enfin arrivée. Après des mois d'autodiscipline et de dur entraînement, voici le matin du marathon. Vous êtes bien reposé et bien hydraté. Vous marchez vers la zone du départ. Vous savez que vous êtes prêt. Quelques coureurs parlent, d'autres sont silencieux et songeurs, certains rient et font des blagues. Vous sentez la frénésie dans l'air. Un mélange d'adrénaline nerveuse et d'anticipation alors que le soleil brille et réchauffe les lieux. L'herbe est mouillée de rosée quand vous déposez votre sac de sport et en retirez votre gilet pour commencer à vous préparer pour la course. La musique et le bruit sont interrompus par l'annonce des instructions de dernière minute de l'annonceur. Vous buvez une dernière gorgée d'eau tout en fermant la fermeture-éclair de votre sac pour le remettre aux préposés de l'accueil.

Vous allez vous placer avec d'autres coureurs de votre niveau. Soudain, tout est silencieux un moment et vous entendez l'annonceur crier: «Cinq … quatre … trois…deux…un…».

Le coup de pistolet retentit et vous partez. Au début, c'est plus une mêlée qu'une course. Les rires et le bruit sont partout. Vous entendez les paroles des coureurs et de la foule qui longe la ligne de départ.

Lentement, la foule autour de vous se disperse et vous retrouvez votre cadence familière. Votre respiration est maintenant détendue et vous vous sentez bien en prenant le premier virage en courant vers la longue ligne droite. Vous êtes doublé par deux coureurs qui font des blagues pendant qu'ils ajustent leur propre cadence. En doublant un groupe de cinq ou six coureurs, vous réalisez que vous êtes déjà à la fin du premier km. Respectez-vous votre objectif, êtes-vous parti trop vite ou la foule vous a-t-elle ralenti? Voilà un bon point de repère pour ajuster votre cadence. Vous vous sentez très bien. Vous pensez à tous ces mois d'entraînement, quelquefois en groupe, mais une bonne partie en solitaire. Vous savez que c'est aujourd'hui que vous récoltez les fruits de tous ces entraînements pour le marathon.

Au 2e km, vous faites la première vérification de votre condition physique. Êtes-vous détendu? Est-ce que votre respiration est détendue et prenez-vous de grandes et profondes respirations? Votre poitrine est-elle bien sortie, les hanches en avant? Avez-vous

19

commencé à transpirer? Votre tête est-elle droite, les yeux orientés vers la route loin devant? Bras détendus et ajustés au rythme de la course, vous ressentez la confiance de chaque poussée des chevilles. Vous vous sentez bien et allez faire de votre mieux.

À la marque du 5 km, vous sortez d'un parc et commencez à monter une côte. Vous réduisez légèrement la longueur des enjambées, comme dans toutes vos séances de répétitions de côtes. C'est facile; vous avez pratiqué 10 à 12 répétitions de côtes avec des inclinaisons beaucoup plus accentuées. Vous poursuivez l'effort constant en montant la côte, en doublant un coureur qui semble souffrir; vous êtes souple et agile. Vous franchissez automatiquement le sommet comme dans vos entraînements. Vous revenez maintenant sur une surface plate et retrouvez votre rythme familier. Vous pensez à tous ces longs parcours avec vos camarades d'entraînement. C'est une course comme les autres. Restez détendu et appréciez le panorama et l'ambiance.

À la station d'eau, on vous encourage. Qui parlait de la solitude des coureurs de longue distance? Quelle agréable surprise, que la vie est belle! Vous êtes en train de réaliser que moins de un dixième de 1 pour cent de la population est en assez bonne santé et forme physique pour courir le marathon.

À mi-course, vous vous rappelez vos paroles: je suis fort, je suis en contrôle, je me sens bien. En vous rappelant ces encouragements, vous sentez l'énergie que ces paroles vous donne, mentalement et physiquement et vos jambes réagissent aux paroles familières et réconfortantes.

Vous traversez une partie plus ancienne de la ville, remplie de charme, d'histoire et une foule enthousiasme vous crie ses encouragements. Quelqu'un vous tend un verre d'eau et vous le buvez et ressentez la fraîcheur de l'eau claire dans votre gorge. C'est rafraîchissant. Ça régénère non seulement vos liquides, mais vous ressentez la confiance augmenter en réalisant que vous êtes à mi-course. Vous répétez vos paroles de motivation. Je suis fort. Je suis en contrôle. Je suis un athlète fort et puissant, bien entraîné et bien préparé. Vous êtes bien, votre corps et votre esprit sont en rythme harmonique. En répétant vos paroles de motivation, vous sentez qu'elles vous remplissent de confiance et d'énergie. Vous avez relevé le défi et vous allez réussir.

Au 32e km, vous commencez à descendre une côte. Vous avez l'impression de ne pas être seul à le faire puisque votre vieux camarade d'entraînement, la gravité, vous donne une légère poussée dans la phase de descente. Vous savez que c'est la partie la plus difficile de la course, mais vous savez aussi que vous êtes prêt. Vous repensez à certains des longs parcours d'entraînement, quand vous étiez fatigué et vous n'étiez pas toujours certain d'y arriver, mais vous l'avez fait.

Vous repensez à certains jeux que vous faisiez lors de vos longs parcours, comme celui de la pêche à la ligne où vous lanciez la ligne pour la ramener graduellement vers vous. Vous souriez intérieurement en vous concentrant sur les coureurs devant vous et lentement, très lentement, vous les rattrapez.

Il ne reste plus que 3 km. Vous êtes fort et vous vous sentez confiant en commençant à doubler des coureurs. Certains vous avaient dépassé plus tôt, mais vous aviez choisi de les laisser passer. Maintenant, ils marchent. Vous les doublez et augmentez la cadence tout en réalisant que c'est votre jour, et que vous étiez bien préparé. Vous pensez un instant à la ligne d'arrivée, puis vous entendez la voix de l'annonceur et les applaudissements de la foule à l'arrivée. Une sensation de bien-être et de joie vous envahit et vous commencez à accélérer et vous dépassez encore quelques coureurs en difficulté. Vous êtes seul et pleinement en contrôle.

Vous prononcez une dernière fois vos paroles de motivation: je suis fort, je suis en contrôle, je suis en forme, je suis un coureur puissant, je suis un coureur fort, je suis rapide et agile.

En traversant le dernier pont, en route vers la ligne d'arrivée, vous entendez les cris de la foule et des meneuses de claques et l'annonceur qui dit votre nom.

Vous franchissez la ligne d'arrivée et quelqu'un vous demande si tout va bien. Vous souriez, incapable de parler. Vous sentez ce moment d'euphorie qui se situe quelque part entre la joie et la douleur du moment. Les mains sur les hanches, vous vous dirigez vers les services de rafraîchissement, une belle médaille au cou. Vous avez réussi! Vous avez couru le marathon et vous savez que la confiance que vous venez de gagner vous permettra d'atteindre tous vos objectifs. Malgré les revers et les défis de la vie, vous savez que vous réussirez à cause de la confiance acquise aujourd'hui. Vous êtes un coureur de marathon! Vous savez maintenant que quand vous décidez de vous fixer un objectif, de vous entraîner et de travailler pour l'atteindre, vous le réaliserez un jour.

Derniers mots

Pensez quelques instants à votre respiration et revenez graduellement au moment et au lieu où vous vous trouvez. Réfléchissez à la réponse de tous les athlètes olympiques quand on leur demande quel était leur meilleur atout. Ils répondent tous que c'est la ténacité et la confiance. Nous devrions tous pratiquer cette préparation mentale souvent, pendant notre entraînement physique.

Motivation personnelle positive

- Je suis en contrôle de ma vie.
- Je peux réussir tout objectif intelligent que je me fixe.
- Je crois en moi et aux personnes qui m'entourent.
- Je considère chaque jour comme une occasion de relever un nouveau défi pour m'améliorer.

Pratiquer la visualisation positive et pouvoir du cerveau

I. Visualisation

- Visualisez le premier objectif de votre entraînement. Exemple: courir 10 km, pour terminer le marathon.

- Imaginez les éléments importants qui vous conduiront au but.

- Ajoutez le plus de détails possible.

- Soyez positif mais réaliste.

II. Analyser les problèmes

- Motivation? Détermination? Performance?

19

- Quand perdez-vous votre motivation?

- Quelles en sont les causes?

III. Concentrer sur vos succès

- Faites une liste de toutes les fois que vous avez eu le même problème, que vous l'avez surmonté et que vous avez continué.

- Revivez vos expériences réussies et emmagasinez-les dans votre mémoire.

- Les succès passés peuvent assurer les succès futurs.

IV. Les paroles magiques

- Trouvez un mot magique associé à chaque succès obtenu, à chaque problème réglé.

- À chaque nouveau problème ou problème récurrent, servez-vous des paroles et rappelez-vous des succès qui en résultent. Exemple: Imaginez le mot «caractère» comme nous l'avons noté dans les entraînements en côtes.

V. Les répétitions mentales

- Répétez l'expérience plusieurs fois par semaine.

- Les éléments importants d'abord, les questions, les succès, les accomplissements et enfin les détails importants.

- Soyez toujours réaliste, mais demeurez positif et heureux.

- Plus vous anticipez les problèmes, plus vous serez capable de les régler.

VI. Utiliser la partie droite du cerveau

- La logique de la partie gauche du cerveau a toujours toutes les excuses à vous donner.

- La créativité du cerveau droit peut faire le travail.

- Vous pouvez vous entraîner en alternant: ignorer, détourner l'attention, projeter et visualiser.

- Les répétitions mentales vous aideront à alterner vers le cerveau pour «réussir».

VII. Un sac plein de trucs

- La créativité peut surmonter presque tous les problèmes de temps, de réalisme et de visualisation.

- Si vous croyez en quelque chose, vous pouvez le réaliser.

Astuces:

- L'élastique; pensez à un immense élastique qui vous tire au haut de la côte.

- La canne à pêche; vous avez capturé la personne devant vous et la ramenez vers vous.

VIII. Vous pouvez surmonter toutes les épreuves

- Trouvez une solution à vos problèmes.

- Tirez les leçons de vos expériences.

- Être partie prenante de votre succès.

La psychologie et la course

En terminant, quelques points à retenir...

1. Un coureur peut-il être trop motivé?

Le surentraînement ou l'excès de stress peut créer des problèmes s'ils s'additionnent. Ils se manifestent dans notre motivation. Par exemple, ne pas vouloir s'entraîner, se sentir fatigué, avoir des douleurs, attraper des rhumes continuellement, avoir un rythme cardiaque élevé le matin, etc. Surveillez et prenez note de vos comportements répétitifs, comme nous l'avons mentionné précédemment. Si vous êtes dans cet état pendant plusieurs jours, parlez-en à votre médecin ou demandez de l'aide. Il pourrait s'agir d'un virus, d'autre chose, ou tout simplement d'une manière pour votre corps de vous dire «j'ai besoin de repos».

La diminution des performances est attribuable à la réaction du corps au stress qui lui est imposé. Avec un peu de temps et de repos, vous aurez plus d'énergie que jamais. Cela fait partie du cycle d'entraînement.

2. Faire face aux difficultés

Ne soyez pas inquiets si vous ratez un entraînement ou deux. La clé du succès de l'entraînement est la constance à long terme (p.ex. des mois ou des années). Si vous ratez une séance de temps à autre, vous aurez amplement le temps de vous rattraper. Reposez-vous quand vous êtes fatigué. De cette façon, vous aurez plus d'énergie la fois prochaine. Le repos est aussi important que l'exercice. Rater à l'occasion une course est parfois inévitable en raison d'engagements préalables. (p.ex. le travail ou la famille). Apprenez à garder un sain équilibre.

3. Faire face aux blessures

Il y a chez les coureurs une tendance à ne pas tenir compte du stress et des signes avant-coureurs que donne le corps et qui souvent précèdent une blessure de surmenage. Voyez un médecin si les symptômes persistent après deux ou trois jours. Courir blessé empire le mal. On ajoute ainsi un stress aux parties adjacentes, ce qui se traduit par une autre blessure. Imaginez l'ensemble du problème. Prendre deux ou trois semaines de repos pour guérir une blessure avec l'avis d'un spécialiste pourrait vous éviter de prendre six mois de congé après avoir couru avec une blessure et tenté vous-même de maîtriser la situation.

Conseils judicieux pour garder la motivation

1. Courez avec un compagnon, un animal de compagnie ou un groupe de coureurs.

- Le fait d'avoir l'obligation de rencontrer quelqu'un pour courir vous assure de courir les jours où vous êtes moins motivés.

2. Comment savoir si je manque de motivation ou s'il me faut une journée de repos?

- Appliquez la règle des 10 minutes. Si vous commencez à courir et que vous sentez que vous n'avez pas d'énergie et que vous êtes fatigué, essayez les conseils suivants:

- Faites une marche d'échauffement. Parfois, vous vous sentirez mieux après que le stress du jour aura été éliminé.

- Joggez pendant 5 minutes. Si vous vous sentez mieux, continuez. Sinon, votre corps vous fait savoir qu'il a besoin de repos.

- Essayez à un autre moment de la journée après avoir mangé. Il se peut que vous soyez en manque d'énergie parce que vous avez faim, ou simplement à cause de votre bio-rythme.

3. Comment continuer de courir quand je suis fatigué?

- Vous pouvez diviser votre course en sections et ensuite vous concentrer sur chaque section à terminer. Soyez positif, vos objectifs seront plus faciles à atteindre.

4. Maintenez le plaisir de la chose

- Essayez de nouveaux parcours, allez en voiture explorer d'autres lieux. Faites des entraînements de vitesse et de côtes une fois la semaine pour changer des longs parcours monotones. Pensez à la course comme à un jeu.

Les derniers 100 mètres

L'apogée de la course survient dans les derniers 100 mètres. On a écrit sur les diverses étapes de la course, en particulier les marathons. Le fameux «mur» a souvent intéressé les lecteurs, mais le vrai plaisir et la satisfaction ultime surviennent habituellement dans les derniers 100 mètres de toute course.

19

J'ai vu des costauds vivre les derniers 100 mètres avec des larmes de joie. Regardez la fin d'un marathon, vous y verrez la joie du succès mêlé de larmes et le dur travail que le coureur a vécu pour franchir la ligne d'arrivée.

La vraie exaltation tient au fait que le coureur a foncé et poussé sa cadence à travers plusieurs niveaux de la course. Il a traversé les hauts et les bas de la course et savoure maintenant l'euphorie de la victoire. Chaque coureur qui franchit la ligne d'arrivée sait qu'il a réussi et qu'il est gagnant dans la vie comme dans la course.

Les coureurs apprennent qu'ils doivent porter attention à leur objectif du jour pendant la course s'ils veulent réussir à franchir les points difficiles du parcours. L'expérience nous enseigne que pendant chaque course, tous passent par un moment de découragement et se posent la question: Qu'est-ce que je fais ici? Nous nous disons: J'aime courir, mais je n'aime pas faire de course. Ça fait mal! Si j'abandonne, qui le saura? Je suis trop vieux pour ça. Les gens se

demandent ce que fait ce coureur dans la course? Je pourrais tout simplement abandonner et ne jamais m'inscrire à une autre course, personne ne s'en rendrait compte. Je pourrais prendre le bus pour le retour, même arrêter prendre un muffin et un jus. Je suis trop vieux, je suis trop gros.

On a tous ressenti ce côté négatif du cerveau pendant une course. C'est alors qu'il est important de reprendre contrôle de la situation et de retrouver le côté positif de l'expérience: «Je me sens en forme et tout va bien» et envisager la course sous un jour plus positif pour reprendre le contrôle. La meilleure façon consiste à penser à quelque chose qui fasse appel au côté créatif du cerveau. Une technique à utiliser consiste à courir les derniers 100 mètres de course pendant l'échauffement. Ainsi, quand vous courez et vous êtes sur le point de flancher, pensez aux derniers 100 mètres ou aux derniers 100 mètres d'une course que vous avez déjà terminée. Visualisez la bannière d'arrivée, la foule qui vous encourage et la voix de l'annonceur. Imaginez-vous terminant en contrôle avec une enjambée ferme. Vous êtes fort; vous êtes en forme; vous contrôlez votre respiration; vous êtes en contrôle total. Ressentez l'euphorie du succès et savourez le moment pour les entraînements et compétitions futurs. Le dernier 100 mètres est le début de l'auto-motivation pour votre prochain objectif.

Après la course

La période suivant immédiatement une compétition est idéale pour vous motiver à reprendre l'entraînement. Mettez des vêtements secs et jouissez de l'atmosphère électrisante qui vous galvanise après une course. Sachez apprécier ce moment en compagnie des autres coureurs.

Essayez de continuer de bouger après une course. Cela aidera les muscles à vidanger les déchets qui peuvent causer des douleurs. Dans la soirée, un bain chaud vous aidera à relaxer vos muscles. Si vous visitez une nouvelle ville, l'après-midi après la course se prête à passer du bon temps à faire des randonnées et à montrer votre nouveau tee-shirt. Vous avez le droit de vanter votre exploit pour le reste de la journée. Vous avez réussi.

Le lendemain de la compétition est un bon jour pour vous reposer et aider vos jambes à récupérer de l'effort accompli la veille. Vous pouvez nager ou faire de la bicyclette si le cœur vous en dit, parce que ces activités aideront à détendre vos jambes. J'ai découvert que la natation ou un entraînement vigoureux après une compétition équivaut à un bon massage. Selon la distance et votre niveau de récupération, vous pourriez découvrir qu'après une solide compétition, courir seulement un jour sur deux pendant la semaine facilitera la récupération de vos jambes fatiguées.

Souvent, après une compétition où tout s'est déroulé comme sur des roulettes, vous ressentirez une nouvelle motivation et une nouvelle confiance qui vous amènera à nouveau à votre entraînement avec plus de vigueur et d'enthousiasme.

Tableau des cadences pour le marathon

Voulez-vous savoir quelle était votre cadence durant votre dernière course, ou quelle cadence vous devez soutenir pour réussir le temps visé? Nos tableaux des cadences peuvent aider.

Comment les utiliser:
Le tableau des cadences permet de déteminer votre cadence par kilomètre (mille) pour les distances de course habituelles.

1. Commencer par la cadence souhaitée.
Cadence constante: si vous désirez courir un marathon avec une cadence égale à 10 minutes/mille, vous pouvez consulter le tableau pour déterminer les intervalles tout au long de l'épreuve - 10 km (1h:02:06) – 20 km (2h:04:08) – mi-chemin (2h:11:03) – 30 km (3h:06:12) – marathon (4h:22:05)

2. Commencer avec le temps visé.
Vous pouvez commencer avec le temps visé pour compléter la course. Par exemple, votre objectif peut être un temps visé de 4h:30:00. La cadence visée serait donc comprise entre 6:19 - 6:25 min/km (10:10 – 10:20 min/mi).

3. Rechercher votre cadence moyenne.
Si vous avez couru un demi-marathon en 2 heures approximativement, vous pouvez consulter le tableau et déterminer que votre cadence moyenne était de 5:42 min/km (9:10 min/mi).

Tables de cadence
Marathon

Km	Miles	5 Km (3.1mi)	10 Km (6.2mi)	15 Km (9.3 mi)	20 Km (12.4 mi)	Demi-Marathon 21.1 Km (13.1 mi)	25 Km (15.5 mi)	30 Km (18.6 mi)	Marathon 42.2 Km (26.2 mi)
3:06	5:00	0h:15:32	0h:31:04	0h:46:36	1h:02:08	1h:05:33	1h:17:40	1h:33h:12	2h:11:05
3:13	5:10	0h:16:03	0h:32:06	0h:48:09	1h:04:12	1h:07:44	1h:20:15	1h:36:18	2h:15:27
3:19	5:20	0h:16:34	0h:33:08	0h:49:42	1h:06:16	1h:09:55	1h:22:50	1h:39:24	2h:19:49
3:25	5:30	0h:17:05	0h:34:10	0h:51:15	1h:08:20	1h:12:06	1h:25:25	1h:42:30	2h:24:11
3:31	5:40	0h:17:36	0h:35:12	0h:52:48	1h:10:24	1h:14:17	1h:28:00	1h:45:36	2h:28:33
3:37	5:50	0h:18:07	0h:36:14	0h:54:21	1h:12:28	1h:16:28	1h:30:35	1h:48:42	2h:32:55
3:44	6:00	0h:18:38	0h:37:17	0h:55:54	1h:14:32	1h:18:39	1h:33:10	1h:51:48	2h:37:17
3:50	6:10	0h:19:09	0h:38:18	0h:57:27	1h:16:36	1h:20:50	1h:35:45	1h:54:54	2h:41:39
3:56	6:20	0h:19:40	0h:39:22	0h:59:00	1h:18:40	1h:23:01	1h:38:20	1h:58:00	2h:46:01
4:02	6:30	0h:20:11	0h:40:24	1h:00:33	1h:20:44	1h:25:12	1h:40:55	2h:01:06	2h:50:23
4:09	6:40	0h:20:42	0h:41:26	1h:02:06	1h:22:48	1h:27:23	1h:43:30	2h:04:12	2h:54:45
4:15	6:50	0h:21:13	0h:42:28	1h:03:39	1h:24:52	1h:29:34	1h:46:05	2h:07:18	2h:59:07
4:21	7:00	0h:21:44	0h:43:30	1h:05:12	1h:26:56	1h:31:45	1h:48:40	2h:10:24	3h:03:29
4:27	7:10	0h:22:15	0h:44:32	1h:06:45	1h:29:00	1h:33:56	1h:51:15	2h:13:30	3h:07:51
4:33	7:20	0h:22:46	0h:45:34	1h:08:18	1h:31:04	1h:36:07	1h:53:50	2h:16:36	3h:12:13
4:40	7:30	0h:23:17	0h:46:36	1h:09:51	1h:33:08	1h:38:18	1h:56:25	2h:19:42	3h:16:35
4:46	7:40	0h:23:48	0h:47:38	1h:11:24	1h:35:12	1h:40:29	1h:59:00	2h:22:48	3h:20:57

4:52	7:50	0h:24:19	0h:48:40	1h:12:57	1h:37:16	1h:42:40	2h:01:35	2h:25:54	3h:25:19
4:58	8:00	0h:24:50	0h:49:42	1h:14:30	1h:39:20	1h:44:51	2h:04:10	2h:29:00	3h:29:41
5:04	8:10	0h:25:21	0h:50:44	1h:16:03	1h:41:24	1h:47:02	2h:06:45	2h:32:06	3h:34:03
5:11	8:20	0h:25:52	0h:51:46	1h:17:36	1h:43:28	1h:49:13	2h:09:20	2h:35:12	3h:38:25
5:17	8:30	0h:26:23	0h:52:48	1h:19:09	1h:45:32	1h:51:24	2h:11:55	2h:38:18	3h:42:47
5:23	8:40	0h:26:54	0h:53:50	1h:20:42	1h:47:36	1h:53:35	2h:14:30	2h:41:24	3h:47:09
5:29	8:50	0h:27:25	0h:54:52	1h:22:15	1h:49:40	1h:55:46	2h:17:05	2h:44:30	3h:51:31
5:36	9:00	0h:27:56	0h:55:54	1h:23:48	1h:51:44	1h:57:57	2h:19:40	2h:47:36	3h:55:53
5:42	9:10	0h:28:27	0h:56:56	1h:25:21	1h:53:48	2h:00:08	2h:22:15	2h:50:42	4h:00:15
5:48	9:20	0h:28:58	0h:57:58	1h:26:54	1h:55:52	2h:02:19	2h:24:50	2h:53:48	4h:04:37
5:54	9:30	0h:29:29	0h:59:00	1h:28:27	1h:57:56	2h:04:30	2h:27:25	2h:56:54	4h:08:59
6:00	9:40	0h:30:00	1h:00:02	1h:30:00	2h:00:00	2h:06:41	2h:30:00	3h:00:00	4h:13:21
6:07	9:50	0h:30:31	1h:01:04	1h:31:33	2h:02:04	2h:08:52	2h:32:35	3h:03:06	4h:17:43
6:13	10:00	0h:31:02	1h:02:06	1h:33:06	2h:04:08	2h:11:03	2h:35:10	3h:06:12	4h:22:05
6:19	10:10	0h:31:33	1h:03:08	1h:34:39	2h:06:12	2h:13:14	2h:37:45	3h:09:18	4h:26:27
6:25	10:20	0h:32:04	1h:04:10	1h:36:12	2h:08:16	2h:15:25	2h:40:20	3h:12:24	4h:30:49
6:31	10:30	0h:32:35	1h:05:12	1h:37:45	2h:10:20	2h:17:36	2h:42:55	3h:15:30	4h:35:11
6:38	10:40	0h:33:06	1h:06:14	1h:39:18	2h:12:24	2h:19:47	2h:45:30	3h:18:36	4h:39:33
6:44	10:50	0h:33:37	1h:07:16	1h:40:51	2h:14:28	2h:21:58	2h:48:05	3h:21:42	4h:43:55
6:50	11:00	0h:34:08	1h:08:18	1h:42:24	2h:16:32	2h:24:09	2h:50:40	3h:24:48	4h:48:17
6:56	11:10	0h:34:39	1h:09:20	1h:43:57	2h:18:36	2h:26:20	2h:53:15	3h:27:54	4h:52:39
7:03	11:20	0h:35:10	1h:10:22	1h:45:30	2h:20:40	2h:28:31	2h:55:50	3h:31:00	4h:57:01
7:09	11:30	0h:35:41	1h:11:24	1h:47:03	2h:22:44	2h:30:42	2h:58:25	3h:34:06	5h:01:23

Tables de cadence
Marathon

Km	Miles	5 Km (3.1mi)	10 Km (6.2mi)	15 Km (9.3 mi)	20 Km (12.4 mi)	Demi-Marathon 21.1 Km (13.1 mi)	25 Km (15.5 mi)	30 Km (18.6 mi)	Marathon 42.2 Km (26.2 mi)
7:15	11:40	0h:36:12	1h:12h:26	1h:48:36	2h:24:48	2h:32:53	3h:01:00	3h:37:12	5h:05:45
7:21	11:50	0h:36:43	1h:13h:28	1h:50:09	2h:26:52	2h:35:04	3h:03:35	3h:40:18	5h:10:07
7:27	12:00	0h:37:14	1h:14h:30	1h:51:42	2h:28:56	2h:37:15	3h:06:10	3h:43:24	5h:14:29
7:34	12:10	0h:37:45	1h:15:32	1h:53:15	2h:31:00	2h:39:26	3h:08:45	3h:46:30	5h:18:51
7:40	12:20	0h:38:16	1h:16:34	1h:54:48	2h:33:04	2h:41:37	3h:11:20	3h:49:36	5h:23:13
7:46	12:30	0h:38:47	1h:17:36	1h:56:21	2h:35:08	2h:43:48	3h:13:55	3h:52:42	5h:27:35
7:52	12:40	0h:39:18	1h:18:38	1h:57:54	2h:37:12	2h:45:59	3h:16:30	3h:55:48	5h:31:57
7:58	12:50	0h:39:49	1h:19:40	1h:59:27	2h:39:16	2h:48:10	3h:19:05	3h:58:54	5h:36:19
8:05	13:00	0h:40:20	1h:20h:42	2h:01:00	2h:41:20	2h:50:21	3h:21:40	4h:02:00	5h:40:41
8:11	13:10	0h:40:51	1h:21h:44	2h:02:33	2h:43:24	2h:52:32	3h:24:15	4h:05:06	5h:45:03
8:17	13:20	0h:41:22	1h:22h:46	2h:04:06	2h:45:28	2h:54:43	3h:26:50	4h:08:12	5h:49:25
8:23	13:30	0h:41:53	1h:23h:48	2h:05:39	2h:47:32	2h:56:54	3h:29:25	4h:11:18	5h:53:47
8:30	13:40	0h:42:24	1h:24h:50	2h:07:12	2h:49:36	2h:59:05	3h:32:00	4h:14:24	5h:58:09
8:36	13:50	0h:42:55	1h:25:52	2h:08:45	2h:51:40	3h:01:16	3h:34:35	4h:17:30	6h:02:31
8:42	14:00	0h:43:26	1h:26:54	2h:10:18	2h:53:44	3h:03:27	3h:37:10	4h:20:36	6h:06:53

Chapitre 20
Témoignages

Cher John,

J'imagine qu'il n'est jamais pénible de recevoir des commentaires de personnes qui ont consulté votre livre. J'ajoute les miens à votre courrier d'aujourd'hui!

Il y a quatre ans, une amie m'a dit qu'elle allait apprendre à courir. Je venais de célébrer mon quarantième anniversaire de naissance et j'ai réalisé que je devrais être en forme (non pas mince) pour pouvoir jouir de la qualité de vie que je voulais. J'ai toujours aimé poursuivre un objectif; j'ai donc décidé de suivre l'entraînement avec elle. Pendant plusieurs semaines, nous nous sommes rencontrées sur mon balcon à 5 h 30 pour la course/marche de la journée. Mon mari était convaincu que nous étions folles. Je me rappelle avoir pensé «trois minutes peuvent-elles sembler plus longues» quand nous avons réussi à courir pendant cette incroyable période de temps. Nous avons compris comment utiliser nos montres Timex, et étions contentes de nos «intervalles à peine négatifs». Mon objectif consistait à courir un 8 km et même si mon temps n'avait rien de spécial (un peu plus de 50 minutes), il m'a paru formidable. Encore énervée après le 8 km Shaughnessay, j'ai demandé à une amie qui court le marathon quel était son programme d'entraînement. Elle m'a tellement recommandé «Courir, du départ à l'arrivée» que je l'ai acheté dès le lendemain. Une chose a certainement mené à une autre. Je me suis entraînée seule pour mon premier demi-marathon et j'ai terminé le Royal Victoria en 2004. Je me suis ensuite inscrite à une clinique de la boutique du Coin des coureurs de la rue Alma en préparation pour ma prochaine course. Je viens tout juste de compléter les détails de mon entraînement futur avec l'intention de courir mon premier marathon complet à l'automne! J'ai une copie écornée de votre livre et je m'y réfère presque chaque jour pour voir où j'en suis dans mon entraînement, et où je m'en vais. Mon temps pour le demi-marathon est passé de 2h 22 min 21 s à 2h 06 min 04 s et je suis dans la meilleure forme de ma vie. Je donne votre livre comme cadeau à n'importe qui exprime le moindre désir de commencer à faire de la course.

Je suis d'avis, en ce qui concerne les cliniques du Coin des coureurs, que les frais d'entrée aux courses et, au moins une paire de chaussures devraient être déductibles du revenu chaque année. Je n'ai pas encore été blessée (je touche du bois) depuis que je cours régulièrement, et en suivant les excellents conseils du 10/1, j'ai terminé un 20 km hier matin. J'ai ensuite passé l'après-midi à faire le ménage et à cuisiner pour un dîner sur invitation. Je me sens très bien aujourd'hui. La course n'est plus un évènement spécial pour moi mais fait partie intégrale de ma vie. Je suis heureuse d'être en bonne santé, de pouvoir courir sur une belle plage de Vancouver et de vivre chaque nouvelle journée.

Merci de votre inspiration.

—*Corinne, fervente du Coin des Coureurs*

Bonjour John,
J'ai fait votre rencontre au marathon de la Ville de Québec, juste avant l'ouverture de la boutique de Moncton. Nous étions 6 de Moncton, et vous nous avez donné un tonif au kiosque du Coin des Coureurs, quand nous avons fait inscription. Je ne l'oublierais jamais, car j'étais très nerveuse de tenter mon premier marathon, et vos encouragements m'ont fait penser que je pourrais réussir! C'est tout ce qu'il me fallait! Encore une fois merci, je continue de courir et j'adore ça!

—*Susan, fervente du Coin des Coureurs*

Je cours pour le plaisir et ma santé. J'avais toujours rêvée de courir un marathon, mais je ne croyais pas pouvoir le faire. L'an dernier, j'ai rencontré John Stanton. Il m'a montré le programme 10 :1 et çà m'a offert de nouvelles possibilités. Le 26 juillet, j'ai couru 16 milles en entraînement, ma plus longue distance. Cette année, je me suis portée volontaire comme contrôleur au marathon Twin Cities, pour pouvoir embrasser mon groupe quand il franchira la ligne d'arrivée. L'an prochain, je serais en course. Merci Coin des Coureurs de ne pas avoir tenu compte de ma condition physique, de mon âge, que j'étais la personne la plus lente et probablement la plus âgée du groupe, et de reconnaître le coureur de marathon en moi.

—*Jan, fervente du Coin des Coureurs*

La clinique de course a été un câble de sauvetage pour moi! Chaque minute de cette expérience me fait plaisir, du défi à l'appui! Nous avons un groupe fantastique, et Joanne est une personne «réelle» et la meilleure des chefs d'équipe. Merci les gars! Souhaitez-moi bonne chance!

—*Participant de clinique du demi-marathon*

Merci, Coin des Coureurs, pour un excellent programme bien organisé. C'est un format formidable qui favorise la course en distance, sans blessures!

—*Participant clinique du marathon*

Je l'adore! C'est un appui bien planifié avec presque un courriel par jour pour me maintenir sur la bonne voie. J'utilise le service en ligne pour ce qui m'importe et j'ai l'intention de m'inscrire à la clinique du 10km. Ça m'a permis de mieux me comprendre comme coureur, ainsi que de comprendre mes besoins. Les instructeurs sont accessibles, aux courants, encourageants et amiables. Ils sont disponibles si nécessaire et ne sont pa étouffants. Je vais recommander cette clinique à d'autres.

—*Participant clinique du 5 K*

Votre leadership, vos conseils et vos encouragements m'ont encore permis de franchir la ligne d'arrivée cette année. Avant le Coin des Coureurs, je ne pouvais même pas courir jusqu'au bout de la rue. Et maintenant, après les cliniques «apprendre à courir, du 10km et du demi marathon», j'ai terminé mon 4ième demi cette année. Sans vous et le Coin des Coureurs, c'eut été impossible. L'entraînement, les sujets de discussion et la camaraderie n'ont pas d'égaux, et je vais me préparer pour un autre demi l'an prochain.

J'ai une expérience réussie à partager avec vous – un de mes compagnons de travail s'entraînait pour son premier marathon cette année. Chaque semaine après sa longue course, il se plaignait de douleurs musculaires et était prêt à tout abandonner. Je l'ai convaincu de venir à la boutique Pembina le dimanche suivant et d'essayer des 10 :1 avec le groupe de cadence de son choix, et aussi d'essayer la méthode du Coin des Coureurs avant de tout abandonner. Ce dimanche-là l'a converti au 10:1 et il a terminé son premier marathon de l'année, hier.

Vous touchez tellement de vies en faisant de nous tous des coureurs, des rêveurs et des croyants. Merci infiniment! J'ai hâte de m'entraîner avec vous pour un autre demi l'an prochain.

—Participant clinique du demi-marathon

À titre d'ancienne coureuse qui a été tourmentée par les blessures et a du abandonner la course, je me suis tournée vers le programme du Coin des Coureurs pour m'aider à reprendre connaissance avec mon sport favori. La méthode de progression soutenue d'augmenter le temps et la distance m'ont aidée à contrôler mes blessures et à mieux écouter mon corps. À la fin des 10 semaines, j'ai réalisée que j'aime toujours la course et que l'euphorie d'une excellente course vit toujours en moi. Chapeau au Coin des Coureurs de m'avoir aidée à biser la routine et de retrouver le pavé.

—Alisa, participante de clinique

J'avais tenté à maintes reprises, et sans succès, d'établir un programme d'exercice soutenu. Peu importe la lenteur avec laquelle je débutais, c'était toujours trop pour mon corps, et je devenais très malade. Au mois de janvier, j'ai été assez chanceux de tenter le programme «apprendre à courir» du Coin des Coureurs. Nous avons débutés en courant seulement 1 minute et en marchant 2 minutes, faisant dix répétitions. Je croyais que c'était impossible de commencer aussi lentement, mais je pouvais suivre. Et je me sentais bien! Après huit mois, je cours/marche 5 jours par semaine, de 2 à 10 milles à la fois. Je me sent beaucoup mieux, grâce aux connaissances et à l'appui de l'équipe de professionnels du Coin des Coureurs. Un gros merci!

—Cory, participante de clinique

Un coureur inébranlable et une cliente/fervente du Coin des Coureurs trop modeste pour claironner sa gloire.

Il me fait grand plaisir de vous raconter l'histoire de mon épouse Jill, qui, à mon avis, devrait être la vedette des affiches publicitaires des cliniques du Coin des Coureurs et de l'amour de la course. Au mois de décembre, notre fille de 9 ans a reprochée à sa mère de se ruiner la santé à cause de la cigarette. Jill était en relativement bonne forme mais ne faisait aucun exercice depuis le début de son adolescence. À peu près en même temps, j'avais annoncé à Jill que j'avais décidé de me joindre à une de vos cliniques de course. Elle n'a pas démontré le moindre désir de courir avec moi jusqu'au moment ou en blaguant, je lui ai suggéré quelle serait incapable de le faire. Heureusement, son orgueil et son esprit de compétition ont alors pris le dessus!

Le premier soir, nous étions tous deux inquiets ne sachant pas quoi attendre de cette première clinique. Nous avons appris quelques leçons importantes. Tout d'abord, même la difficulté de courir une minute et marcher une minute n'a jamais fait mourir personne normalement constituée et motivée. Nous avons été accueillis chaleureusement et invités à nous joindre aux autres, de toutes formes, tailles et motivations. Il était également intéressant d'apprendre que des citoyens d'Edmonton sortaient en janvier pour aller courir.

Depuis ce temps, ses progrès ont été extraordinaires. Nous n'avons aucun doute que les cliniques du Coin des Coureurs étaient la formule parfaite pour nous donner la confiance de terminer le 5km. Le concept est tellement bon que n'importe qui, même nous, pouvions terminer un 5km sans jamais avoir couru auparavant.

Ce qui s'est produit ensuite était fantastique. Je relevais déjà assez de défis; mais Jill ne faisait que commencer.

Non satisfaite d'avoir suivi la clinique « apprendre à courir », elle s'est réinscrite cette fois-ci à la clinique du 10km, avec l'objectif de «terminer». En seulement 6 mois, elle avait non seulement améliorée sa condition physique mais elle s'était faite plusieurs nouvelles amies. Elle a vite décidé de devenir bénévole de clinique et en plus de participer à sa deuxième clinique du 10km, elle aidait les autres à commencer l'entraînement pour courir leur premier 10km.

Jill est devenue une fanatique de la course. La prochaine étape était évidemment la clinique du demi marathon! Elle a terminée avec succès le demi marathon «hypothermique» et a panachée sa première année d'exercice en près de 15 ans en finissant la course. Et cela, avec de nouvelles amies et une nouvelle confiance!

Depuis, elle a couru un autre demi marathon à Vancouver et, après un entraînement ardu et beaucoup de courage, Jill a terminée le marathon Liberté de Normandie, en France. Dix-huit mois à peine après ses débuts en course, elle a franchi la ligne d'arrivée de son premier marathon. Elle s'était engagée à courir ce marathon, qui rend hommage aux sacrifices des hommes qui ont pris d'assaut les plages de la France le jour J en 1944.

Je suis très fier d'elle, mais aussi des encouragements et de l'expertise du Coin des Coureurs. Elle est devenue une personne différente, reconnaissante de tous les projets qu'elle a réalisés, des souvenirs qu'elle a amassés, et des nouvelles amies qu'elle a rencontrées. Il serait insultant pour elle de prétendre que cela a été facile parce qu'elle a travaillé tellement fort, mais je suis sûr qu'elle est d'accord que sans les programmes de course, elle n'aurait jamais pu réussir.

Soyez aussi fiers de votre formule que je le suis de Jill.

—Participant de clinique

C'est le temps de se mettre en forme.

L'été dernier, j'ai eu un premier avertissement de me remettre en forme. Mon frère, un marathonien et un coureur exceptionnel, m'a demandé si j'avais songé à retourner à la course. Sept ans s'étaient écoulés et j'avais engraissé de près de trente livres. Ma famille s'était aperçue que je ne prenais pas soin de moi et je ne semblais pas être en très bonne santé! À ce même instant j'ai répondu «je vais m'acheter de nouvelles chaussures cette semaine». Mon frère m'avait gentiment fait comprendre qu'il m'aimait et veillait sur moi. Pendant les semaines suivantes, je me suis rappelé à quel point j'étais en forme quand je courais encore et à quel point je me sentais bien. Et puis, selon mon style habituel, je me suis demandée pourquoi je m'étais laissé aller.

En septembre, je marchais déjà presque tous les jours. Je voyais les coureurs qui me dépassaient et je me disais que je reprendrais la course dès que j'aurais perdu quelques livres. J'ai finalement décidé de reprendre la course quand ma petite fille de 7 ans (que Dieu la bénisse) m'a demandé innocemment «y a-t-il un bébé la dedans?». Quelle surprise dans la bouche de mon enfant. Ce ne sont pas des paroles qu'une mère seule de 40 ans aime entendre. Les paroles de ma fille ne m'ont jamais quitté l'esprit et m'ont encore plus motivé à visiter la nouvelle boutique du Coin des Coureurs à Waterloo. J'avais besoin d'équipement et de me «mettre au travail».

Je n'avais pas vraiment formulé un plan de match pour mon retour à la course mais je savais que j'aurais besoin d'un groupe pour l'appui et la camaraderie, et pour obtenir de bons tuyaux et de bonnes techniques des experts. Quand j'ai finalement mis les pieds dans la boutique, le personnel a été très gentil, et j'ai aussi reçu plein d'encouragements pour une nouvelle coureuse comme moi. Je me suis finalement inscrite à une clinique qui commençait sa troisième semaine. J'ai pensé qu'il était préférable de commencer tout de suite, plutôt que d'attendre le début de la prochaine clinique. Après tout comme J'ai dit à l'instructeur, j'avais déjà remis à plus tard (pendant 7 ans) mon retour à la course, et qu'il était temps de me mettre au travail.

Durant l'automne, l'hiver et le printemps, j'ai participé aux cliniques «Apprendre à courir et le 10km». Je cours et suis les programmes depuis octobre. Pour la première fois de ma vie, j'ai suivi des cours de culture physique et j'ai commencé à lever des poids. Même l'instructeur de culture physique m'a encouragé à courir pour perdre de la graisse. J'ai bientôt constaté les bienfaits des exercices parallèles. Je me suis dit que si je pouvais courir en hiver (avec des glaçons aux cils), je pourrais courir par n'importe quel temps. Je suis l'heureuse gagnante de deux médailles du Coin des Coureurs, pour deux 10km. Les courses m'aident à me motiver. Ma petite fille a même porté fièrement mes médailles à l'école, en disant à son professeur que j'étais une coureuse médaillée.

Depuis le mois d'octobre, j'ai perdu un peu plus de 20 livres, ajouté des muscles et réduit mon coefficient de masse grasse de 35% à 26%, le tout sans être au régime! Retoucher mes vêtements de travail d'été m'a coûté une petite fortune, mais ça en valait la peine.

Mes accomplissements récents me permettent de croire que je peux relever de nouveaux défis en continuant de faire ce que je fais depuis la première clinique.

J'ai une nouvelle appréciation des coureurs, de leurs efforts et de leur travail ardu, et surtout, de leur engagement à un mode de vie sain. Heureusement que je me suis « réveillée ». Les conseillers sont des champions qui ne sont peut-être même pas conscients de l'inspiration qu'ils donnent à des personnes comme moi. Je célèbre ma bonne santé en courant régulièrement, et pas uniquement pour le simple plaisir de le faire.

Devenir une coureuse et améliorer ma forme physique a beaucoup changé ma vie. Il est réconfortant de savoir que je prends bien soin de moi. J'ai rencontré par l'entremise du Coin des Coureurs beaucoup de personnes (notamment John Stanton) qui continuent à m'inspirer et m'aident à atteindre mes objectifs.

—*Marg, participante de clinique*

Attention : le Coin des Coureurs peut créer une dépendance!

Il n'y avait pas de panneaux de mise en garde affichés à la porte quand, en toute innocence, je suis entrée au Coin des Coureurs à la recherche d'une paire de chaussures, par une journée très froide de janvier à Calgary. Ils avaient exactement ce que je recherchais, et beaucoup plus encore. Alors que je m'apprêtais à quitter la boutique, j'ai remarqué les brochures pour les courses à venir, les cliniques, et une fin de semaine de santé physique à Canmore, en Alberta (tout comme Banff, mais beaucoup mieux). J'ai ramassé un exemplaire de chaque brochure pour les regarder plus tard. La fin de semaine de santé physique me paraissait trop belle pour être vraie – je pouvais marcher ou courir, les lieux étaient superbes et le prix était imbattable – je me suis inscrite. Sensationnel! Saviez-vous que les Stantons sont des hommes très gentils (tout comme leurs épouses, d'ailleurs)? Ceux qui prétendent que les succès montent à la tête des gens ont complètement tort. De toute façon, j'ai vu que n'importe qui peut se servir du plan de John et de devenir un athlète.

En décembre, j'avais décidé de passer de la marche à la course et je m'étais inscrite à une clinique « Apprendre à courir pour femmes seulement » en mars. Nous nous sommes divisé en trois groupes – groupe A : (celles qui pouvaient déjà courir pendant 5 minutes), groupe B : (celles qui courraient une minute et marcheraient une minute), et le groupe C : (celles qui courraient 30 secondes et marcheraient une minute). J'ai tout de suite levé la main pour le groupe C! Je ne voulais pas trop faire à ma première tentative, surtout avec toute la neige et la glace. La semaine suivante, j'ai rejoint le groupe B pour voir si je pouvais réussir. Après quelques semaines je courais en tête du groupe. J'ai manqué la dernière classe parce que nous avions déménagés à Guelph, en Ontario – qui heureusement a une boutique du Coin des Coureurs. J'étais tenté de suivre la clinique du 10km mais après mure réflexion, j'ai sauté dans l'inconnu, confiante dans la qualité des instructeurs des cliniques du Coin des Coureurs, et je me suis inscrite au demi marathon! Comment résumer l'année? J'ai commencé à courir en mars, terminé mon premier demi marathon fin septembre, mon second à la mi-octobre, et j'ai terminé 11 autres courses de diverses longueurs en me classant troisième dans ma catégorie d'âge à deux reprises.

Cette année, j'ai décidé de faire de la marche athlétique et de me concentrer sur le marathon en me servant du programme du livre de John, «Courir, du départ à l'arrivée». Il existe une sorte de lien mystique qui se produit quand vous passez la borne du 38km, et que vous dites, de vive voix «je n'ai jamais couru aussi loin au paravent», et que des étrangers vous répondent en vous disant «moi non plus», ou quand vous passez la borne du 40km et que vous dites «les deux derniers km sont faciles» et vous entendez les petits rires et constatez les sourires qui s'épanouissent, alors que tout le monde réalise qu'ils vont vaincre ce marathon. Le prochain marathon sera disputé en moins de deux semaines, et quelques autres à l'automne, en plus d'autres courses de moindre distance.

L'an prochain, je pense courir un marathon ou suivre une clinique de triathlon avec le Coin des Coureurs; ou peut-être même faire les deux.

C'est peut-être un cliché mais si je peux le faire, vous pouvez le faire aussi. Je ne ressemble pas à une athlète habituelle aux lignes pures, rapide et musclée – j'ai un excédent de poids. Mais je suis une athlète, et le Coin des Coureurs a joué un rôle important pour m'aider à y arriver.

20

Il est facile de voir pourquoi le Coin des Coureurs existe depuis 20 ans et continue de progresser. De nombreux athlètes l'apprécient simplement pour les produits de qualité qu'ils vendent. Il y a aussi les personnes ordinaires, moi-même par exemple, qui sont devenus des athlètes grâce à John et sa merveilleuse équipe qui nous aident à franchir la ligne d'arrivée, debout et en souriant. Merci les gars. Carolynn, participante à la clinique

—Carolynn, participante de clinique

La clinique «Apprendre à courir» a été mon premier succès.

Imaginez aller au magasin pour acheter du poisson pour un souper en famille et se retrouver dans un marathon! Croyez-le ou non, ce n'est pas une blague parce que ça m'est vraiment arrivé! Il y a trois ans, un soir de septembre, je suis devenue membre du Coin des Coureurs, situé au carré Churchill dans la ville de St.John's, Terre-Neuve et Labrador.

J'avais remarqué une affiche dans la vitrine qui annonçait une clinique intitulée «Apprendre à courir pour les femmes». Puisque j'étais novice et que je ne possédais même pas une paire de chaussures de course, j'ai décidé de m'informer. C'était à l'automne et comme courir le soir ne m'enchantait pas, je me suis demandée «qu'est-ce que j'ai à perdre?» J'ai ensuite pensé «si je n'aime pas çà, j'abandonnerai tout simplement». Après avoir délibéré pendant quelques minutes, j'ai fait le premier pas et je me suis inscrite certaine d'une chose : que je ne savais vraiment pas comment courir!

J'ai appris du gérant de la boutique Bruce Bowen ce qui m'attendait. Il m'a dit qu'une clinique de 30 minutes allait être offerte le vendredi soir et que dans les cliniques hebdomadaires suivantes, il y aurait des présentations et des conférences suivies d'une période de questions et réponses, suivies par une courte course. Je pensais qu'une course par semaine ne me ferait pas mal. Si seulement j'avais su qu'il y en aurait plutôt quatre par semaine.

Les présentations seraient données par des conférenciers invités qui nous donneraient des précisions concernant la nutrition, la médecine sportive, les techniques de course etc. Ma curiosité était piquée,

mais j'étais incertaine de mon niveau de conditionnement.

En arrivant à ma première clinique, j'ai regardé autour de moi et j'ai très vite constaté que je n'étais peut-être pas dans mon élément. La plupart des femmes avaient l'âge de mes enfants! Après deux semaines j'ai réalisé que l'âge n'était pas important, que nous étions toutes là pour apprendre à courir. Notre âge et notre forme physique importaient peu, car nous avions toutes des formations différentes. J'étais la plus âgée et celle qui avais le moins d'expérience en activité physique. Mon premier succès a été de terminer la clinique «Apprendre à courir». J'étais dans la soixantaine et je n'avais jamais participé à des sports de loisir. Alors, comme vous pouvez l'imaginer, courir 5km sans blessures et en adorant chaque minute m'a donné un frisson de joie inattendu! Mon enthousiasme a continué de croître avec chaque course et en progressant, j'ai réalisé que j'avais découvert une passion. On pourrait même dire que «je suis partie en course».

J'ai participé à beaucoup d'autres cliniques, rencontré d'autres coureurs à travers la province et en prenant part à des activités commanditées par la communauté. Suivre le programme étape par étape m'a aidé mentalement et physiquement à satisfaire les exigences de mes courses quotidiennes. Les nombreux bienfaits de la course, le plaisir de terminer des marathons et devenir membre du Coin des Coureurs m'ont permis d'atteindre des objectifs que je croyais impossibles. L'appui fantastique que j'ai eu des autres membres du club m'a permis avec grand succès, de terminer in demi marathon et la course de 10 milles Tely-Ten de la ville de St.John's, le marathon de la ville de New York et aussi le marathon National Capital à Ottawa, le tout dans un an! Sans les encouragements de mes compagnes de course et de ma famille, je n'aurais su réussir.

Merci au Coin des Coureurs, compagnes de course et instructeurs. Un merci particulier à ma famille, qui, en passant, n'a jamais mangé ce poisson pour souper par ce soir d'automne.

— *Rosemarie, participante de clinique*

Mon prochain marathon!

Cher Coin des Coureurs:

Je ne sais pas par où commencer mon histoire. J'ai pris part à 4 cliniques depuis le printemps dernier. J'ai toujours marché et j'ai décidée de me joindre à un groupe de marcheurs qui est aussi passionné de la marche que je le suis. J'ai commencé à perdre du poids en novembre et j'ai perdu 13 livres jusqu'à date. J'attribue cette perte au régime d'exercice que je suis depuis que je fais partie du Coin des Coureurs. J'ai eu deux chirurgies à cœur ouvert. Une quand j'étais très jeune, et l'autre il y a 1 ½ ans. J'ai l'intention de faire partie du demi marathon/marche à Toronto au mois d'octobre. Je vois mon cardiologue annuellement et j'ai hâte de lui parler du marathon l'an prochain.

Le Coin des Coureurs vous permet de rencontrer de nouvelles personnes qui inspirent, pour le plaisir de partager une marche. Merci de votre excellent service. Je vante constamment la boutique ainsi que les gens qui y travaillent.

—Jane, participante de clinique

Quelle expérience fantastique! Je n'avais jamais cru pouvoir courir, et certainement pas de m'y plaire! Les instructeurs (Ben, Paul et les autres qui se joignent à nous à l'occasion) sont tellement chaleureux, positifs et encourageants. J'adore l'atmosphère du groupe et le sentiment d'être en équipe. La cadence et l'augmentation progressive du temps et de la distance sont plus abordables que je le croyais. J'ai été agréablement surprise par l'expérience en général. Je n'ai vraiment pas de suggestions au point de vue d'améliorations. (Je sais que la critique peut être un bénéfice, mais je n'en ai pas!) C'est formidable qu'il y ait un instructeur à l'avant avec les plus rapides, et un autre à l'arrière avec les plus lents. Personne n'est oublié. Merci beaucoup pour cette expérience fantastique, je reviendrai à l'automne pour la clinique du 5km! Continuez votre bon travail!

—Participant de clinique apprendre à courir

Annexe

Biographie de John Stanton

John Stanton est un auteur dont les deux livres sur la course ont connu beaucoup de succès. Il est fondateur du Coin des coureurs, et a été choisi au Tableau d'honneur de 2004 de la fête du Canada du magazine Maclean's. Il a été nommé un des dix Canadiens dont la contribution à la santé par une meilleure forme physique a été importante au Canada. John a été la vedette d'émissions de télévision dont Venture de la Société Radio Canada, de Vicki Gabereau, de Canada AM, ainsi que d'émissions aux canaux CHUM, Global, de la Météo (Weather Channel), du journal National Post, du journal Globe and Mail, et à de nombreux programmes à la radio et à la télévision au Canada et aux États-Unis.

C'est pendant une course de 3 km avec ses jeunes fils, en 1981, qu'il a réalisé qu'il était en très mauvaise forme physique, obèse, et qu'il devait changer son mode de vie. Il était alors cadre dans l'industrie alimentaire et fumait deux paquets de cigarettes par jour. Il a commencé à courir, presque en cachette avant l'aube, parce qu'il ne voulait pas que ses voisins voient ce «petit bonhomme potelé» qui pouvait à peine courir d'un réverbère à l'autre, avant de se reposer.

En 1984, John a ouvert une boutique et un lieu de rendez-vous pour coureurs, dans une pièce de 8 pieds par 10, dans une vieille maison d'Edmonton, en Alberta, qu'il partageait avec un salon de coiffure. Vingt ans plus tard, le Coin des coureurs est devenu une des plus grandes chaînes de boutiques dédiées à la course en Amérique du Nord. Le Coin des marcheurs a été fondé en 2004; il s'agit d'une entreprise qui utilise le même concept que celui du Coin des coureurs. Ces boutiques s'occupent des besoins spécifiques des marcheurs.

John Stanton a couru plus de soixante marathons, des centaines de courses sur routes et de nombreux triathlons, y compris le Canadian Ironman et le Hawaiian World Championship Ironman. Ses courses matinales sont éventuellement devenues la combinaison de course/marche 10:1 de John Stanton; plus de 500 000 Nord-Américains ont ainsi appris à courir et dans bien des cas, à terminer un marathon debout, droit et avec le sourire.

Des milliers de personnes ont perdu du poids, ont amélioré leur santé et leur conditionnement physique, et ont véritablement changé leur vie à cause d'un homme qui lui aussi, était déterminé à changer sa propre vie en perdant du poids et en se mettant en forme. John travaille activement avec des citoyens d'Abbotsford, en Colombie-Britannique, d'Edmonton, en Alberta, de Toronto, en Ontario et de Moncton, au Nouveau-Brunswick, qui lui ont demandé, ainsi qu'au Coin des coureurs, de faire partie d'initiatives communautaires de mise en forme et de sensibilisation au poids.

Index

A